冤枉啊！大人！

李錫棟、鄒濬智・著

從現代法學看《訟師惡稟大全》與《訟師惡稟精華》

推薦好評

以現代法學觀點審視古代訟案，讓讀者體會到人權保障、司法改革與鑑識科學是一條漫長之路，本書以古鑑今則是其可貴之處。

——中央警察大學刑事警察學系黃惠婷教授

二十一世紀學界流行跨領域合作。本書作者鄒教授從文史界端出稀世食材、李教授從法律界伸出巧婦之手，雙劍合璧，推抬出滿桌國宴級珍饈。

——中央警察大學行政警察學系黃朝義教授

法律學界其中一個領域為法律史學研究，但在臺灣，投身者甚少，更遑論還能直接編譯、分析已失傳的典籍原書。兩位作者的合作，給臺灣法律學界開了個頭，這個方面還有更多值得整理的文獻有待吾輩繼續努力。

——中央警察大學行政警察學系吳家慶副教授

一本失傳的法律文書，透過作者以今觀古，深入淺出的書寫，在古人的犯案實錄及有趣故事情節中，既有嚴謹的律法分析，同時亦能洞析人性的險惡與貪婪。

——海洋大學共同教育中心胡雲鳳副教授

古代法律史的研究，多半聚焦在法制史，古代訟學雖然也有前賢涉獵，但集中在討論訟師之於司法中的活動者多，對於訟學文獻的整理與分析較少。本書作者不厭其煩的蒐集有趣的訟師及其稟文，進行註釋分析，這對今日訟學文獻研究而言是很好的開端。

——臺灣警察專科學校科技偵查科副教授曾春僑

作者自於通識中心服務以來，一直思索如何結合傳統中華學術以及實用性強的警察學術，並積極推出一連串立足於傳統文化、觀照現代警學的通俗讀物。本書從今日大陸法系角度觀察古代中華法系中的訟學，是一個結合古今的巧妙有趣做法。

——魯東大學中文系副教授詹今慧

認識訟師，不必只能通過重播幾百遍的港式電影；透過本書真實的文獻轉譯，我們更加瞭解古代司法不為人知的一面！

——屏東科技大學通識教育中心趙修霈副教授

作者在《驚心駭目訟師惡稟大全》之外，又選擇主題相關的《訟師惡稟精華》進行稟文節錄分析。用字深入淺出，並結合了今日法學觀念，使今人能以今日法學為基礎，對中華法系中的訟學得有更深一層認識。

——台南大學國文系副教授鄭憲仁

想要認識中國古代文明，最大的困難在於不好理解文言文以及沒有相關背景知識。此一系列的普羅性著作，既有明白的註解與古文要旨說明，也結合了現代學科的內容來進行分析。就高中程度以上的讀者而言，這些都是十分好入手的優良讀物。

——靜宜大學英文系副教授賴昱達

本書詳解古代訟棍教戰手冊，從清代司法實例摸透司法黃牛的伎倆，反向增進讀者的法律戰鬥力！

——慈濟科技大學全人教育中心呂佩珊助理教授

鄒教授與各領域專家學者合作，有計畫地將與執法、司法有關的文獻，採古今互證形式，向現代人介紹古代的法律實務做法，閱讀之，其於現代人的文化素質提升、司法歷史的回溯都有很好的幫助。

——成功大學中文系助理教授高佑仁

寫在前面的話

為杜絕濫訟，減少國家司法系統負擔，明清以來，教人舉訟之書籍並不在朝廷鼓勵出版之行列。迄大清朝，國家更嚴加禁止此類書籍之編寫、出版與流通。[1]是以中國近代訟學有關著作幾乎不見主流書摘目錄，對有心研究中國近代訟學的人來說，尋找合適的文本及譯註，就特別顯得困難。

因緣際會，二〇一七年年初，筆者自日本東京大學東洋文化研究所所藏漢籍善本全文影像資料庫尋得清末訟學名著《訟師惡稟大全》。[2]《訟師惡稟大全》全書原名《驚心駭目訟師惡稟大全》，作者署名芾菴（第二字作葊），生平不詳。書為宋季以來民間健訟、濫訟所形成的訟師行業相關作品之一，所收為明清兩代惡訟師之稟文；「稟文」即起訴、上訴或抗告的狀文。書中各

1 王炎香《中國古代訟師法律地位探析》（重慶：西南政法大學法律碩士論文，二〇一三年），頁一一—一七。

2 http://shanben.ioc.u—tokyo.ac.jp/main_p?nu=C6393600 &order=rn_no&no=01451。

惡稟之前有江亢虎[3]、李執中、閻錫山[4]、譚延闓[5]、袁希濂[6]、楊增新[7]、傲霜、張廣建[8]、張半泓[9]、八公山人等民國初年政界、法界與新聞界名人提字，顯見此書頗為時人所重。

本書為求方便印刷與流通，將《訟師惡稟大全》內容重新繕打，並以常用字取代其中罕用難字後進行編輯、案情大要說明與今日法學分析，收入本書第一輯中。為保全原書面貌，本書按《訟師惡稟大全》原書順序而非案件性質，逐一進行研討工作。

《訟師惡稟大全》原書文獻整理、註釋與法學初步分析由鄒濬智執行，深度法學分析由李錫棟負責。第一輯各單元初稿，曾擇要於《警友之聲》連載，先饗同好，於此敘明。另《訟師惡稟大全》收有並非惡稟而屬於趣稟的，如：〈無風起浪之妙稟〉（訟師趙甌北），在原書第四稟之後，〈平地風波之妙稟〉（訟師繆良），在原書第十稟之後，〈舌底翻瀾之趣稟〉（訟師繆良），在原書第八稟之前，〈突梯滑稽之惡稟〉（訟師任連芳），在原書第二十七稟之後；因與本書「惡稟」主題無關，僅附於第一輯輯末存參。

二〇一八年初，筆者偶知一九二二年江蘇常熟平襟霞編纂收有清末師狀詞、清末官員判詞以

3 汪精衛國民政府委員、考試院副院長。
4 清末舉人，北洋軍閥晉系領袖，曾任國民政府行政院院長、國防部部長及總統府資政等。
5 民國初年任湖南都督、國民政府主席、第一任行政院院長。
6 清末留學日本，辛亥革命後返國任法官，後任任丹陽縣長。辭職後研究佛學與書畫，成立上海書畫公會。
7 清光緒進士，民初主政新疆長達十七年。
8 清末候補知縣。辛亥革命後任山東都督、甘肅都督與省長等。
9 民國初年新聞界名人。

及民初律師訴狀的《刀筆精華》一書，並由李永祥等六人進行譯注，共計六冊[10]，首冊為《訟師惡稟精華》。取與《訟師惡稟大全》對照，發現一些精采的稟文為本書第一輯的漏網之魚，殊為可惜。故以李永祥等之譯文為本，比對《訟師惡稟大全》未收者，沿用先前之作法與分工方式，予以分析解釋，收入本書第二輯，以為補罅之作。第二輯各單元初稿，曾擇要於《警大雙月刊》連載，先饗同好，亦於此敘明。另《訟師惡稟大全》原書收有並非惡稟而屬於趣稟的，如：〈索債不償之惡稟〉（訟師顧佳貽）、〈滑稽討鼠之妙檄〉（訟師馮步雲）等，因與本書「惡稟」主題無關，亦附於第二輯輯末存參。

本書寫作參考資料，承蒙靜宜大學英文系賴昱達副教授及成功大學中文系高佑仁助理教授惠予協助蒐集，謹此申謝。本書引用之文獻，詳於各當頁註中說明，也藉此向這些學界的前輩們致敬。

李錫棟、鄒濬智

二〇一八年四月夏序於誠園

10 李永祥、李興斌主編，石萬鵬、朋星、史端玲、藍恭梓譯注《刀筆精華新譯》，濟南：山東友誼出版社，二〇〇〇年二月。

目次

輯二 《訟師惡稟精華》（選錄）

【附錄】《訟師惡稟精華・趣稟》

輯一

《訟師惡稟大全》

引魚吞餌

原文

訟師　景世春

起因

洛陽邑紳楊鼎年，以武舉起家，為富不仁，與訟師景世春結怨，積不能解。景設計認流丐某為弟，給美衣食。時楊方以放債重利為務，景陰[1]令流丐某借之，至期不償。楊無術，怒極令豪奴毆之竟死。景乃具稟訟於縣，縣就大辟焉。

稟文

〈為憐死剖冤事〉

痛弟景世香於某日以事赴戚友，途出楊鼎年家門前，忽被楊氏豪怒喝令，群輩將弟世香拽入室，索債綑打。遍體鱗傷，鞭痕血染，慘不忍觀。匍匐歸家，飲恨長

1 陰指私底下、偷偷地。

逝。楊某聞訊恐懼，亟倩[2]鄰某封銀百兩買息。切思錢債情輕，人命律重，因債戕命，賄滅艱甘。叩天檢明正法，哀哀上呈。

原書編者評語

詞嚴理正，無可假避，楊鼎年於是不得不死。心術固不仁，然用以懲奸訾惡，亦復可取。

案情大要

景世春與楊鼎年結怨。景知道楊以放高利貸謀取暴利，於是假認遊民景世香為弟，並唆使世香向楊借錢不還。楊索債不成，打死世香，世春再藉題發揮，告死楊鼎年。

現代法律人說……

景世春與楊鼎年有嫌隙，想要把楊一舉扳倒，讓他永無翻身之日。於是利用遊民假意借了楊的高利貸不還，逼使楊出手殺人；景之用心險惡叫人不寒而慄。以今日法律觀點視之，本案有以下四個重點：

[2] 亟即急；倩即商請。

一、楊鼎年涉犯重利罪

重利行為歷史悠久，中國早在春秋末年戰國初年，天子的封土開始因為商業行為趨向私有化、大量資本集中在少數人之後即頻繁發生。《戰國策・齊策》中的著名篇章〈馮諼客孟嘗君〉裡，馮諼幫孟嘗君收買人心，撕毀孟嘗君放給封地居民高利貸的借據；故事中的孟嘗君私下放貸即為一例。大地主常趁官府課徵稅賦急猛之時，放高利貸予無力償還之農民。農民無奈只能出賣田地，變相增長大地主之氣焰。

所謂「重利」，今有明文，按臺灣《刑法》第三四四條重利罪規定：

> 乘他人急迫、輕率、無經驗或難以求助之處境，貸以金錢或其他物品，而取得與原本顯不相當之重利者，處三年以下有期徒刑、拘役或科或併科三十萬元以下罰金。

此外，《刑法》第三四四條之一的加重重利罪又規定：

> 以強暴、脅迫、恐嚇、侵入住宅、傷害、毀損、監控或其他足以使人心生畏懼之方法取得前條第一項之重利者，處六月以上五年以下有期徒刑，得併科五十萬元以下罰金。前項之未遂犯罰之。

借錢收取利息的行為是否會構成重利罪，在於是否「乘他人急迫、輕率、無經驗或難以求助之處境」，以及「與原本顯不相當之重利」，以下先就法院判例解釋，並輔以實際案例說明。

1.要乘他人急迫、輕率、無經驗或難以求助之處境

所謂「乘他人急迫、輕率、無經驗或難以求助之處境」，貸以金錢或其他物品，是指明知他人急難窘迫須借貸解決其急迫情況，或利用他人輕率、無經驗的情況而貸以金錢或物品，並藉此一機會訂定苛刻的還款條件。如若債權人沒有乘債務人急迫、輕率、無經驗或難以求助之情形，即使其取得之利息與原本顯不相當，尚不會構成《刑法》第三四四條之重利罪。

2.與原本顯不相當之重利

所謂取得「與原本顯不相當之重利」，是指就借貸利率、時間核算，並參酌當地的經濟、物價條件，與一般債務之利息相比較，顯然太過超過的情況。依《民法》第二〇五條之規定：「約定利率，超過週年百分之二十者，債權人對於超過部分之利息，無請求權。」私人間的借貸，約定的利率，即使超過年利率二〇%，債務人也可以合法的拒絕給付超出年利率二〇%的利息。所以現今之借貸有無「與原本顯不相當」之認定，通常會超過上述《民法》約定利率的上限，也就是超過年利率二〇%，但並不是只要一超過年利率二〇%，就是「與原本顯不相當的重利」，還是要參考當地的經濟、物價條件，與一般債務之利息相比較。

此外，依現今《民法》第七四條：

法律行為，係乘他人之急迫、輕率或無經驗，使其為財產上之給付或為給付之約定，依當時情形顯失公平者，法院得因利害關係人之聲請，撤銷其法律行為或減輕其給付。前項聲請，應於法律行為後一年內為之。

重利罪的被害人，也可以依本條的規定，向法院聲請撤銷該借貸契約或減輕利息之給付。

一九九九年末，臺灣政府同意銀行推出所謂「現金卡」，在沒有擔保或擔保極少的情況下，銀行同意持卡人借出現金。本卡鼓勵未有收入、先行消費，在年輕人間掀起一波流行風潮。唯大部分持卡人未明白審視自己的還款條件，加上現金卡循環利息太高，製造出大量卡奴。所以現在臺灣發行之現金卡或信用卡，循環利率大約都在一六—一九分之間，一方面是因為超出年利率二〇%的部分，債務人可以依上述《民法》第二〇五條的規定主張債權人沒有請求給付利息的權利，另一方面也是為了避免涉及重利罪。

3.加重重利罪還須以足以使人心生畏懼的方法取得重利

所謂「足以使人心生畏懼的方法」，包括強暴、脅迫、恐嚇、侵入住宅、傷害、毀損、監控或其他類似的方法而足以讓人畏懼。楊鼎年命人將債務人拖入屋內捆打，是以強暴、傷害等足以使人心生畏懼的方法索討重利，而成立了現行《刑法》的加重重利罪。即使最終因債務人死亡而沒有取得重利，至少也構成了加重重利罪的未遂罪。

二、楊鼎年將被害人拖入屋內捆打致死涉犯傷害致死罪

高利貸集團（地下錢莊）為確保放款及利息能順利討回，通常豢養打手，藉恐嚇、暴力討債逼使債務人就範。楊鼎年見景世春所認契弟景皿香借錢不還，一時不察，夥同手下打死了景世香。於是給了景世春興訟的機會。

現今《刑法》第二七七條規定：

傷害人之身體或健康者，處三年以下有期徒刑、拘役或一千元以下罰金。犯前項之罪因而致人於死者，處無期徒刑或七年以上有期徒刑；致重傷者，處三年以上十年以下有期徒刑。

楊鼎年討債，雖然行使的是他的債權，但不應逾越法律限度。以今日法律觀點視之，楊鼎年一行人等要債時出手傷害債務人，甚至致死，犯了臺灣《刑法》第二七七條第二項傷害因而致人於死罪。

三、楊鼎年如豢養家奴專事暴力討債則涉嫌組織犯罪

楊鼎年如與其家奴組成暴力討債集團，則已符合臺灣《組織犯罪防制條例》所欲打擊之對象。《組織犯罪防制條例》所稱犯罪組織，係指三人以上，以實施強暴、脅迫、詐術、恐嚇為手段或最重本刑逾五年有期徒刑之刑之罪，所組成具有持續性及牟利性之有結構性組織。所謂「有

結構性組織」是指非為立即實施犯罪而隨意組成，且不以具有名稱、規約、儀式、固定處所、成員持續參與或分工明確為必要條件。該條例第三條第一項所稱之「參與犯罪組織」，指加入犯罪組織成為組織之成員，包括發起、主持、操縱、指揮或參與犯罪組織，而不問參加組織活動與否，犯罪均屬成立。

四、景世春利用遊民進行犯罪

景世春認遊民為弟，以其為誘餌，引楊鼎年出手。利用遊民犯罪，非古人所有，今日也有犯罪集團利用這些居所不定的遊民進行犯罪的情況。臺灣地區曾見過的如：犯罪集團提供吃住，拉攏遊民，再利用遊民的身分證向銀行盜辦小額貸款或信用卡盜刷後，惡意欠錢不還；犯罪集團拉攏遊民後，利用其身分證，盜辦銀行帳戶或手機門號（王八卡），再行轉賣給詐騙集團；犯罪集團提供吃住以收買遊民，代為投保鉅額保險後與遊民串通，製造重傷害或死亡事件，以詐領保險金等等。

金刀斷鎖

訟師　馮執中

原文

起因

邑棍有張仲雲者，無惡不作，積貲甚巨。時邑有方孝廉，亦刁詐之流，魚肉鄉民，將尋張隙[1]，以為敲索之地。會地方被盜劫，乃訴於縣，且列張名焉。張大恐，亟乞馮執中訟師為撰一狀，張因得獲免。

稟文

〈為挾仇誣陷事〉

身與方某因爭地，結怨不解。前口更霹誣夥盜重情，以圖嚇詐，不遂所謀，矇混投訴。含沙起於微隙，真贋難瞞。行盜豈無實贓？情理可按。且盜情重大，何待出月？具詞誣陷顯然，叩恩澈究，上告。

1　尋隙即找麻煩。

原書編者評語

心細膽大，詞句爽辣之極。

案情大要

方孝廉看地方惡霸張仲雲不順眼，想藉機修理他。剛好地方上發生一起強盜案，方具名檢舉張為其中一伙。張趕緊找來名訟師馮執中為其陳冤。馮於是以贓證俱在方能證罪的說法還給張一個清白。

現代法律人說……

方孝廉與地方惡霸張仲雲互看不順眼，剛好地方上發生盜事，方想陷害張，於是向官府舉報。張仲雲一聽自己被列為嫌犯，緊張的不得了，請馮執中出一禀文澄清。馮只要求官府要有一分證據講一分話，張仲雲就大事化小，小事化無了。

從今日法律觀點視之，本案有二個觀察重點：

一、刑案如何證罪？

張仲雲之所以如此緊張，在於古代執法者辦案流行刑訊——惡性屈打成招。不論有罪無罪，一干人等先行關押，嫌疑人則先用刑再說。若承辦單位有破案壓力，嫌疑人所受皮肉之苦要更甚於一般。

刑訊在中國的發展歷史悠久，早在兩千多年前的周朝，刑訊便已廣泛地運用於司法當中。《禮記・月令》記載春秋兩季，為了保證生產的正常進行，所以限制對勞動力的刑訊，由此推斷，其他季節裡是可以嚴刑拷問的。秦朝時，法律對刑訊已有了比較明確的規定，像《睡虎地秦簡》即規定限制濫用刑訊。

漢朝的統治者雖然提出了省刑薄罰的主張，卻仍把刑訊取供作為治獄的基本方法。據史書記載，漢武帝時執法官吏往往以苛酷拷囚為能，至使嚴刑訊獄成風。兩晉之後，刑訊不僅進一步制度化，而且已經出現了一些專門固定使用的刑具。到了唐朝，法律對刑訊制度有了更為具體的規定。如《唐律》規定：「諸應訊囚者，必先以情審查辭理，反復參驗猶未能決，事須訊問者，立案同判，然後拷訊。」然而法律規定並不能阻止刑訊的濫用。到宋朝已經出現了「夾幫」、「腦箍」等十分殘酷的刑訊方法。明朝統治者實行特務治國，身處於情治系統的特務，往往為長官心腹，為了邀寵或鏟除異己，刑訊取供十分盛行。雖然《明律》規定：「內外問刑衙門，一應該問死罪並竊盜、搶奪重犯，須用嚴刑拷訊，其餘只用鞭扑常刑」，但實際司法實踐中的刑訊，其殘酷與花樣之多，令人瞠目結舌。[2]

2 詳可參何家弘〈偵查方法史考（二）〉，《公安大學學報》一九八八年六期，頁七二—七六；鄧濬智《古代犯罪偵查實務與理論》，臺北：獨立作家，二〇一四年一〇月；鄧濬智〈《折獄龜鑑》與古代犯罪偵查〉，桃園：中央警察大學出版社，二〇一七年二月。

不只中國古代有刑訊取供的制度，西方世界亦然，例如在歐洲中世紀的獵巫審判[3]，就極盡刑求之能事，非要逼得嫌犯親口認罪才加以判刑。

要在今日，本著科學辦案的精神，執法者必須有相當的把握才會調查、拘提、逮捕張仲雲。也就是「抓奸抓雙、抓賊抓贓」，贓證俱在，方能證罪。近年來隨著人權意識高漲，在一切講求證據的法庭科學之下，健全的刑事鑑識制度已是保障人民權益、維護社會公理及司法正義的基礎。依臺灣現行的《刑事訴訟法》規定，不論偵查或審判的公務員都必須遵守幾個重要的原則：第一、證據裁判原則，第二、無罪推定原則，第三、自白任意性原則。

臺灣《刑事訴訟法》第一五四條第二項規定：「犯罪事實應依證據認定之，無證據不得認定犯罪事實。」也就是偵查或審判的公務員，尤其是審判的公務員在認定犯罪事實時都必須依照已經調查出來的證據來認定，沒有證據就不能認定被告有犯罪的事實。這裡所謂的「證據」，當然包括人的供述證據，例如目擊證人陳述的證言、鑑定人鑑定的意見、被告坦承犯罪的自白等，以及物的證據，例如殺人的凶刀、竊盜的贓物、偽造的文書等等。只要沒有犯罪的證據，或者已經調查出來的證據不足以讓法官確信被告有犯了某一個已被起訴的罪的事實，法官就不能認定被告有犯罪的事實，就必須判決被告無罪。這同時也是現行《刑事訴訟法》第一五四條第一項所規定的無罪推定原則：「被告未經審判證明有罪確定前，推定其為無罪。」對照本案，只要檢舉人所提出的證據不能讓縣令確信張仲雲有結夥強盜之情，縣令就必須判決張仲雲無罪。

3 獵巫審判是指搜捕女巫或施行巫術的人並將其帶到宗教法庭審判。這種審判從十二世紀開始，到十六世紀是最高峰的時期，法國的聖女貞德就曾被誣為女巫。

至於張仲雲所擔心的是在判決有罪之前就已先被刑訊逼供，受皮肉之苦。依照現今臺灣法律規定，幾乎不可能。因為《刑事訴訟法》第九八條規定：「訊問被告應出以懇切之態度，不得用強暴、脅迫、利誘、詐欺、疲勞訊問或其他不正之方法。」同法第一五六條又規定：「被告之自白，非出於強暴、脅迫、利誘、詐欺、疲勞訊問、違法羈押或其他不正之方法，且與事實相符者，得為證據。」也就是說被告承認犯罪的自白如果是出於警察、檢察官或法官刑訊逼供而供出的，即使這些供述是真實的，也不能當作犯罪的證據，這就是所謂的「自白任意性原則」。因為警察、檢察官或法官經由刑訊逼供所得到的被告自白並不能當作證據，執法者便較無想要刑訊逼供的動機。不只如此，現今《刑法》第一二五條還規定：「有追訴或處罰犯罪職務之公務員，意圖取供而施強暴脅迫者，處一年以上七年以下有期徒刑。」也就是不但刑訊逼供所得到的被告自白不能拿來當作犯罪的證據，而且實施刑訊逼供的公務員還要被處以刑罰，如此一來更加斷了公務員想要動刑拷問的念頭。

二、方孝廉涉嫌誣告罪

臺灣《刑法》第一六九條為誣告罪。但誣告罪的成立條件非常嚴苛。依臺灣最高法院判例及判決之意見所示，《刑法》上誣告罪之成立，須告訴人所申告內容，完全出於憑空揑造或虛構事實為要件，若所告尚非全然無因，只因缺乏積極證明，致被誣告人不受追訴處罰，或告訴人誤有此事實或以為有此嫌疑，尚難遽以誣告論罪……誣告罪以意圖它人受刑事處分虛構事實向該管公務員申告為要件，故其所訴事實，雖不能證明係屬存在，而在積極方面尚無證據足以證明其確係故意虛構者，仍不能遽以誣告罪論處……告訴人所訴事實，不能證明其實在，對於被訴人為不起訴處分確定者，是否構成誣告罪，尚應就其有無虛構誣告之故意以為斷，並非當然可以誣告罪相繩。（參〈最高法院九五年臺上字第五二七號刑事判例〉）

如果告訴人確信其為真，就算後來被告不起訴確定，告訴人仍然未犯誣告罪。不過以此條件視諸本案，方孝廉確知張仲雲為無辜，卻向官府舉發，已有誣告嫌疑。中國古代律法規定，若誣告成功，事後證明被告無辜，原告需受與被告相同之刑罰，十分嚴厲。

為何方孝廉不怕反坐其罪呢？因為古代律法同時鼓勵民眾間相互監視，聞罪告發。鼓勵告發，早在戰國時期便已可見到，除了《韓非子》：「商君說秦孝公以變法易俗而明公道，賞告奸。」《史記・商君傳》也說：「不告奸者腰斬，告奸者與斬敵首同賞，匿奸者與降敵同罰。」到秦朝統一天下後，國家通緝措施，也在鼓勵民眾於發現犯罪人後，積極告發、勇於緝捕，同時並給予優厚的獎勵。譬如《睡虎地秦簡・法律答問》載：「夫、妻、子十人共盜，當刑城旦，亡，今甲捕得其八人，問甲當購幾何？當購人二兩。」這種重金懸賞民眾出面告發的做法也一直沿用到後代。方孝廉自是有恃無恐了。

李代桃僵

訟師　金鶴年

原文

起因

土豪孫仁，專以敲詐鄉人為務。凌君道者里之善人也，小有田產。孫仁覬之不得，乘會凌君祖塋墓樹鬱，蔭及鄰田，孫仁遂慫令興訟。凌百計求和，執不止，意非千金之賄不可。凌乃倩金鶴年訟師作一稟，因得不究。

稟文

〈固亡保存事〉

農田事小，傷墳害大。始祖墳山林木，已有二百餘年，居惡某田上。先年業主無言，陡惡近買告伐。痛思蓄木庇墳，如人依被，亡者賴固，生者賴全。伐木剝衣，子孫何忍？彼告照地分天，某願存天庇地。均係子民，曲直重輕，仰乞斧斷，上訴。

原書編者評語　「存天庇地」兩句，筆有千鈞。

案情大要

地方惡霸孫仁想要霸占凌君道的田產，故意等凌家祖墳的植蔭侵入鄰人之田時唆使鄰人興訟。凌君道於是找上名訟師金鶴年幫忙辯護。金以墳先田而在，以及孝道重於農事二個論點切入，順利贏得官司。

現代法律人說……

孫仁想霸占凌君道的田產，於是想利用凌家祖墳墓樹長入鄰人田地的地界糾紛，唆使鄰人提告，希望迫使凌出面和解，再順勢提出霸人田產的要求。古人之所以害怕涉訟，理由如前，因此凌才緊張得找來金鶴年為之辯護。

有土斯有財，不論古今，官方對田產地界的劃分特別謹慎。以埃及為例，埃及之所以天文學和幾何數學二門學問特別發達，乃在尼羅河常常氾濫成災，埃及人必須先利用天文學預測其氾濫時間；在其氾濫過後，帶來的肥沃泥土掩埋了原有地界，再用精確面積測量法來減少田界糾紛。

臺灣常見的地界糾紛有：

一、相鄰透天厝不同時間建蓋。早蓋的透天厝先於鄰牆搭建好八吋（二層）磚牆，方便後蓋之鄰人搭建；但鄰人搭建完成後不分攤其中四吋（一層）之材料費及工資，反要先蓋之屋主拆牆還地，於是衍生糾紛。

二、早先臺灣地籍圖之地界畫分係以人工肉眼，配合儀器畫設而成；科技進步後增加ＧＰＳ定位輔助。由於ＧＰＳ與人工肉眼各有誤差。造成利在新繪地籍圖之地主持新圖興訟；利在舊繪地籍圖之地主持舊圖興訟。

三、原住民同胞於山地間開發之土地，常利用原有地形地貌如懸崖、河流、樹木進行地界標示，或者輔以石牆等。然一則由於地界畫設新舊技術不同（詳前），二則由於臺灣位處地震帶與颱風易侵擾處，地形地貌容易受到地震、颱風影響而改變，因而造成山區地界糾紛。

霸占他人土地，在臺灣，涉及《刑法》第三二〇條中的竊占罪：

意圖為自己或第三人不法之所有，而竊取他人之動產者，為竊盜罪，處五年以下有期徒刑、拘役或五百元以下罰金。意圖為自己或第三人不法之利益，而竊占他人之不動產者，依前項之規定處斷。前二項之未遂犯罰之。

由於現今《民法》有關不動產物權的規定，是採公示主義，也就是以地政事務所所登記者為準。《民法》第七五八條規定：「不動產物權，依法律行為而取得、設定、喪失及變更者，非經登記，不生效力。」即使因繼承、強制執行、徵收、法院之判決或其他非因法律行為，於登記前已取得不動產物權者，《民法》第七五九條也規定「應經登記，始得處分其物權。」

竊占他人已登記的土地，一方面竊占不是合法的法律行為，另一方面竊占也不可能登記，所以不能因此而取得他人已登記的土地所有權。因此，依現今法律的規定，自己的土地被他人竊占者，一方面竊占者本身構成竊占罪，另一方面，竊占者不能取得土地所有權，所以土地所有權人可依《民法》第七六七條：「所有人對於無權占有或侵奪其所有物者，得請求返還之。對於妨害其所有權者，得請求除去之。有妨害其所有權之虞者，得請求防止之」規定，訴請法院判決返還土地，或請求除去，或防止其妨害。

依臺灣《民法》第七九六條（越界建屋之異議）之規定，土地所有人建築房屋不是故意或重大過失而逾越地界者，鄰地所有人如知其越界而不即提出異議，不得請求移去或變更其房屋。但土地所有人對於鄰地因此所受之損害，應支付償金。惟因本條之例外規定，必須同時符合二個條件：一是鄰地所有人知其越界，二是不即提出異議。[1]

1 仍有下列幾點須注意：第一、「越界建築」係指土地所有人建築房屋，逾越疆界者而言。至於因越界而占用之土地，是不是鄰地之一部抑或全部，並不是重點。第二、逾越他人疆界，應以建築當時為準。如建屋時未逾越他人疆界，嗣後因複丈、定經界等土地界線變更，以致原有建築物逾越他人疆界者，並非《民法》所稱的「越界建築」。第三、只是圍牆而垣非房屋的構成部分，如有越界建築，不論鄰地所有人是否知情而不即提出異議，並不適用《民法》第七九六條。換句話說，該圍牆既確有越界情事，鄰地所有人也沒有無容忍之義務。第四、鄰地所有人知悉土地所有人越界建屋而不即提出異議者，依《民法》第七九六但書之規定，可以請求土地所有人購買越界部分之土地。第五、惟主張鄰地所有人知其越界而不即提出異議者，應就此項事實負舉證責任。第六、《民法》第七九六條之所以訂定鄰地所有人之忍受義務，是因為土地所有人所建房屋之整體，有一部分逾越疆界，若加以拆除，勢將損及全部建築物之經濟價值。倘若土地所有人在所建房屋整體之外還越界加建房屋，則鄰地所有人有權請求拆除。第七、《民法》第七九六條於地上權人間或地上權人與土地所有

回過頭來看本稟文所反映的案情，本質並不是竊占土地，也不是建築物越界，而是林木枝根逾越地界的糾紛。依照現今臺灣《民法》第七七三條：「土地所有權，除法令有限制外，於其行使有利益之範圍內，及於土地之上下。如他人之干涉，無礙其所有權之行使者，不得排除之」規定，原則上土地所有權的行使範圍是及於土地之上下空間，但是如果他人對其土地上下的干涉，並不防礙其所有權之行使，就不得加以排除。

此外，《民法》第七九七條又規定：

土地所有人遇鄰地植物之枝根有逾越地界者，得向植物所有人，請求於相當期間內刈除之。植物所有人不於前項期間內刈除者，土地所有人得刈取越界之枝根，並得請求償還因此所生之費用。越界植物之枝根，如於土地之利用無妨害者，不適用前二項之規定。

本案如果依現今法律之規定，凌君祖墳上的樹木枝根逾越地界，蔭及鄰田，孫仁所唆使的鄰人可以請求凌君於相當期間內刈除該越界的枝根，凌君如果不於前述之相當期間內刈除者，孫仁得刈取越界之枝根，並得請求凌君償還因此所生的費用。不過，如果越界的枝根，對於孫仁的土地利用沒有妨害時，孫仁就沒有請求刈除該越界枝根的權利。

人間，永佃權人間或永佃權人與土地所有人間，典權人間或典權人與土地所有人間，準用相關規定。

妙手回[1]天

訟師 何淡如

原文

起因 何淡如者，襄陽名訟師也。有某甲與友合夥經商，中途為友拐騙資本。某甲及倩何作稟，騙本罪小，當另假辭，乃以拐騙妻本訴縣。

稟文 〈脫騙妻本事〉

計傭積銀二十兩，欲圖婚娶。某惡陳情餌誘，合夥取魚[2]，歃血立誓，決不相負。比以伊慣江湖，罄囊付與，身止伴行。豈期貪謀畢露，拐銀私回抗討。流落外邦，沿途覓食。妻本被吞，絕後罪大。冒死投天追給，千載啣恩，上告。

1 原書作「迴」。
2 捕撈水中魚蝦為業。

原書編者評語　無中生有，小題大做。細細思之，不期失笑。

案情大要

某甲與友合股經商，結果資金被騙走。若單單只告友人侵占，罪責太小，懲治不了友人。某甲於是請名訟師何淡如幫忙。何從占人娶妻本錢、絕人後嗣的角度切入。官府於是科其友人重責。

現代法律人說……

某甲與友人合夥經商，不料朋友竟然拐走其投資股本。這樣的行為在今日可能涉及臺灣《刑法》三四二條的背信罪或《刑法》三三六條的業務侵占罪。

一、某甲友人可能涉犯背信罪

臺灣的背信罪指：

為他人處理事務，意圖為自己或第三人不法之利益，或損害本人之利益，而為違背其任務之行為，致生損害於本人之財產或其他利益者，處五年以下有期徒刑、拘役或科或併科一千元以下罰金。

客觀方面，本條加害人必須「為他人處理事務」，也就是說，加害人與本人之間需有特定的關係，例如委任關係；此外，符合本條的行為是「違背其任務之行為」，行為結果「致生損害於本人之財產或其他利益」。主觀上，行為人必須有背信的故意，而且背信的目的是「為了自己或第三人不法之利益，或為了損害本人之利益」始可，也就是說行為人必須故意為此違背任務之行為，且違背任務行為的目的是為了自己或第三人不法之利益，或為了損害委任人之利益，才構成本罪。再者，本罪不處罰過失犯，若有過失，則應依《民法》的規定，就其當事人間之法律關係（例如委任關係）來處理。

本案某甲友人與某甲合夥經營生意，受任處理合夥事務，本應盡力為之，誰知友人後來意圖自己不法之利益，而違背其任務，拐騙合夥資本，致生損害於該合夥人的財產。如果依現今《刑法》之規定，某甲友人之行為可能成立背信罪。

二、某甲友人可能涉犯業務侵占罪

某甲友人也有可能成立業務侵占罪。相對於普通侵占罪[3]，業務侵占屬加重的犯罪類型，其指意圖為自己或第三人不法之所有，而侵占自己因業務上的關係所持有他人之物，將處一年以上七年以下有期徒刑，得併科五千元以下罰金（《刑法》第三三六條第二項）。所謂「業務」，指

[3] 普通侵占規定於《刑法》三三五條，指意圖為自己或第三人不法之所有，而侵占自己持有他人之物者，處五年以下有期徒刑、拘役或科或併科一千元以下罰金。

基於社會分工的意義所反覆實施的行為。所謂「侵占」，是指將自己持有的他人之物變為自己所有之物的行為。也就是對於他人之物本來只具持有的關係，但竟占為己有，以物的所有權人自居，享受物的所有權的內容，或加以處分，或加以使用或收益。

如何證明業務侵占者以物的所有權人自居呢？只要在客觀上明確顯示其不法的所有意圖即可，像是拒不交還借用物、謊稱被竊或遺失或隱匿不交等，均可認為侵占行為。

前引稟文言及本案某友與某甲合夥經商，成立合夥關係，如果依現今臺灣《民法》之規定，各合夥人之出資及其他合夥財產，為合夥人全體公同共有，非依合夥契約之規定，不得任意處分（《民法》第六六八條、第六七一條）。所以本於合夥契約而持有合夥財產之全部或一部，就持有之合夥人某友而言，是持有他人（合夥全體）之物，如果有意圖為自己或第三人不法所有之犯意，而變持有為所有，或擅自處分自己持有之合夥財產，也有可能成立業務侵占罪的。

但何淡如接受某甲委託，為何不從背信或侵占相關的古代法律條文著手，而改以奪人妻本與訟呢？這是因為中國自漢代以來，歷代君主皆以孝治天下；君為國父，后為國母；孝強調家族裡上下倫理關係；在家能盡孝，出門便能盡忠。強調孝道，符合統治階級的政治利益。

而孝又以繼嗣最為重要，正所謂：「不孝有三，無後為大。」所以漢代《大載禮記》規定七去（後來的七出）為古代丈夫得以休妻的理由，其中便有無子／絕嗣一條；明代又明文規定男四十無子可以堂而皇之娶妾。再者古代為父系社會，強調宗法制度，家無男丁——絕嗣又會大大削弱家族遺產繼承之權力。在傳統社會，絕嗣對一個人的影響可謂十分之大。

如果何淡如只從背信或侵占的角度對惡友究責，懲罰某甲惡友的效果有限。於是何改從奪人妻本、絕人後嗣的立場出發，促成惡友惡行合於更重之罪，俾利官府嚴懲，從重量刑。4

4 今日臺灣《刑法》第五五條也有類似的立法精神：「一行為而觸犯數罪名者，從一重處斷。」

金蟬脫殼

訟師　謝方樽

原文

起因　朱婦性蕩而夫貧，時有外遇。會父死，婦乃賄訟師謝方樽作一稟，竟得離異。

稟文　〈為請死事〉

氏年十六，親夫強搶成婚，父啣怨鬱鬱抱恨而死。若報親讎，則難免殺夫之律；若從夫存，則莫逃不孝之名。情極兩難，禍起妾身，請死。

原書編者評語　詞有盡而意無窮。以法附事，毫不牽強。所謂以九竅之心連靈機之舌者也。

案情大要

朱婦不滿意所嫁窮夫，因而常常外遇。等到朱父一死，死無對證，朱婦便請名訟師謝方樽擬一稟文，誣賴親夫強娶自己，氣死岳父。如婚姻關係繼續存在則朱婦即不孝，因而順利訴請離婚成功。

現代法律人說……

朱婦外遇，加上嫌棄原夫貧窮，於是想方設法，利用父親逝世的機會，請謝方樽幫自己打離婚官司。謝為使官司順利，假說原夫係強娶朱婦，造成朱父氣死。承前文，古代中國強調孝道，雖然夫妻之道為三綱之一（君臣、父子、夫婦），為維繫社會穩定的重要人際關係之一，但其不若父子之道優先，兩者若有衝突，當然先父子之道再夫婦之道。若按謝方樽的辯護，朱婦的夫妻關係是在違背父子之孝道的情況下成立，所以官府順勢判決朱婦得以離婚，也是很自然的事。

早期中國，婚姻制度還不太穩固，對離婚自然沒有太多的限制。但從《周易》提到「夫婦之道不可以不久也」後，便開始將婚姻與聖人之道進行連結。同時，由於進入歷史時代後，中國父系社會成形，能夠提出離婚要求的主動權幾乎都歸屬男方，男方動輒能休妻——即前文提及之「七去」（七出），《大戴禮記》記載七去內容為：

不順父母去、無子去、淫去、妒去、有惡疾去、多言去、竊盜去。不順父母去，為其逆德也；無子，為其絕世也；淫，為其亂族也；妒，為其亂家也；有惡疾，為其不可與共粢盛也；口多言，為其離親也；盜竊，為其反義也。

不過書中也說有三種情況不得離婚：「婦有三不去：有所取無所歸不去；與更三年喪不去；前貧賤後富貴不去。」因為七去之發動在男方，女方處於劣勢，所以另設「三不去」保障女方在盡家庭義務後不被隨意離棄的權利。

古代中國，女方難道沒有任何主動機會來提出離婚要求？其實是有的。唐代以後，律法明文規定，雖然女方在婚姻關係仍然處於劣勢，但若男方因案逃亡，女方生活無所依，是可以提出離婚要求的。

以上所言都是古代訴請離婚的情況。那麼如果男女雙方同意離婚——協議離婚，可否？按唐律，這叫「和離」——心平氣和的分手，除了訴請離婚、婚姻其中一方死亡外，這也是達到合法終止婚姻關係的手段之一。此外，古代也有官府介入，強制中斷婚姻關係的，稱作「義絕」。義絕發生在官府發現婚姻關係違背道德時；而如婚姻關係違律——違背法律時，像義絕那樣，官府也是可以強制中斷婚姻關係的。某種程度來說，本案訟師謝方樽也是利用義絕（暗示朱婦繼續婚姻關係則違反孝道），更確立了朱婦的離婚官司得以勝訴。[1]

1 這種由官府強力介入家庭關係的做法，在現今的法律中，也有類似的規定。例如《民法》第一〇五五條第一、二項提到：

臺灣今日訴請離婚之規定見《民法》第一〇五二條，其中定有裁判離婚之法定要件，即夫妻之一方，有下列情形之一者，他方得向法院請求離婚：

一、重婚。
二、與配偶以外之人合意性交。
三、夫妻之一方對他方為不堪同居之虐待。
四、夫妻之一方對他方之直系親屬為虐待，或夫妻一方之直系親屬對他方為虐待，致不堪為共同生活。
五、夫妻之一方以惡意遺棄他方在繼續狀態中。
六、夫妻之一方意圖殺害他方。
七、有不治之惡疾。
八、有重大不治之精神病。
九、生死不明已逾三年。
十、因故意犯罪，經判處有期徒刑逾六個月確定。[2]

2 「夫妻離婚者，對於未成年子女權利義務之行使或負擔，依協議由一方或雙方共同任之。未為協議或協議不成者，法院得依夫妻之一方、主管機關、社會福利機構或其他利害關係人之請求或依職權酌定之。前項協議不利於子女者，法院得依主管機關、社會福利機構或其他利害關係人之請求或依職權為子女之利益改定之」，其第二項的規定即是。要注意的是，必須是夫妻之一方有上開情形，而由他方向法院請求離婚，並不能自己是有過錯的一方，還來訴請離婚。又同條第二項另明訂有前項以外之重大事由，難以維持婚姻者，夫妻之一方得請求離婚。但其事由應由夫妻之一方負責者，

本案如果真如稟文所述為朱婦之親夫強搶成婚，則依現今《民法》之規定，可能成為得撤銷之婚姻。現行《民法》第九九七條規定：「因被詐欺或被脅迫而結婚者，得於發見詐欺或脅迫終止後，六個月內向法院請求撤銷之。」本案朱婦於結婚之時如果真的被其親夫強搶成婚，是有可能依上述規定向法院請求撤銷該婚姻。只不過，婚姻撤銷的效力，依《民法》第九九八條的規定，並不溯及既往，否則，之前共同生活所發生的法律關係全部都要回復原狀，會衍生更多法律糾紛。

若朱婦之夫真的強搶成婚，當下也可能構成略誘婦女結婚罪，現行《刑法》第二九八條規定：「意圖使婦女與自己或他人結婚而略誘之者，處五年以下有期徒刑。」本條所謂的「略誘」，是指以強暴、脅迫、恐嚇或其他不正的方法，實施誘拐，違反被誘人的意思，使其離開原來的生活處所，而將其移置於自己實力支配之下而言。朱婦的丈夫如果是出於與朱婦結婚之目的而以強暴、脅迫、恐嚇或其他不正的方法，將朱婦置於自己實力支配之下而與其成婚，就有可能構成略誘婦女結婚罪。

與本案誣陷婚姻之一方，以求成功離婚的情況相仿，臺灣亦曾見類似案例：張女與林男結婚後，每天早起到丈夫經營的檳榔攤幫忙，下班後還要趕赴大學夜間部進修。沒想到婆婆埋怨她不幫忙家務，動輒到檳榔攤罵她、挑撥她與丈夫間的情感，造成丈夫對她的感情日漸生疏，不時要求她無條件離婚。林男見妻子不願離婚，藉口帶她到KTV唱歌、灌酒，直到張女不勝酒力，返家後林母與林男唆使次子睡在張女身旁拍照，誣賴張女酒後猥褻小叔下體。兩人持照片逼張女賠

僅他方得請求離婚。若雙方當事人都有過錯，須為此負責時，應比較衡量雙方之有責程度，僅責任較輕之一方得向責任較重之他方請求離婚，如雙方之有責程度相同，則雙方均得請求離婚。

償名譽，張女斷然拒絕後被控性侵且被檢方起訴，幸好小叔良心發現向法官說出真相，方才還張女清白。

含血噴人

訟師　張信臣

原文

起因

穆某有女娟娟，年十八，豔而有才。適汪姓壻絕痴，女自怨自艾。遂時歸甯，因而與中表[1]錢生結情好，鶼鶼鰈鰈[2]，刻不能分。旋汪子以病歿，女遂歸母家不返，與錢朝夕溫存，家眾咸知。女之翁[3]迫女返，女不肯，翁怒訴縣。女乃覓訟師張信臣為撰之稟，竟得如願。翁積憤，未幾歿，女遂與錢生成婚。有情人於是成為眷屬，蓋張某之賜也。

1　父親姊妹之子為外兄弟；母親兄弟姊妹之子為內兄弟，合稱「中表」。
2　形容感情極好，如鶼鳥鰈魚的伴侶那般不分離。
3　古以翁姑指稱公婆，於本案即汪生之父。

稟文〈為請求事〉

妾十七嫁十八孀，翁鰥叔壯，順逆兩難，請求歸家全節，上告。

原書編者評語

字之如鐵，針針見血，千載而後不能易一字，謂之刀筆宜矣。

案情大要

穆某的女兒穆娟娟嫁給汪姓做媳婦，偏偏汪某對娟娟沒興趣。娟娟因而常回娘家，與表哥錢某產生情愫。沒多久汪某因病亡，娟娟便不再回婆家。公公見狀告官，娟娟於是找到名訟師張信臣幫忙。張信臣於稟文中暗示婆婆已亡，公公未再娶，而小叔甚年壯，回婆家反而難以守節。縣令於是判其不必返家，得改嫁表哥錢某。公公知情沒多久就氣死。

現代法律人說……

本案亦是一訴請離婚之訴。穆娟娟因夫婿汪對其不理不睬，於是常返娘家，因而與表哥日久生情，便不再返回婆家。妻久不歸，汪生亦不追究。若依前文所述，汪生對娟娟不加搭理，如果造成娟娟精神上的痛苦，而形同精神上的虐待，可能符合不堪共同生活的離婚要件，可成功訴請離婚。現行《民法》第一〇五二條第一項第三款「夫妻之一方對他方為不堪同居之虐待」離婚要件，所謂「不堪同居之虐待」，包括身體上及精神上不堪同居之虐待。究竟有無此種虐待，司法實務之判決認為須從夫妻之一方對待他方，是否處於誠摯基礎為出發點——雙方是否還有愛。若此誠摯基礎未曾動搖，則偶有勃谿，就很難說這能造成不堪同居之虐待；若感情已經動搖，像是終日冷漠相對，就達到虐待的程度。如果汪生對娟娟不加搭理完全不含愛的成分，逾越夫妻通常所能忍受之程度而有侵害人格尊嚴與人身安全，即可認為受有不堪同居之虐待。

另一方面，穆娟娟常返娘家，久不歸返。也有可能構成現行《民法》第一〇五二條第一項第五款「夫妻之一方以惡意遺棄他方在繼續狀態中」的離婚要件，為夫婿汪得向法院請求離婚的原因之一。本款所謂「惡意」，乃指對於某種行為，有使其結果發生之企圖而言。所謂「遺棄」，包括無不能同居之正當理由，而不履行同居之義務，致使他方不能達夫妻共同生活之目的。按夫妻互負同居之義務，如無不能同居之正當理由，拒絕與他方同居，即係《民法》第一〇五二條第一項第五款所謂「以惡意遺棄他方」。倘具備此種情形，而又在繼續狀態中，就足構成離婚原因。

此外，依《民法》第一〇五二條第二項規定：「有前項（即前述的一〇款離婚事由）以外之重大事由，難以維持婚姻者，夫妻之一方得請求離婚。但其事由應由夫妻之一方負責者，僅他方得請求離婚。」所謂「其他難以維持婚姻之重大事由」，指婚姻已生破綻而無回復希望。夫妻間已否存有難以維持婚姻之重大事由，其判斷標準為夫妻一方主張造成難以維持婚姻的事實，在客觀上已悖於人倫秩序，且已達到一般人處於相同情況也將喪失維持婚姻意欲的程度才算數。依現今《民法》的規定，本案汪夫穆婦二人間如有《民法》第一〇五二條第二項的情形，可歸責之他方，亦有可能依本項規定訴請法院判決離婚。

不過，本案後來汪生亡歿，娟娟與其夫汪生的婚姻關係即因汪生死亡而解消，婚姻關係既已解消，自無再請求判決離婚之問題。此後娟娟可任意再婚，不生通奸或重婚之問題。雖然如此，娟娟與其翁姑之親屬關係卻仍然存續，並不因娟娟與汪生之婚姻關係解消而消滅，只是此後娟娟是否與其翁姑同住，可自由決定。如娟娟不與其翁姑同住，其彼此間即不互負扶養義務；娟娟如與其翁姑同住，則依《民法》第一一一四條第二款：「夫妻之一方與他方之父母同居者，其相互間互負扶養之義務」規定，其彼此間應互負扶養義務。本案娟娟於其夫死後，遂歸母家不返，而未與其公公同住，故其彼此間不互負扶養義務，其公公亦無請求娟娟返家同住之權。

本案訟師張信臣所出稟文重點圍繞在暗示娟娟在汪生死後，若返回婆家，婆家只剩公公及小叔，可能造成亂倫憾事。此係因如前文所述，中國古代，若婚姻的存續乃至衍生出來的家庭義務有違於道德、法律，官府是可以強力介入中斷的。本案娟娟也因此而成功勝訴。

像古代這種以防止發生亂倫或防止其他違背人倫秩序之發生為理由作為判決離婚的根據，在現今的《民法》中並無此種條款，主要是因為夫妻之一方死亡，他方即得自由選擇住居所，而無與配偶同居義務之問題，亦無與翁姑同居義務之問題。

聲東擊西

訟師　陸如尚

原文

起因　陳翁嫁女，奩賜[1]千畝，其女及壻均早死，陳靳[2]不與。時女翁[3]新貴訴於官，陳敗，乃倩黃州陸如簡訟師作一稟，遂翻全案。

稟文　〈為壻女俱逝，贈奩無名[4]事〉

竊[5]婚姻非賣買之場，奩具乃愛女而贈。今壻女均歿無子，受奩無人，所有奩

1 奩為盛裝婦女梳妝用品的小匣子；奩賜於此指的是嫁妝。
2 靳即吝惜。
3 新娘的公公。
4 無名即沒有理由。
5 竊原指私下，這裡謙指自己不確定的拙見。

田不能給，亦不願給。夫曰：奩則非翁之所得，問夫曰：贈更非訟之所能爭。親翁貴顯，主計[6]必另有人，乞鑑明鏡，上告。

原書編者評語

就「奩」「贈」兩字立論，理足情真，末後借為出脫，尤見妙手。絃外之音，閱者悟之於心而不能道之於口。

案情大要

陳翁嫁女，許諾嫁妝為田產千畝。沒想到女兒與女婿皆早死，親家公卻前來討要嫁妝。陳翁商請名訟師陸如尚打官司。陸從嫁妝受贈人為女兒及女婿的立場申說，認為親家公將媳婦未過戶的嫁妝視為己有是不對的，因此贏得官司。

現代法律人說……

本案為一宗未過戶的嫁妝究竟算不算婆家財產的糾紛。因為新婚沒多久後，新娘及女婿即早死。千畝田究竟順利轉移至婆家仍未可知，所以新娘的公公（女翁）初訴是勝訴的。陳翁不服，找上陸如簡研究案情。陸不從糾結難理的贈與成立時間切入，而是從贈與動機與條件下手——嫁

6 此指為親家公出謀劃計的人。

妝是贈給新人讓他們展開新生活並養育未來後代用，並非給女翁養老之用。同時強調女翁經濟無虞，根本沒必要興訟爭此嫁妝，暗示女翁是受人指使。最後陳翁順利勝訴，不必付出千畝嫁妝。

從今日法律觀點視之，本案有二個重點可以討論：

一、贈與之撤銷

臺灣有關贈與之法律規定見諸《民法》四〇六條：「稱贈與者，謂當事人約定，一方以自己之財產無償給與他方，他方允受之契約。」贈與為契約的一種，為典型的片務契約、無償契約，其標的限於財產。贈與契約一經成立、生效，贈與人就有移轉財產權的義務。又依《民法》第九九條第一項規定：「附停止條件之法律行為，於條件成就時，發生效力。」本案之贈與契約係以陳女婚嫁為停止條件之贈與契約，於陳女婚嫁時條件成就，贈與田產之契約成立生效，女翁得請求陳翁移轉所贈與之田產嫁妝。

不過現行《民法》為了減輕贈與人的責任，給予贈與人有反悔的權利，依《民法》第四〇八條第一項規定：「贈與物之權利未移轉前，贈與人得撤銷其贈與。其一部已移轉者，得就其未移轉之部分撤銷之。」因此，雖然贈與因當事人意思表示之合致而成立，屬不需要正式形式的契約，但贈與人於贈與物之權利未移轉前仍可以任意撤銷其贈與。一經撤銷，受贈人自然不能再請求交付。

但《民法》第四〇八條第二項規定，贈與如經過公證，或是為了履行道德上義務而為贈與者，即使於贈與物之權利尚未移轉，贈與人也不得任意撤銷其贈與。一旦贈與人不得再任意撤銷贈與契約，就必須依約履行，也才會有後續的贈與人不履行債務、給付遲延、給付不能等問題。[7]

此外，《民法》第一六六—一條規定：

> 契約以負擔不動產物權之移轉、設定或變更之義務為標的者，應由公證人作成公證書。未依前項規定公證之契約，如當事人已合意為不動產物權之移轉、設定或變更而完成登記者，仍為有效。

如依此規定，有關不動產之贈與契約均需經公證。但本條於民國八八年增訂公布迄今仍尚未施行，換言之，有關不動產的贈與契約至今仍非必須經過公證。不過，如果已經公證過了的不動產贈與契約，依上述《民法》第四〇八條第二項規定，贈與人不得任意撤銷其贈與。未經公證但已經移轉登記之情形，也因為贈與人已經移轉所有權，依照《民法》第四〇八條第一項之規定，贈與人就不得再撤銷其贈與。另《民法》第四二〇條又規定：「贈與之撤銷權，因受贈人之死亡而消滅。」一旦受贈人死亡，贈與人也有可能無法撤銷贈與。[8]

---

7 即使贈與人因經公證或為履行道德上義務而為之贈與已不得撤銷，於給付遲延時，受贈人得請求交付贈與物，但不得請求遲延利息；其因可歸責於贈與人之事由致給付不能時，受贈人得請求賠償贈與物之價額，但不得請求其他不履行之損害賠償。此外，《民法》並規定贈與人於贈與約定後，其經濟情況顯有變更，如因贈與致其生計有重大影響，或妨礙其扶養義務之履行者，得拒絕贈與之履行。

8 筆者特別用「有可能」無法撤銷贈與，是因為《民法》第四二〇條撤銷權消滅的規定，固然包括《民法》第四一六、四一

綜上可知，依照現今《民法》的規定，陳翁的田產嫁妝若還沒登記轉移，且贈與嫁妝的契約也未經公證，則在其女尚在人世時還有撤銷贈與的可能，一旦贈與嫁妝的契約經公證，或田產嫁妝已經移轉登記，就沒有撤銷贈與的可能。然而本案其女已死亡，依照《民法》第四二〇條：「贈與之撤銷權，因受贈人之死亡而消滅」規定，陳翁仍有可能無法撤銷贈與，而必須履行贈與田產嫁妝。

二、遺產繼承權

若陳翁送出的嫁妝已經移轉，成為其女的財產。依今日法律規定，陳女死亡後，因膝下無子女，其包括嫁妝田產在內的遺產[9]，應由其夫婿與其父母（即陳女的生父母）共同繼承，嗣後其夫又死亡，也因膝下無子女，故其夫所有包括繼承陳女之部分嫁妝田產在內的遺產，再由死者之父母（即陳女之翁姑）共同繼承。反之，如陳女之夫婿先死，陳女再死亡，則陳女的遺產（包括嫁妝田產在內）由其父母（即陳女之生父母）共同繼承。因為依現今臺灣《民法》第一一三八條的規定，遺產繼承人，除配偶外，依左列順序定之：

9　於此應注意，陳女死後所遺留下來的財產並非全部列屬遺產，應先依《民法》第一〇三〇一一條第一項的規定分配，亦即夫或妻現存之婚後財產，扣除婚姻關係存續所負債務後，如有剩餘，其雙方剩餘財產之差額應平均分配，其分配所得財產始得列為陳女的遺產。但陳翁贈與陳女的田產嫁妝，因屬陳女無償取得的財產，依《民法》第一〇三〇一一條第一項但書第一款的規定，不列入夫妻剩餘婚後財產之分配，亦即陳女的嫁妝應全部列為陳女的遺產，再加上陳女所分配到的剩餘婚後財產及陳女全部的婚前財產一併列為陳女的遺產。七條的撤銷權，但是否包括《民法》第四〇八條第一項的撤銷權，尚存有爭議。

一、直系血親卑親屬。

二、父母。

三、兄弟姊妹。

四、祖父母。

《民法》第一一四一條又規定：「同一順序之繼承人有數人時，按人數平均繼承。但法律另有規定者，不在此限。」第一一四四條規定配偶有相互繼承遺產之權，其應繼承部分，依左列各款定之：

一、與第一一三八條所定第一順序之繼承人同為繼承時，其應繼分與他繼承人平均。

二、與第一一三八條所定第二順序或第三順序之繼承人同為繼承時，其應繼分為遺產二分之一。

三、與第一一三八條所定第四順序之繼承人同為繼承時，其應繼分為遺產三分之二。

四、無第一一三八條所定第一順序至第四順序之繼承人時，其應繼分為遺產全部。」

綜合來看，本案如果陳女先於其夫婿死亡，依上述規定，有關其遺產應由其夫婿繼承二分之一，其生父母各繼承四分之一。如果陳女後於其夫婿死亡，則有關其遺產應由其生父母各繼承二分之一。

此外，順便一提，若陳翁尚未將嫁妝移轉給其女，且該贈與契約未經撤銷，則於受贈人陳女出嫁後死亡，因贈與契約仍屬有效，該贈與契約之債權亦得為繼承之標的，換言之，其繼承人得繼承此債權。

火底抽薪

訟師 諸福寶[1]

原文

起因

某翁與孀雎張姓者爭隙地。翁持賄，孀不得直，竟自縊於翁祖墓側。翁迫而求計於諸福寶訟師，諸曰：事不難，命易屍上之綠鞵[2]，為作一稟，翁遂免於禍。

稟文

〈訴為積仇陷害，移屍民地事〉

竊民於昨晨過祖墓側，瞥見一屍高懸。民驚呼地保鄰家，群識為張姓孀婦。而細細究察，方識移屍。孀之族人，頑悍無理，遽與民為難，且以為民逼勒身死。夫逼人勒命，事豈尋常？誣告挾嫌，律嚴反坐。況民墓四面水田，值茲梅雨連朝，泥濘幾難

1 原書作「葆」。

2 鞵即鞋。

登陟。而弱質閨人，黑夜焉辯。民墓滂沱梅雨，香鈎[3]全未沾泥，情事相背，移屍可知。何得含沙[4]、豈容藉口？伏叩明鑑昭雪，上稟。

原書編者評語

筆力如登劍閣，棧道絕處逢生，是非顛倒，兇哉！訟師徇可畏矣。

案情大要

某翁與寡婦張氏爭地。某翁先行賄官員，張氏爭不得理，便在某翁祖墳旁上吊自殺。張氏族人因而興訟究責。某翁於是找來名訟師諸福寶。諸教某翁先去換掉張氏腳上沾滿泥土的鞋子，再為之上一稟文，質疑案發當天下雨，而張氏鞋上卻無泥痕，明顯為張氏族人移屍誣陷。如此竟順利平息官司。

現代法律人說……

張孀與某翁不和，張孀為了報仇，不惜到某翁祖墳上吊自殺。古時被害人以死控訴，必有極大冤屈；張孀死於某翁祖墳，官府若嚴加究辦，某翁免不了一陣皮肉之苦，於是某翁找上諸福寶。諸福寶心術不正，竟教唆某翁調換關鍵證據——死者的鞋子以自脫罪。

3　指纏成小腳的女足。
4　含沙指含沙射影陷害人。

為何死者的鞋子是關鍵證據呢？〔宋〕《洗冤集錄》對此有相關的說明：「若當泥雨時，須看死者著何樣靴鞋，踏上處有無印跡。」〔清〕《折獄龜鑑補》記有一案也與此有關：

> 左某甲與乙積不相能，適甲之婦因他故自縊，甲視為奇貨。乘夜負屍於乙之門，懸於楣上。明日乙起，見而大懼。正皇遽間，甲至，伏屍哀慟，控於官謂：「與乙素相往來，昨以貧故令婦乞米，迨夜不歸，方深疑慮，不知因何在其門首報繯畢命，乞官追究。」乙本謹愿，聞之益惴惴。官至，解驗畢，復諦視良久，謂甲曰：「此非乙罪，是爾移屍。」甲嘩辯，官曰：「爾毋嘵嘵，吾有一言，令爾心服。昨夜大雨，方今街路泥濘，覰爾婦弓鞋土燥而梁薄，非爾負之而何？」甲失色，遂吐實焉。[5]

移屍陷人於罪，古已有之，諸福寶利用承辦官府必會驗屍、勘地，確認被告是否遭人移屍陷害的心理，才叫某翁將死者鞋子換掉，再於稟文中強調原告欲移屍害人，終於順利為某翁出脫。

假設某翁自己動手調換死者衣物，或有違犯古代律法，但在今日卻不觸犯湮滅證據罪。這是因為湮滅自己犯罪的證據，使犯罪不被發現，或為人性使然；而法律不外人情事理，《刑法》對於湮滅證據的處罰，只處罰湮滅他人刑事案件的證據，並不包括湮滅自己犯罪的證據。但如果教唆別人來湮滅自己犯罪的證據，依臺灣《刑法》第一六五條：「偽造、變造、湮滅或隱匿關係他

5 本書所引見鄒濬智、蔡佳憲編著《是誰讓屍體說話——看現代醫學如何解讀《洗冤集錄》》，臺北：獨立作家，二〇一六年六月，下不另註。

人刑事被告案件之證據者，處二年以下有期徒刑、拘役或五百元以下罰金」規定，該湮滅證據之人仍構成本罪，至於教唆之人是否構成本罪的教唆犯，尚有爭議，譬如依臺灣高等法院暨所屬法院六十七年度法律座談會研討的結論，是認為不成立本罪教唆犯的。此外，法律也考量到一定親屬間，可能基於親情而去協助被告湮滅證據，因此《刑法》第一六七條規定，被告的配偶、五親等內之血親或三親等內之姻親，觸犯《刑法》第一六五條湮滅證據罪時，減輕或免除刑罰。不過若是收受賄賂的小吏代某翁調包死者鞋子，則小吏行為除成立本罪之外，尚構成收賄瀆職罪，後者較湮滅刑事證據罪更重，依《刑法》第五五條：「一行為而觸犯數罪名者，從一重處斷」之規定，應從重罪之刑罰處斷。

另一種情況是，如果本案張孀在沒有任何外力干預之下，自己到某翁祖墳上吊自殺，也就是說張孀之死並非因某翁所害，自殺行為依現行《刑法》的規定，並不構成犯罪。換句話說，張孀的屍體，乃至其身上所穿的衣物、鞋子等，都不是犯罪的證據，也就是都不是《刑法》第一六五條所謂的「關係他人刑事被告案件之證據」，因此，即使某翁或其所唆使者去調包死者的鞋子，依現行法律的規定，也不構成湮滅、偽造、變造或隱匿刑事證據罪。

若非想迴避刑訊可能的皮肉之痛、無妄之災，某翁其實不必過度緊張地去湮滅證據。因為古代刑事鑑識科技，對於上吊自殺抑或是被勒後移屍假做自殺，已有充分的觀察與結論，如前引〔宋〕《洗冤集錄》中的〈檢覆總說上〉提到：

若是自縊，切要看吊處及項上痕，更看繫處塵土曾與不曾移動，及吊處高下、原踏甚處、是甚物上得去繫處。更看垂下長短，項下繩帶大小對痕闊狹，細看是活套頭、死套頭，有單掛十字繫、有纏繞繫，各要看詳。

同書〈檢覆總說下〉也說：

若被人勒死，項下繩索交過，手指甲或抓損；若自縊，即腦後分八字，索子不交，繩在喉下舌出，喉上舌不出，切在詳細，自餘傷損致命，即無可疑。

只要官府對張孀充分驗屍，即可還某翁清白。

今日臺灣屏東亦曾發生過嫌犯更動死者衣著，想要混淆執法者辦案的案例：高樹鄉廣興國小關福分校經驚傳出現半裸女屍，經追查，發現是一起預謀情殺案，慘死的邱女某日晚間被前男友王某狠砍十四刀，接著用磚塊重擊頭部，致全臉扭曲變形、傷重而死。王嫌離去前還將死者的上衣拉開，褲子脫到膝蓋，衣著不整地棄屍在校園內，企圖誤導警方偵辦方向。直到隔日凌晨屍體被農運民眾發現，警方調閱監視器，全力追緝，不到一天時間，鎖定凶嫌，讓嫌犯自知難逃法網，終於投案認罪。

偷天換日

訟師 吳墨謙

原文

起因

有淫婦與奸夫共死其夫[1]，割其臉而棄於河。事發將究罪焉，以屍難辯識，延未定讞。婦託人轉懇墨謙，作一稟，竟得不死。

稟文

〈為冤重覆盆[2]，稟求昭雪事〉

氏笄年[3]嫁夫，從無間言[4]。夫旋因商出門，歸期未定。詎知橫禍飛來，遽指浮

1 共死其夫，指共謀殺夫。
2 沉冤莫白，有如處於覆盆之下，不見天日。
3 笄年即及笄之年，成年方可盤笄，故指成年，女約為十五歲。
4 間言即及嫌言，抱怨之語。

屍為氏夫。而長官不察，將錯就錯，憑空坐實，即謂民婦為殺夫。民婦誣冤入地[5]，固無足數，倘吾夫一旦歸來，試問誰屍其咎[6]？伏乞矜[7]全，用待夫歸，上告。

原書編者評語

於萬無可救之時，平白地覓一生路，卻全不費力。詩云：「山窮水盡疑無路，柳暗花明又一村。」此義雖小，可以喻大。

案情大要

有婦私通於人，謀殺其夫，並毀屍割臉投於河中。夫屍被人發現，有司即對淫婦究責。婦於是請名訟師吳墨謙出馬辯護。吳從屍身難認的角度切入，並偽稱死者早去外地經商。若未來丈夫返家，見妻因官員誤判殺夫伏法，誰人負責？此番言論竟使有司再也不敢追究。

現代法律人說……

本案淫婦與奸夫共同殺死其親夫，依現行《刑法》第二七一條：「殺人者，處死刑、無期徒刑或十年以上有期徒刑」及第二八條：「二人以上共同實行犯罪之行為者，皆為正犯」規定，二

5 入地指死了埋入土中。
6 本句指誰用命來抵這個過錯？
7 矜即憐惜。

人均構成普通殺人罪的共同正犯。所謂共同正犯乃是與單獨正犯相對的一種正犯，係指兩個以上的行為人，其於共同的行為決意，各自分擔實施犯罪行為的一部，而共同實現犯罪構成要件的一種參與犯。也就是兩個以上的行為人，形成一個犯罪的共同體，各個行為人彼此以其行為互為補充，而在犯罪行為的分工與角色分配的協力合作下，一起完成犯罪，達成共同的犯罪目的。由於每一個參與者，都是共同決意犯罪的實踐者，所以應該相互承擔彼此的刑事責任。本案淫婦與奸夫二人出於共同殺死其親夫的行為決意，且各自分擔實施殺害其親夫的一部分行為，共同實現殺害其親夫致死的結果，故二人均構成普通殺人罪的共同正犯。

淫婦奸夫二人共同殺害親夫之後，又割其臉而棄於河，依現行《刑法》第二四七條：「損壞、遺棄、污辱或盜取屍體者，處六月以上五年以下有期徒刑。」割死屍的臉又將屍體棄於河而不依俗殮葬火化，確實構成損壞、遺棄屍體罪。依前述第二八條的規定，二人也構成損壞、遺棄屍體罪的共同正犯。但淫婦奸夫二人殺人後割其臉如果是為了使人無法辨識，以圖脫罪，是否構成湮滅刑事證據罪？一如前文所述，偽造、變造、湮滅或隱匿刑事證據罪僅限於關係他人的刑事證據，如果是關係自己的刑事證據，縱有偽造、變造、湮滅或隱匿證據的行為，也是現今《刑法》所不加以處罰的行為。因為即使用刑罰來處罰這類行為，也很難期待其不偽造、變造、湮滅或隱匿自己的犯罪證據。

前文提及古代中國律法規定，誣告人者經確認為誣告，必須反坐其刑；而對承辦官員之科責，也有類似規定，只是不若誣告者嚴厲。本案淫婦所委託的名訟師吳墨謙正是利用承辦官員不能確認死者身分，惟恐錯判，反坐其刑的心理，幫助淫婦開脫。

從犯罪偵查的角度來看，辨認屍體往往是偵查殺人案件的開端，因為如果連死者是誰都無法確知，遑論經由死者去追查可能將其殺害的犯罪嫌疑人。按理，古代驗屍水準其實並不低，對於辨認死者身分的方法也已經有很多經驗總結。本案死者雖然臉部遭砍割而難以辨識，但屍身上還有其他特徵可以判斷身分，如衣著、紋身、胎記、新舊傷、畸形（如雞胸、兔唇、長短腳、六指等）。像（宋）《洗冤集錄・疑難雜說下》就記到一案死者以其雞胸（龜胸）特徵確定身分的：

廣右有兇徒謀死小童行，而奪其所齎。發覺，距行兇日已遠。囚已招伏：「打奪就推入水中。」尉司打撈已得屍於下流，肉已潰盡，僅留骸骨，不可辨驗，終未免疑其假合，未敢處斷。後因閱案卷，見初焉體究官繳到血屬所供，稱其弟原是龜胸而矮小。遂差官複檢，其胸果然，方敢定刑。

另外在同書〈驗未埋瘞屍〉也記到看胎記、紋身、黥痕辨別身分的做法：

剝爛衣服，洗了，先看其屍有無軍號？或額角、面臉上所刺大小字體，計幾行或幾字？是何軍人？若係配隸人，所配隸何州、軍？字亦須計行數。如經刺環，或方或圓？或在手臂、項上亦記幾個。內是刺字，或環子？曾艾炙或用藥取？痕跡黯淒及成疤瘢，可取竹削一篦子，於炙處撻之可見。辨驗色目[8]人訖，即看死人身上甚處有雕青？有炙瘢？係新舊瘡疤？有無膿血？計共幾個？及新舊官杖瘡疤，或背或臀，並新舊荊杖子痕，或腿或腳底。甚處有舊瘡癤瘢？甚處是見患？須量見分寸，及何處有黯記之類，盡行聲說。

此外，死者生前從事職業所造成的職業傷害也是身分特徵之一（如屠戶虎口長繭、農夫赤腳皮厚、掌櫃撥算盤指尖肉硬等），以上皆可招來死者其他親屬加以指認。

今日的身分辨識，除了以上所言，早期有血型、指紋辨識法；新近則有ＤＮＡ鑑定、眼睛虹膜辨識、人臉（頭骨）、齒模辨識等。血型方面，係依照死者父母之血型或死者曾驗血之紀錄來推斷，準確度較低。而指紋，基本上連雙胞胎的指紋都不一樣，辨識度極高。在排除同卵雙胞胎（二人具有同一ＤＮＡ）與異卵雙胞胎嵌合體（一人具有二組ＤＮＡ）的情況後，準確度並不亞於指紋，且樣本較指紋更易取得。人臉辨識則是利用分析比較人臉視覺特徵，進行身分鑑別；若只剩人頭骨，也有軟體協助還原對應的人臉後方便再行比對；齒模辨識則依賴待驗屍身的牙醫紀錄。虹膜是人類眼球中有色的部分，因為每個人的虹膜皆不同，且虹膜特徵不易改變，而且準確性較高，辨識方法極為快速，只要眼睛對著儀器極短時間即可；但死亡後虹膜會變色，故此法恐只適用於活人或新死之人。

---

8 色目指種類名目。

實務上常見針對面目全非之死者以各種身分辨識方法確認身分的案例，如轟動一時的馬來西亞北韓前領導人之子金某遭刺殺一案。由於金某身分特殊，恐其以替身詐死，藉以躲避其弟的追殺，馬來西亞警方調查金某先前見於媒體的各種照片後，由金某特殊龍形紋身以及身上痣的分布，確認了死者身分即是。

起死回[1]生

訟師　馮執中

原文

起因

何某為里之惡霸，恃勢魚肉鄉民。家養亡命數人，與伊甥毛大、毛二等，奸淫劫掠。鄉人憚之，顧畏其悍，不敢發[2]。邑紳有楊某者，曾任顯宦，聞其惡於縣。縣令捕獲嚴究，毛大、毛二等聞耗，亟乞訟師作稟救之。事聞於楊，遂一併訴於縣。謂其劫財放火，縣令坐其罪。毛大處死，毛二流刑[3]。毛二無術，更乞訟師為作一稟，得減罪焉。

1　原書作「迴」。
2　發即舉發。
3　流刑即流放之刑。

稟文

〈譖[4]官枉命事〉

孽豪楊某，誣舅為盜，恨身[5]斥辯，捏指身為殺人放火重情。賄搆權吏某，讒譖問官，不審有無失犯，一任孽豪織詞羅砌，枉坐身死弟流。據伊訴放火焚屋，所焚何屋？持刀殺人，所殺何人？兩無指實，虛搆可知。寃重覆盆，乞天超拔，哀哀上告。

原書編者評語

打蛇在七寸裏，恰得好處。

案情大要

何某與其外甥毛大、毛二魚肉鄉里，地方上顧忌他們的惡勢力，不敢舉發他們。地方士紳楊某，曾任大官，不把何某等放在眼裡，向縣令告發，縣令於是問罪，毛大判處死刑，毛二判流放。毛二聞狀趕緊找來名訟師馮執中。馮以縣令只聽楊某一面之詞，並不加細究調查，嚴重失職。縣令自知理虧，於是減刑處置。

4 冤、誣陷、詆毀。
5 身指本身、自己，即本案之毛大。

現代法律人說……

何某夥同外甥毛大、毛二魚肉鄉里，遭上紳楊某舉發，就地正法；如此處置本來大快人心，但兩宋以來司法，斷案尤重偵訊及證據。如宋朝不止嚴格要求中央地方司法長官躬身獄訟，「淳化四年詔御史臺，凡中丞以下皆親臨鞫獄。」（《宋史．列傳》卷四十六）地方長官亦如中央，需躬親鞫問，「公事自今令長吏躬親問逐，然後押下所司檢勘鞫，無致偏曲出入罪。」（《宋會要輯稿．刑法》卷六）宋徽宗時還增加州縣長官不親聽囚徒罰徒刑兩年的規定，規定了不據狀推勘，刑訊不合法律規定，錄問囚徒不力導致冤假錯案的責任。

兩宋為中國司法制度發展成熟期，明清於其制度多有承襲。因而本案承審縣令判案，一不問證據，二不偵訊毛大、毛二，只聽楊某一面之詞，在審判的流程上終究有重大缺失。所以馮執中上一稟文點出其中利害，縣令自知理虧，害怕究責，只好減刑處置。

從司法實務的角度來看，本案有二個重點可以討論：

一、為何早先無人舉報此一犯罪集團？

以何某為首的惡霸集團，之所以肆無忌憚，仍在利用被害人害怕被報復的心理，吃定他們不敢到官府告狀，才能長期逍遙法外。人都是害怕麻煩的，加上若對司法單位沒有信心，確實可能寧可忍受不法的侵害，也不願挺身而出。

依照臺灣現行《刑事訴訟法》的規定，出面舉發犯罪的證人（告訴人或告發人在法庭上也是證人）必須出庭直接面對被告。針對這種恃勢魚肉鄉民的惡霸，一般平民百姓因懼憚被事後報復，大多不敢出面舉發。譬如臺灣新竹關西地區曾有青少年組織一犯罪集團，自行劃設勢力範圍，若有人不慎進入，動輒拳腳相向。此幫派還滲透校園，招收小弟，為校園內小弟出氣。校內受霸凌的學生及社區居民害怕被報復，敢怒不敢言，使得這群自稱「關西皇帝」的犯罪集團氣焰更加囂張。後來在警方長時間蒐證後，才順利依組織幫派、傷害罪嫌及《少年事件處理法》函送法辦。

二、司法以無罪推定為前提——斷案應講求程序正義與罪證相符

早期臺灣政府訂定有《動員戡亂時期檢肅流氓條例》，動員戡亂時期終止後，改為《檢肅流氓條例》，規定包括警備總部、憲兵、警察等治安機關可以依秘密證人的證言，取締流氓，移送法院裁定感訓處分一至三年。秘密證人不用出庭直接面對被移送的流氓。此與本案邑紳楊某舉報何某而縣令馬上查辦很相像。在臺灣，這樣的制度一時間發揮了顯著的打擊流氓、幫派犯罪的效果，但只憑秘密證人的證詞，不給被指控為流氓的人直接詰問證人或與證人當面對質的機會，又不經檢察官起訴、法院審判的通常刑事審判程序，就可以將被指控為流氓的人處以一至三年的感訓處分，一方面不符合正當法律程序，容易被秘密證人利用來誣陷仇家，另一方面也違反憲法上的比例原則，後經大法官多次針對不同的條文規定先後宣告為違憲，終於民國九十八年廢止，走入歷史。取而代之的是前文提及之《組織犯罪防制條例》。

其實司法應以「無罪推定」為原則。「無罪推定」指一個人在法院上應該先被假定為無罪，

除非被證實確有犯罪的事實，否則不得判決有罪，在審判證明有罪確定之前必須推定為無罪。在許多國家的刑事訴訟中，無罪推定原則是所有被告都享有的法定權利，也是聯合國國際公約確認和保護的基本人權。[6]但在古代中國，所有嫌疑人在司法面前全都很有可能被認定有罪，涉嫌人得想辦法讓青天大老爺相信自己無罪。這是因為古代中國實施專制制度，權力都掌握在皇帝手裡，所有的臣工都是在執行皇帝的意志，在刑事審判上並沒有區分偵查起訴和審判兩職能。當職司偵查審判的衙門經由調查已相信被告涉有某一個犯罪事實時，當然就有可能會依照其所相信的事實來判決，被告如果要阻止審判的衙門做有罪的判決，只能想辦法證明自己無罪，以動搖審判衙門的事實認定。兩宋以後，漸漸強調證據。證據包括口供（含人證）與物證。執法人員必須取

6 西方如歐洲大陸在中世紀時期是施行封建制度，早期也是不分偵查起訴和審判。在推翻封建制度，建立民主國家之後，人民對於國家、政府仍然不信任，所以處處提防國家、政府，深怕國家、政府侵犯人民的權利。為了防止國家侵害人民權利，人民想到「權力分立」是一種可行辦法，於是將國家的權力分成立法、執法二種權力，立法權屬於人民，交由國會來行使，執法權則屬於政府。人民又因為害怕政府的權力仍舊太大，再將政府的執法權一分為二，一個是司法權，一個是行政權。司法權可以對於行為事實是否合法作最終的決定，由法院來行使。由於這種合法或不合法的最終決定權非常強大，所以為了制約這種司法權，就規定這種權力必須被動，須等待其他機關或個人提出審判的請求才可以發動，而不能自己主動發動司法權，這就是所謂的「不告不理」原則。臺灣現行《刑事訴訟法》第二六八條規定：「法院不得就未經起訴之犯罪審判。」在刑事程序上，作為司法權代表的法院雖然可以對於是否犯罪作最終的決定，但也不能主動調查、取締、糾舉犯罪，而必須等待個人或歸屬於行政權的檢察機關起訴，請求法院審判，法院才能審理判決，這就是所謂的「彈劾制度」或「控訴制度」。不僅如此，有些國家的制度甚至要求檢察官必須證明到讓法院確信被告真的有犯罪的事實，法院才能判決被告有罪，當檢察官沒有能夠證明到讓法院確信被告真的有犯罪的事實之前，法院只能判決被告無罪而不需要自己去證明被告有犯罪的事實，這就是所謂的「當事人進行主義」。相對的，法院於經檢察官起訴之後，就可以自己去證明被告有犯罪事實，則是所謂的「職權進行主義」。不管是當事人進行主義，還是職權進行主義，最終都是要證明到讓法官確信被告真的有犯罪的事實，法院才能判決被告有罪，在這之前都必須推定被告為無罪，也就是前面所提到的「無罪推定」原則。

得堅強的證據才能證明嫌疑人有罪，加以判刑。本案承審縣令只聽士紳楊某一面之詞，並不符合司法程序正義[7]，於理有虧。

今日臺灣，一個人有了犯罪嫌疑，被檢察官提起公訴，或者由自訴人自行提起自訴，受理訴訟的法院就要依據《刑事訴訟法》規定的程序進行審判，被告在未經審判證明有罪確定以前「推定其為無罪」，這是《刑事訴訟法》第一五四條第一項所明定的無罪推定的原則，也是證據裁判的原則。至於被起訴的人有沒有所起訴的犯罪事實，完全要依憑證據來認定，《刑事訴訟法》第一五四條第二項明文規定「無證據不得認定犯罪事實」。

再者，臺灣現行的刑事訴訟制度對犯罪事實的證明是採「嚴格證明」的制度。由於現代的刑事訴訟制度是由法官依照證據來認定犯罪事實。證據對於待證的事實究竟具有多少可信性？具有多少證明的價值？是交由法官來自由形成心證的。又由於這種「自由心證」的制度很有可能讓法官在認定事實時流於恣意、擅斷，所以必須採行適合於這種「自由心證」制度的配套措施。這種配套措施就是採行嚴格證明的制度。所謂「嚴格證明」，就是用於認定犯罪事實的證據必須在法律上嚴格加以限制，也就是認定事實必須依合法的證據方法（即具有證據資格的證據），而且必須經過合法的證據調查，在認定被告有犯罪事實時，法官的心證還必須達到「無合理懷疑被告無罪」的「確信」程度才可以。所以，法官要對被告定罪，在採證方面，必須多費思量，處處交代清楚，才能使當事人心服口服。

7 一般所謂的「程序正義」，也就是法學上所謂的「正當程序」，又稱為「合理的法律程序」，意思是說政府在運用憲法所賦予權力，同時還必須尊重憲法所保障的人民權利。

移山倒海

訟師　郁訟師

原文

起因

有郁訟師者，故與宰有隙。時邑城河忽現浮屍，面腐莫可辯，但知其男耳。宰循例驗之有微傷，似非自盡，以無主故，遂寢[1]其事。郁聞之曰：「此其時矣。」乃嗾[2]孀雌某指為夫婦。夫固死其戍，第[3]骸骨未歸耳。婦如郁言，闖於屍場，不許殮，哭其屍為親夫，請昭雪。宰恐會旒人有言，為夫死戍者，宰因責婦返。郁復撰一稟，命再訴之。宰覽稟，噤然不能批答。始姑准嚴緝，婦因搶屍號哭，大鬧屍場。宰窘甚，急挽人出五百金了事。

1 寢字於此指止息。
2 原指口出聲命令犬隻，此指教唆。
3 第即但。

稟文

〈為籲伸雪事〉

竊氏夫於十年前戍邊，久無音耗，人疑為死。即氏亦謂為無歸。日夜涕淚。近三四月，忽得歸耗，方謂計日團聚。不料中途被害，擲屍中流。痛氏夫十年守戍，死於歸途。聞信之餘，肝腸寸裂，乃屍場認夫。籲請召雪，不蒙明察，作氏夫為已死，斥氏冒混。氏寃無可伸，竊念氏夫明明言歸，音信確實，何得測言已死而屈指？歸程亦居，若謂我夫而非此屍也，此屍何人？此屍而非我夫也，我夫安在？氏上無翁姑，下無子女，煢煢孑身[4]，復何依恃？伏乞青天昭雪，以慰幽靈。哀哀上稟。

原書編者評語

張冠李戴，說得確似有理。「我夫而非此屍」等四句妙極妙極。明知其假冒而不得直指，宜乎縣宰之不能批，只語智哉訟師，毒哉訟師。

案情大要

郁訟師與縣令有仇，一直想著要報復。剛好聞訊護城河裡撈到面容腐敗的浮屍，只知是男屍。縣令依無傷之無名屍結案，郁想到有機可趁，於是唆使寡婦前去認屍。但其實其夫早於戍邊時已死。縣令看到有人來認屍，略加調查後知道寡婦之夫早死邊關，於是罵走寡婦。郁訟師於是

4 孤苦伶仃，無人可以依靠。

代寡婦上一稟文，提到婦之夫言及返家卻未返，不是路上遭人謀死為何？如果浮屍不是返家之夫，那浮屍為誰？幾番問句讓縣令無力招架，最後只好出五百金求郁別再上訴。

現代法律人說……

按現今臺灣《刑事訴訟法》規定，是以由國家來追訴犯罪為主，個人追訴犯罪為輔。這一點由《刑事訴訟法》第二二八條：「檢察官因告訴、告發、自首或其他情事知有犯罪嫌疑者，應即開始偵查」、第二五一條：「檢察官依偵查所得之證據，足認被告有犯罪嫌疑者，應提起公訴。被告之所在不明者，亦應提起公訴」及第三二三條：「同一案件經檢察官依第二百二十八條規定開始偵查者，不得再行自訴」等規定可知。也就是說職司追訴處罰犯罪的公務員，在知道有犯罪嫌疑，就必須開始偵查。至於如何知道有犯罪嫌疑？有可能是犯罪的人自己自首、目擊證人告發、被害人告訴，也有可能是負責偵查犯罪的公務員自己發現的，不管是經由何種管道得知有犯罪嫌疑存在，該管公務員就負有偵查該犯罪的義務。

如按上述的規定，本案縣宰已經由該孀之告訴得知有犯罪嫌疑的存在，就負有偵查該犯罪的義務。至於調查的結果是否果真有犯罪事實的存在，也須於調查之後才能知曉。至於提出告訴的人是否另外構成誣告罪，應依不同的情形來看。如果明知沒有犯罪事實的存在，而是想要讓某人受刑事處罰，向負責的公務員提出誣告者，則依《刑法》第一六九條的規定，應構成普通誣告罪，可處七年以下有期徒刑。

如未想要讓某特定人受刑事處罰，而只是單純的明知沒有犯罪事實的存在而故意向負責的公務員提出誣告者，則依《刑法》第一七一條的規定，應構成未指定犯人的誣告罪，可處一年以下有期徒刑、拘役或三百元以下罰金。除此之外，例如提出告訴的人只是誤會或懷疑有犯罪事實，即使事實上並沒有犯罪的事實存在，也不構成任何誣告罪。

經調查如真有犯罪事實的存在，應依《刑事訴訟法》第二五一條的規定提起公訴。即使被告逃亡而所在不明，也應提起公訴。除非有《刑事訴訟法》第二五三條或第二五三—一條所規定的情形，才可以給予不起訴或緩起訴的處分。

本案死者為一無名屍，縣宰為怕麻煩，想以意外落水、無屍親追究結案。[5]與縣宰有仇的郁訟師覺得有可趁之機，唆使一丈夫早死於戍邊任務的孀婦妄認落水屍。其實無名屍是否為婦人丈夫，極好確認，前文已提及屍身若泡水或被毀，仍有其他特徵可供指認。只要將婦人對丈夫人身體特徵的敘述與死者比對，即可知道所言真假。但本案縣宰司法檢驗專業不足，又因吃案在前，於理有虧，只好付出五百金，充做婦人的封口費了。

吃案一事可大可小，本案縣宰只付出封口費便息事寧人，要是遭人檢舉，只怕不是付錢那麼簡單。唐代以來，中央政府為了掌握各地治安情況，設置巡察使及按察使等巡察地方。中央尚書省吏部對官員的政績考課中，也包括了治安項目。如果嚴重的治安事件沒有解決，相關官員要接受處分。吏部的考課決定了官員的升降留免。吃案除了丟官，還有司法的追責！

5 古代法律對審理期限有所規定，比如唐律就規定辦理「徒」以上的案件必須在三十日內審結。若本案死者非因意外，而是被人謀死者，縣宰就有破案壓力。

臺灣曾發生過類似本案、官員因涉及吃案而遭到處罰的案例：臺灣高雄市議員林某，以選民服務為由，至交通大隊，要求註銷選民的罰單，前後共註銷了五張，檢方知情後主動偵辦。案經纏訟八年，林某及其服務處主任、助理，當時協助辦理的交通隊員警皆遭判刑、緩刑確定。

空谷傳聲

訟師　謝方樽

原文

起因

地痞耿碧軒有女，性淫蕩，嫁於同里方氏子。方素貧，耿時存改嫁之念，而女亦嫌方子渺，日與無賴通，方苦之。初耿欲再嫁女於陳姓，方執不允，幾至成訟。耿以理曲，不敢敵。嗣後耿與謝方樽商，謝曰：「易與耳，汝令女與無賴寅夜[1]遁異地，汝訴於官，必得手也。」並為作一稟。耿依言而行，邑宰閱稟，竟責方交女出。方大恐，乞和於耿，耿不允，方無術，允女離婚，並捐其聘儀，事始寢。而耿女從容歸再嫁焉。方父子聞之，氣憤填膺，不及一年竟相繼卒。

1　寅時的黑夜，為凌晨三點到五點，衆人最為熟睡之時。

禀文

〈為逼命匿屍，籲叩昭雪事〉

身女十七歲，配方某子為妻。詎方某素性淫暴，嫌女貌醜，揑誣污穢，日夜打罵。不料於是月某日，逞凶毒打，慘遭惡死，又復毀屍滅跡。誣揑逃走。竊女非蚊蚋鬼蜮[2]出逃，豈無人見人逢？明係慘殺滅屍，懇天追屍填命，含冤上告。

原書編者評語

惡心腸、惡手段、惡計策、惡禀單，無一非惡。耿某既逞所志，而方氏一家無端隳滅，於心何安？此訟師之所以為惡也。

案情大要

地痞耿碧軒嫁女於方家，但又嫌方家窮，想改嫁女兒。耿女也嫌方家窮，早晚私通於地方無賴。耿向方家要求改嫁不成，便找上謝方樽。謝要耿女趁黑夜與無賴私奔，再上禀文，誣賴方家暴打死耿女。方家交不出耿女，眼見就要坐實殺人罪，只好私下與耿和解，並答應出嫁妝讓耿女改嫁，事件才平息。

2 充滿飛蟲及惡鬼、害人之怪物，指不適人居的荒境。

現代法律人說……

本案表面上是一控告女婿謀害女兒的刑事案件，但其本質為一促成女兒與女婿離婚的民事案件。地痞耿某想改嫁女兒，不料女婿家不肯，於是耿某找上謝方樽幫忙。謝唆使耿碧軒叫他的女兒與無賴深夜私奔異地，再狀告方家謀殺耿女。方家交不出人，於是謝以訟逼談，迫使方家同意耿女改嫁。

本案依照今日法律視角，有三個重點可以討論：

一、若耿女主動與無賴交好則二人涉及通奸罪與相奸罪

依照現今的法律，耿女若與無賴有染，一方面可能分別成立《刑法》第二三九條的通奸罪與相奸罪，另一方面耿女可能構成《民法》第一〇五二條判決離婚的條件。除此之外，耿女與無賴另有可能構成《民法》第八四條第一項後段「故意以背於善良風俗方法加損害於他人」，侵害他人圓滿維持婚姻生活之權利（配偶權），而須負侵權行為損害賠償之責任。

二、若無賴主動勾引耿女則無賴涉及妨害家庭罪

如果無賴主動誘拐耿女私奔異地，在今日則無賴還會有妨害家庭罪的問題。依臺灣《刑法》第二四〇條規定：「和誘未滿二十歲之男女，脫離家庭或其他有監督權之人者，處三年以下有期

徒刑。和誘有配偶之人脫離家庭者，亦同。」本條所謂的「和誘」，是指得到被誘人的同意，引誘被誘人脫離家庭或其他對被誘人有監督權的人。耿女已有丈夫，是有配偶的人，如果該無賴引誘耿女私奔，並得到耿女的同意脫離其家庭，該無賴就可能構成《刑法》第二四〇條第二項的和誘有配偶之人脫離家庭罪，在今日，可處三年以下有期徒刑。

三、耿碧軒與謝方樽涉及誣告罪

前文提及現行《刑法》第一六九條規定：「意圖他人受刑事或懲戒處分，向該管公務員誣告者，處七年以下有期徒刑。」也就是明知道沒有犯罪事實的存在，而想要讓某人受刑事處罰，向負責偵查或追訴犯罪的公務員誣指某人犯罪的事實，就可能構成本條的誣告罪。本案耿碧軒明知方某並沒有毆打耿女的事實，卻與訟師謝方樽故意向官府誣指方某於某日逞凶毒打耿女，致耿女慘遭惡死後又毀屍滅跡。如果依照現今的《刑法》規定，應構成本條的誣告罪。另外，謝方樽唆使耿碧軒誣告方某逞凶毒打耿女致死後毀屍滅跡，並代耿撰寫稟文，依《刑法》第二八條：「二人以上共同實行犯罪之行為者，皆為正犯」，及第二九條：「教唆他人使之實行犯罪行為者，為教唆犯。教唆犯之處罰，依其所教唆之罪處罰之」規定，也有可能構成本條誣告罪的共同正犯或教唆犯。

前文提到，古代女方要能成功離婚，唯有女婿因案出逃才行，謝方樽苦思無策，才設計陷害對方毆妻致死，並教唆耿女先與奸夫私奔，試圖以訟逼離。果然方家受控後交不出耿女，眼見要坐實殺人匿屍的控訴，只好私下與耿某和解。耿某亦心腸歹毒，改嫁女兒還要女婿家出錢嫁人，最終耿與謝之奸計得逞。

婚姻關係之結束，要好聚好散，不出惡言太難。走到訴請離婚一步，都是某方想離，某方不願離的僵局。此時為了順利打贏離婚官司，某方可能動歪腦筋，誣陷對方，讓對方觸犯可堪離婚的條件（詳前）。大陸地區就曾發生元配在大街上撞見丈夫與小三逛街，隨即趨前毆打小三。丈夫事後為求打贏離婚官司，便與小三串通，誣指元配搶劫、傷害小三，以訟逼使元配離婚、賠償。

臺灣亦曾發生過類以案件：某藝人丈夫與前妻離婚後的財產分配之訴仍在進行，其前妻為求官司勝訴，意圖將離婚之責任推給男方，便陳述某藝人為小三，其夫因與藝人發生婚外情才造成離婚結果。事後藝人丈夫出示簡訊截圖，證明事實是前妻發生婚外情，他與藝人的交往發生在離婚之後。另臺灣許女與陳男原為夫妻，五年前離婚後為爭取監護權，另有官司。為求勝訴，許女唆使年僅八歲的女兒陳述在幼稚園及國小一年級與父親同睡時，遭到父親猥褻，企圖製造陳男不適合擔當女兒監護人的假象。後由檢察官深入調查後，發現女兒曾私底下傳訊息向父親表示，是為了想跟母親住在一起才這麼說的。

含沙射影

訟師 謝方樽

原文

起因

惡棍仲某素與渡者俞根生積宿怨，日思陷害，顧無隙可乘。會仲父以酒醉夜行，失足墮河死；河水湍急，覓屍不得，將藉是以害俞。乃與謝方樽商，賄謝金。謝遂定計，以仲父之傘，刻其名，偽遺於俞之渡船上，俞不知，竟挈之歸。翌日而仲至俞門，遽見傘，遂扭俞訴於縣。以為殺父兇首，並遞謝方樽之撰狀。縣宰得狀窮詰俞，俞不供，加以重刑，繫獄數月，竟瘦斃。

稟文

〈為謀殺父命事〉

地虎[1]俞根生，素不守分，毒害鄉民。本月某日，痛父酒醉日暮，經過黃家渡。

1 地虎指地方惡霸。

惡見醉人肩重，囊內有金，撐至深水，推落淹死，骸骨無跡，惟獲雨傘一把作證。切思父命遭害，事變關天，乞臺正法親剿，追贓填命[2]，泣告。

原書編者評語

愈根生之死，死於貪小利也。使俞而不拾遺物，則方樽之技無所施，而飛來之禍惡可賈。雖曰方樽害人之實，亦自處之耳。

案情大要

惡棍仲某與渡船人俞根生有仇。仲某一直想要陷害俞不成。剛好仲父喝醉酒，失足落河，下落不明。仲於是與名訟師謝方樽圖謀要害俞。先取來一傘，上刻仲父之名，假意遺於俞之渡船上。俞一時不察帶回家後，仲再扭送俞到衙門，控告俞為殺父兇手。因俞家中確實查到仲父之傘，俞便被收押，久而死在獄中。

現代法律人說……

仲某與俞根生有仇，苦思陷害不得。恰巧仲父落水失蹤，仲某便與謝方樽合謀栽贓嫁禍。仲與謝利用假造仲父所有之傘遭俞錯拾，誣告俞強盜殺人。仲父落水失蹤是實，仲父之傘又確在俞

2 填命指一命抵一命。

家找到。僅只二樣關聯性不強的間接證據，最終使得俞根生被關押至死。

依今日司法實務，本案有二個可以探討的重點：

一、仲某及謝方樽涉犯誣告罪或準誣告罪

按現行《刑法》第一六九條第一項規定：「意圖他人受刑事或懲戒處分，向該管公務員誣告者，處七年以下有期徒刑。」同條第二項規定：「意圖他人受刑事或懲戒處分，而偽造、變造證據，或使用偽造、變造之證據者，亦同。」本條第一項是誣告罪，第二項是準誣告罪的規定。

所謂「意圖他人受刑事處分」，就是想要讓某人受到刑事上的處罰，再進一步講，也就是之所以要偽造證據，或者使用偽造出來的證據，就是為了想要讓某人受到刑事上的處罰。第一項和第二項最大的不同，在於第一項是一種虛偽的陳述，為真正的誣告，而第二項並沒有虛偽的陳述，不是真正的誣告，所以稱作準誣告。仲與謝為了想要讓俞受到處罰，才取傘偽刻仲父姓名，然後假裝遺留在俞的渡船上，很顯然的就是「意圖他人受刑事處分，而偽造證據」，確實構成上述《刑法》第一六九條第二項的準誣告罪。不僅如此，為了讓俞受到處罰，仲又以該偽刻仲父姓名遺留在俞渡船上的傘為證據，將俞扭送到衙門，控告俞為殺父兇手。其中，想要讓俞受到處罰，向衙門陳述虛構的事實，誣指俞根生強盜殺人，則是「意圖他人受刑事處分，而向該管公務員誣告」，已經構成《刑法》第一六九條第一項的誣告罪。

雖然仲某與謝方樽都可能構成準誣告罪和誣告罪，但因為仲謝二人以取傘偽刻仲父姓名，然後假裝遺留在俞根生的渡船上，進而將其送交衙門，這些行為都是誣告俞根生強盜殺人的準備行

為，如在今日，最終應該只以《刑法》第一六九條第一項的誣告罪來處罰仲某與謝方樽。但若誣告罪沒有成立，準誣告罪的部分當然還是要單獨論罪處罰。

二、俞根生涉犯侵占脫離持有物罪

在無罪推定與要求堅強之證據的今日，俞某不可能冤死。可是他一時不察，將仲父之傘攜回據為己有，卻有可能犯了《刑法》侵占脫離持有物罪。臺灣《刑法》第三三七條規定：「意圖為自己或第三人不法之所有，而侵占遺失物、漂流物或其他離本人所持有之物者，處五百元以下罰金。」所謂「侵占」，一如本書第四稟所講到的，是指將自己持有的他人之物變為自己所有之物的行為。現今《刑法》第三三七條侵占遺失物、漂流物等脫離本人持有之物罪與第四稟所提到的業務侵占罪、普通侵占罪不同之處，只在於侵占的人「自己持有他人之物」的原因不同而已。前者是因為拾得遺失物、漂流物等脫離本人持有之物而持有他人之物；後者是因為其他的原因，例如業務上的關係或借貸、寄託的關係等而持有他人之物。不管哪一種，都屬於侵占罪的一種類型。俞根生在主觀上知道雨傘是別人遺留在其渡船上的，卻有意把屬於別人的雨傘取回家據為己有，就有可能構成現行《刑法》第三三七條的侵占脫離持有物罪。[3]

3 侵占罪要能成立，最起碼要具備以下三個條件：第一、有侵占的行為：侵占是行為人在外表上足以顯示其將持有物據為己有的行為。第二、自己持有他人之物：如業務員為公司收取的貨款；同事代上司轉交之禮金等。第三、有侵占的故意和不法所有的意圖：行為人知道自己現在拿的東西是別人的，但想把東西變為「自己的」的主觀心態。

臺灣曾發生與本案類似、利用遺失貴重物品試圖栽贓不知情第三者的案例：某男與其妻因是否換新車一事發生爭執，某男因而失手勒死其妻。為求脫身，某男將其妻藏於後車廂後，將車開至當地最易發生竊車案的路段，並將鑰匙留置車上，企圖將殺妻重責栽贓嫁禍給偷車賊。不料某男停妥後，其岳父友人適巧經過該處，發現車上鑰匙沒拔，隨即通知某男岳父。岳父一到現場，開啟後車廂，發現女兒已死在其中，報警後將某男逮捕到案。

狡兔脫罝

訟師 金鶴年

原文

起因

陳文林與表弟張秋白各出銀一百，販賣貨物。旋於陽駔李昭店地方分手。陳先入城中，張則攜款往新里投宿店。詎店主欺張孤身，又復中途露白[1]，店主遽思謀財之念，竟將張謀斃滅屍。迨明日陳往覓弟，竟不得，且與店主口角。陳知表弟為該店謀財謀命，乃赴訴於縣。邑宰即拘店主，將嚴鞫焉。店主急命人賄金鶴年訟師，託撰一稟，竟得幸免。

1 白指白銀，露白即露出身懷鉅款。

稟文

〈為捏禍抵飾事〉

身充牙行[2]，奉公守法，店坐衎心，往來難掩鄰里耳目。詎惡棍某，頭前飄空來家，尋索表弟某身。謝未見，當毆口角架身，謀害控臺，寃蔽覆盆。切客非螻蟻，本非錙銖，劫客則阻塞四方行旅；謀財則乾沒四處，同途非遭變故，必自作鯨吞，栽禍無辜，便回抵飾。乞　台[3]開豁，萬代啣恩[4]，上訴。

原書編者評語

反口噬人，使狡兔脫罝[5]。若非此毒計策，店主必不得免。訟師訟師，罪過罪過。

案情大要

陳文林和表弟張秋白合股做了生意賺錢後，便在李昭店這個地方分手，陳先入城，張則投宿客店。沒想到店主人看到張身上鉅款，謀財害命。陳回頭找表弟不成，狀告店主人。店主人於是請來名訟師金鶴年，金以客店為公共場所，若要謀財害命，怎無人發現？指責陳自己私吞了表弟錢財卻前來勒索。因查無實證，店主人順利逃過一劫。

2 牙行即各種商業行為中負責穿針引線的仲介行業。
3 台即縣令之尊稱，行文時前空一格表示尊敬。
4 啣恩即感恩、記得恩情。
5 罝即捕兔之網。

現代法律人說……

陳文林、張秋白表兄弟二人合夥做生意，賺了錢返鄉。誰知張所寄宿旅店老闆心術不正，害張取財。陳回頭尋張不成，認為店主人涉有重嫌，便到官府提告。

只有強盜沒有殺人，依臺灣《刑法》第三二八條：「意圖為自己或第三人不法之所有，以強暴、脅迫、藥劑、催眠術或他法，至使不能抗拒，而取他人之物或使其交付者，為強盜罪，處五年以上有期徒刑」，也就是可以單獨成立強盜罪。反之，只有殺人沒有強盜，依臺灣《刑法》第二七一條：「殺人者，處死刑、無期徒刑或十年以上有期徒刑」，也可以單獨成立殺人罪。一如本案的店主，是既強盜又殺人，則有可能成立結合了強盜和殺人兩罪為一罪的強盜殺人罪。也就是《刑法》第三三二條規定的「犯強盜罪而故意殺人者，處死刑或無期徒刑。」當然並非只要強盜又殺人就一定構成強盜殺人罪，例如在甲地強盜之後，第二天又在乙地殺了人，就只能成立一個強盜罪和一個殺人罪，二罪合併處罰，而不能成立強盜殺人罪。必須是在強盜的當場殺了人才可以成立強盜殺人罪。

本案店主想要謀財，顯然就有了強盜罪中的心理要素「為了自己不法所有的意圖」[6]，而將張秋白殺害之後奪其錢財，既是殺人，也是用強暴或藥劑等方法，讓張秋白無法抗拒而取其錢

6 簡單的講，就是想要圖謀別人的錢財，而這些錢財是自己所不應得的。

財。換句話說，殺張秋白是犯了殺人罪，用殺張秋白的方法讓張秋白無法抗拒而取得其錢財則是犯了強盜罪，殺人又是在強盜的當場實施，所以應成立《刑法》第三三二條結合了強盜和殺人兩罪為一罪的強盜殺人罪，只能處以死刑或無期徒刑，而不能選用有期徒刑來處罰。從這樣來看，強盜殺人罪比一個強盜罪和一個殺人罪二罪合併處罰來得重。

店主明明身犯古今皆然的重罪，但其委託訟師金鶴年為何沒花什麼心思便贏了這場官司？承前文，兩宋以後，中國司法機關尤重證據；陳無法舉證張在客店裡遭店主人強盜殺人，本來就容易敗訴。

今日實務上有太多嫌疑人涉有重嫌，但因缺乏關鍵證據而無法入罪的例子。[7]如臺灣曾發生模特兒疑似遭閨蜜與其男友設局強奸殺人的刑案。閨蜜疑與被害人在直播工作上有競爭關係，閨蜜眼紅被害人業績較自己為佳，伙同男友，假稱有外拍工作機會，將之騙至某大樓地下室強奸殺害。事後並持死者信用卡盜刷。然而閨蜜出示不在場證明，並聲稱原用來發訊息給死者姐姐的手機早已遺失（事後證明為其男友所竊），閨蜜與其男友共謀的可能性低，因而予以釋放。

另外臺灣屏東曾發生裸屍斷頭案。死者掃墓後由友人蔡男載走，即音訊全無。蔡男涉有重嫌，但法官認為蔡男涉案證據不足，警方只好予以釋放。後來警方以地追人，發現蔡男將死者載至友人處與友人一同飲酒，隨後離去。友人一伙強押死者性侵殺人，再予以斷頭棄屍。本案蔡男扮演關鍵角色，但因無關鍵證據證明其與友人合謀，警方便無法將其一併移送處置。

7 這是為了提防國家、政府假藉刑事處罰的手段來侵犯人民權利所造成的必然結果，關於這一點已在本書第一輯第十稟「起死回生」有詳細說明，茲不贅述。

假途滅虢

訟師 馮執中

原文

起因

縣令陳公，惡執中之干訟事也，乃繫之獄，將羅織其罪而置之死地。執中入獄後，設策謂群囚曰：「汝輩髮蓬蓬，殊不適，曷[1]勿去之？」對曰：「願之，因無術也。」執中曰：「我能除之。」群囚喜甚，執中乃碎一碗，磨之，鋒銳如刀，砉然[2]奏之，所過處咸濯濯然牛山[3]矣。湯〔馮〕[4]暗計吾策已行，即撰一稟，令人赴控於府。府尹得稟，蒞勘之，果確，革宰職而執中得自脫。

1 曷為疑問詞，為何。
2 砉為刀鋒快速切割或與空氣磨擦之聲。
3 指像牛山一樣光禿禿。
4 湯字疑馮字之誤，指本案訟師馮執中。

稟文

〈為顯違國法，叛逆擅使囚犯薙髮事〉

竊某縣令以夤緣[5]得官，居心鄙穢，淫威恣肆；賄賂通行，以獄事為漁利之門，以錢財為死生之斷。邑民切齒，劣政惡聲，具載口碑。復藐玩國家重典，背叛朝廷定法，使數百囚眾，悉行薙髮，巨慝大奸，存心莫測。伏思縣宰掌治百里，職在父母，竟敢自蹈典刑，毀棄憲例，作則如此曷寬？令人若不究奸，恐滋巨患。防微杜危，實在此時。伏乞公祖查驗，重究正律，上告。

原書編者評語

身已成禽，釜魚幕燕[6]，坐以待斃耳。自救無暇，安得陷人？顧執中則不然，身雖處危險一髮之時，而從容不迫，安然設策，如天半神兵，從空而至，使縣宰無所措手足。出死入生，雖謂奇門遁甲之奇謀，誰云不宜？

案情大要

陳縣令痛恨馮執中常干預司法，於是藉故將之下獄。馮入獄後假意建議眾囚徒將頭髮盡皆剃掉，才不會因為獄中無法梳洗而感到不適。眾囚徒答應後馮即打破碗，並以碎片為囚徒們落髮。再令人到府臺檢舉陳縣令私縱囚徒剃髮（清廷明令要留辮），陳縣令於是被上級革職，馮執中也

5 攀附某物上升，此指攀附關係得官。
6 如鍋內待烹的魚、被幕網捕住的燕，難以脫身。

就順利脫身。

現代法律人說……

陳縣令因馮執中常干預司法，於是尋一細故，將其執起。誰知道高一尺，魔高一丈，馮在獄中假意為眾囚削去頭髮，方便他們衛生管理，實則要誣陷陳縣令不顧朝廷頒發的髮禁。此計一石二鳥，馮不止脫身，還將陳縣令也一併拉下馬來。

從今日獄政與司法實務觀之，本案有二個重點可以討論：

一、陳縣令獄政管理，失職！

前文描述謂：「執中乃碎一碗，磨之，鋒銳如刀，砉然奏之，所過處咸濯濯然牛山矣」，禀文也寫道：「使數百囚眾，悉行薙髮」，可見當時陳縣令對於獄政之管理十分鬆散，最後也導致其革職丟官。

如依現今的法律規定和獄政管理實務的作法，受刑人或受羈押之人想要以破碗幫數百個囚眾剔髮，幾乎不可能。按臺灣《監獄行刑法》第一二條規定：「受刑人入監時，應檢查其身體、衣類及攜帶物品；在執行中認為有必要時亦同。」《受刑人金錢及物品保管辦法》第二條並規定：「受刑人入監攜帶之金錢、物品，經檢查後，交由保管人員保管之。」換句話說，受刑人入監時所攜帶之物品，都應交由監所保管。至於入監之後生活所需的物品，都由監所統一提供。斷不可能偷渡磁碗入獄。

又《監獄行刑法》第四五條規定：「對於受刑人，應斟酌保健上之必要，給與飲食、物品，並供用衣被及其他必需器具。」依照監所管理實務的作法，為了安全起見，所提供的生活必需品，不會有尖銳的物品、器具，或可變成尖銳的物品、器具如磁碗等。即使執行中受刑人家屬由監所外送入予受刑人或被羈押之人生活必需物品，依《監獄行刑法施行細則》第八三條的規定，也都應予檢查。其種類及數量依該條規定也有一定的限制。諸如尖銳的物品，或可變成尖銳的物品像磁碗，當然不在准許送入之列。准許送入予受刑人之物品，還必須設簿登記備查。

至於受刑人平日之理髮剔鬚問題，依《監獄行刑法施行細則》第六九條第三項規定：

男性受刑人每月理髮兩次，許留平頭三公分長之髮型，每三天刮鬍鬚一次。其因宗教或生活習慣關係，留有髮鬚不妨害衛生者，得准許之。女性許留過耳長之髮或辮。

依照監所管理實務的作法，為了避免受刑人持有尖銳的刀、剪等器具起見，均統一由監所按時命人理髮剔鬚。因此，如依現今法律的規定和獄政管理實務的作法，馮執中根本不可能在獄中用破碗幫數百個囚眾剔髮。

二、陳縣令假公濟私，違法！

馮執中遭縣令關押在獄，究竟是否自作自受，仍有可商榷之處；但陳縣令假借司法之名，行報私仇之實，亦不可取。依現今法律的規定，若陳縣令無端將馮執中羅織入罪繫於獄所，則有可能觸犯瀆職罪。臺灣《刑法》第一二五條規定：

> 有追訴或處罰犯罪職務之公務員，為左列行為之一者，處一年以上七年以下有期徒刑：一、濫用職權為逮捕或羈押者。二、……。三、明知為無罪之人，而使其受追訴或處罰者。因而致人於死者，處無期徒刑或七年以上有期徒刑。致重傷者，處三年以上十年以下有期徒刑。

本案陳縣令在當時為有追訴處罰犯罪職務之人，如果有濫用職權逮捕或關押馮執中的情形，或者明知道馮執中並無犯罪而故意羅織其罪，使其受到刑事追訴或處罰，就有可能構成本條之罪。如果因此而導致馮執中死亡或受重傷，則屬於結果加重的情形，刑罰也跟著提高。

類似本案裡的馮執中，實務上常有栽罪之人，意圖誣陷執法者，用以製造自己無辜的假象，如臺灣著名江姓女歌手，家中遭人侵入強劫，江弟還被歹徒毆打成傷。事後警方逮捕到陳嫌。陳嫌卻大聲喊冤，說江女證詞不可信，加上警方故意栽贓給他，想隨便抓個人湊數。當然法官並不採信。因罪證確鑿，陳嫌遭到重判。

亦有執法者如陳縣令那般利用司法機器，公報私仇的。如菲律賓近期大規模掃蕩毒品，總統還下了格殺勿論令。部分不肖警方為求掃毒業績達標，栽贓毒品給平時不服管理的幫派分子也是有的。[7]

[7] 也曾有網路流傳一執法者利用栽贓嫁禍，向被害者索賄的案例：多年前臺灣李姓男子至泰國旅遊，在經過海關檢查X光機時，女警示意他提取一不屬於他的行李。他當下以為女警無力提取，要他幫忙，即協助搬運該行李。當下女警表示要檢查他提領的行李，裡面竟然藏有安非他命。最後李男被關了一年多，付出三百餘萬元的代價方才平安返臺。

泰山壓頂

訟師　張文珊

原文

起因

孫某有女美且慧，苛於擇壻，迄未得當意者。劣紳章以欣有子名承祖，一輕薄少年也。豔女美，乞婚焉，孫不許，章怒甚。一日，女方倚樓閑眺，適為章睹，乃百計調謔，穢狀難述，幾不可入目。女恚[1]甚，問諸婢，知為章也。大憤且哭，當以自縊死。孫詢婢，悉顛末，乃訟章於法，顧無名義，遂商於文珊，為作一稟，置章於法。

稟文

〈稟為調戲閨女，寃遭逼死事〉

竊民女待字閨中，無違詩禮。日前曾有惡紳章以欣之子承祖乞婚，民以素日無行，婉辭不許，章子積憾於心。前日民女與婢倚街樓閑眺，詎為章子所見。百般調

1 恚怒、憤恨。

詎，污穢侮辱。民女一旦橫被惡辱，竟自懸樑。詢婢知為章子所辱，竊念該章以欣，身為邑紳，縱子行兇，目無法紀。調戲雖無語言勾引，甚于手足。伏乞憲座按律懲治，以慰冤魂。哀哀上告。

原書編者評語

以「調戲」「勾引」兩字〔句〕[2]輕輕點綴便爾。鐵案如山，萬無可免。勝敗之途，生死之門，在乎一轉移間。非訟師之手筆，其誰語此？

案情大要

孫某有女，美麗賢慧，因而擇婿條件高，一直沒有中意的對象。章以欣之子章承祖十分輕薄，知道孫女美貌，常來求親不成。一日孫女倚樓遠眺，剛好被章承祖遇到，章承祖於是出言調戲，孫女一時氣不過便上吊自殺。孫某痛失愛女，於是將章一狀告上官府。但恐師出無名，孫家重金請來名訟師張文珊幫忙。張從調戲所造成的心理傷害更甚於生理為由進行控訴，終得章承祖坐罪受罰。

2 兩字應為二句之誤。

現代法律人說……

章承祖知孫某之女美慧，求親不成。一日孫某之女倚窗為承祖偶遇，承祖百般調戲，孫某之女不堪污辱，上吊自殺。承祖雖非直接加害孫某之女，但確實孫某之女的死亡與其調戲行為有直接關係。孫某所委託的張文珊深知此一關鍵處，便於稟文中強調此一因果關係。終使章承祖坐罪。

現今《刑法》第二二六條第二項規定，犯第二二一條強制性交罪、第二二二條加重強制性交罪、第二二四條強制猥褻罪、第二二四—一條加重強制猥褻罪或第二二五條趁機性交罪與趁機猥褻罪，因而致被害人羞忿自殺或意圖自殺而致重傷者，處十年以上有期徒刑。今日社會強調性自主，對名節的觀念亦十分開放，尚有這樣的嚴格規定，更何況在古代對於女性名節極為重視之年代。章承祖因調謔孫某之女，以致孫某之女大憤而懸樑自殺，當時按律嚴懲，也就不難想像。

稟文及原書編者評語都言及「調戲」二字最為要命，但一般認為的調戲應是郎有情妹無意的表白言行；僅是表述情衷，應該不至於讓孫某之女上吊自殺。再看稟文提到「百般調謔，污穢侮辱」、「甚于手足」，可能章承祖的調戲話語已經到人身攻擊程度——諷刺對方的外表或思想；挖苦對方的血統、性向；質疑對方的貞操；描述其與章相好之情狀等等，要在今日，章承祖這般行為，即使沒有導致孫某之女自縊，也可能已觸犯妨害名譽罪。

妨害名譽包括以下二罪：

一、公然侮辱罪

臺灣《刑法》第三〇九條規定：「公然侮辱人者，處拘役或三百元以下罰金。以強暴犯前項之罪者，處一年以下有期徒刑、拘役或五百元以下罰金。」所謂「公然」，指不特定人或多數人得以共見共聞之狀態，又所謂「侮辱」，指對他人為輕蔑之表示，其實質內涵需具有足使他人在精神上、心理上感受到難堪或不快之虞者。觸犯此法的門檻條件較低。章承祖既是不滿提親被拒，抱怨的言詞隨便都很容易引起孫某之女心理上感到難堪或不快。而若是章承祖散佈的言詞內容足以損壞當事人的名譽，還有可能構成誹謗罪，詳下。

二、毀謗罪

臺灣《刑法》第三〇一條規定：

意圖散布於眾，而指摘或傳述足以毀損他人名譽之事者，為誹謗罪，處一年以下有期徒刑、拘役或五百元以下罰金。散布文字、圖畫犯前項之罪者，處二年以下有期徒刑、拘役或一千元以下罰金。對於所誹謗之事，能證明其為真實者，不罰。但涉於私德而與公共利益無關者，不在此限。

章承祖在街道之上，孫某之女倚窗之下大聲吐出污辱言詞。如果內容包含污辱孫某之女的血統

（雜種）或質疑其貞節（婊子），或描述二人相好情狀，除了可能觸犯前述的公然侮辱罪之外，也有可能符合「意圖散布於眾」、「指摘或傳述足以毀損他人名譽之事」二個條件，所述之事如果又非真實，且與公共利益無關，只以言語為之，構成普通毀謗罪；若以文字或圖畫為之，構成加重毀謗罪。

如同孫某之女，因為不堪加害者污辱，造成被害者自殺的案例十分之多。如今日荷蘭一網路痴漢，在網路誘拐女童。一受害女童不堪被強拍之裸照遭上傳網路社交媒體，還遭到網路霸凌，於是自殺身亡。大陸福州一習慣穿著清涼的十六歲少女，遭到其友人誤會勾引男友，為友人伙眾脫衣遊街。少女不堪被辱投水，被救起後上吊自盡。臺灣屏東曾有一女老師連續性騷擾不同女學生，造成女學生自盡未遂。而臺灣轟動一時的牙醫歌手趁機性侵、傷害前女友案，牙醫到案開庭時諷刺是被害者讓他找到真愛的現任妻子，造成被害人精神上嚴重打擊，最後跳樓自盡。以上皆類本案。

背城借一

訟師 吳墨謙

原文

起因

村婦某氏虐婢致死，投屍井中，為人所發。里中咸為不平，報官檢驗。僉[1]以擊斃投井，婦初不肯承，以惕於重刑，遂供不諱。邑宰以故殺律[2]，從減處絞[3]。案定，婦家中人咸束身無術，相顧痛哭。既而聞墨謙名，乃踵求乞援。墨謙初不承，後以金賄，墨謙始允設法。令婦於覆審時翻供，請重驗，必得生，並作一狀。時婦獄已數月，婢屍體腐爛，無從再驗。案遂延不得決。數年後以事隔日久，宰意亦懈，且無苦主催迫，竟草草釋婦。重慶再生。

1 僉即皆、都。
2 故殺律即故意殺人罪。
3 絞指絞刑。

稟文

執拗天平，人命大辟，法難恣情滅律。是以民冤投憲雪[4]。使女某盜米，懼責投井身死。里長某驗證某等，欺身出藝他鄉，捏首身妻打死抛井。蠢忤縣官，妄坐絞刑。思律，故殺使婢，止徒[5]；投井反償[6]，出何律例？一婦含冤不惜，天下主分堪傷。懇天重檢，若無生沙，情甘加斬。上告。

原書編者評語

村婦虐死婢女，議償當也，不料為墨謙一翻手間，使兇暴者逍遙法外，被害者卒抱沉冤。幾令人以為天下竟無真是非，而關係於世道人心者厥深且厚如此。吾所以稱訟師之智，而不宜訟師之行也。

案情大要

村婦虐死女婢，投屍井中，被人舉發。官府查驗屍首，確認為擊殺後棄屍井中。受刑之後村婦認罪，被判絞刑。村婦家人於是重金請來名訟師吳墨謙。吳要村婦翻供，因為村婦下獄已久，死者屍身早就腐壞。按規定翻供後還要再依供詞驗屍，但死者屍體狀況已難以再驗，案子因此結不了，也斷不了獄。村婦被繫押多年，縣令心想並無被害人家屬追究，就把村婦放了。

4 投憲雪指靠法律還我清白。
5 徒指「徒刑」。
6 反而要償命。

現代法律人說……

本案為村婦虐婢致死的刑事案件，第一次驗屍也證明婢女被擊殺後拋入井中棄屍。原本必死無疑的村婦在關押多時後找上吳墨謙幫忙。吳墨謙心生一計，要村婦翻供。翻供內容依稟文來看應是強調婢女係盜米遭到主人發現，自己畏罪投井，非是村婦虐毆致死。因第二次驗屍無完屍可驗，竟讓村婦逃出生天。

依今日司法實務，本案有三個重點可以討論：

一、村婦涉犯傷害致死罪

村婦虐婢，必有傷及婢奴之身體健康，才會導致死亡，依現今《刑法》第二七一條規定：

> 傷害人之身體或健康者，處三年以下有期徒刑、拘役或一千元以下罰金。犯前項之罪因而致人於死者，處無期徒刑或七年以上有期徒刑；致重傷者，處三年以上十年以下有期徒刑。

村婦虐婢致死，應構成傷害致死罪。

二、村婦涉犯遺棄屍體罪

本書第九稟曾提到《刑法》第二四七條遺棄屍體罪。所謂「遺棄」指不依當地的風俗習慣埋葬或火化屍體，而將屍體移往他地，加以棄置，或消極地離去，使屍體置於原地而言。不過，對於屍體無殮葬義務的人而言，只有積極的將屍體移往他地棄置，才可以成立本罪，只有消極的離去，使屍體置於原地，並不構成本罪。村婦虐婢致死之後投屍井中，村婦為婢女之主母，負有殮葬義務，依此規定，顯然構成本條遺棄屍體罪。村婦的遺棄屍體罪與傷害致死罪，二罪應合併處罰。

三、有關落水屍的驗屍

本來自殺投井或遭殺害後棄屍井中，驗屍之後並不難辨。如何辨別生前落水與死後拋水，早在中國中古法醫書籍中已有明確記載。如〔宋〕《洗冤集錄・疑難雜說上》記載：

> 落水時尚活，其屍腹肚膨脹，十指甲內有沙泥，兩手向前，驗得只是落水淹死。分明其屍上有毆擊痕損，更不可定作致命去處，但一一紮上驗狀，只定作落水致命最捷。緣打傷，雖在要害處，尚有辜限。在法雖在辜限內及限外以他故死者，各依本毆傷法——注他故謂別增餘患而死者。今既是落水身死，則雖有痕傷，其實是以他故致死分明。曾有驗官為見頭上傷損，卻定作因打傷迷悶，不覺倒在水內。卻將打傷處作致命，致招罪人翻異不絕。

更有相打散，乘高撲下卓死亦然。但驗失腳處，高下撲損痕瘢，致命要害處，仍須根究曾見相打分散證佐人。

同書〈疑難雜說〉又記有：

昔有深池中溺死人，經久，事屬大家因仇事發。體究官見皮肉盡無，惟髑髏骸骨尚在，累委官不肯驗，上司督責至數人，獨一官員承當。即行就地檢骨。先點檢見得其他並無痕跡。乃取髑髏淨洗，將淨熱湯瓶細細斟湯灌，從腦門穴入，看有無細泥沙屑自鼻孔竅中出，以此定是與不是生前溺水身死。蓋生前落水，則因鼻息取氣吸入沙土，死後則無。

村婦翻供後只要檢視原先屍檢表格，即可知道究竟是死後拋屍或生前落水。但沒想到村婦翻供後，承辦縣宰竟然再去找出已腐爛多時的屍體重驗，可見第一次驗屍並不仔細。在無法證實村婦翻供之內容究竟是真是假的情況之下，整起案件便成懸案。時日一久，加上並無死者親人追究，給了村婦日後的一線生機。

在驗屍及證據的鑑定上，現今《刑事訴訟法》規定，鑑定人由審判長、受命法官或檢察官就有專門知識經驗之人加以遴選。[7]因為鑑定人有可能偏袒某一方，為了避免這種情況，《刑事訴

[7] 一、就鑑定事項有特別知識經驗者。二、經政府機關委任有鑑定職務者（第一九八條）。

訟法》第二〇〇條還規定當事人如果認為鑑定人有不公平的疑慮，可以要求改由他人鑑定。但是如果鑑定人已經就鑑定事項為陳述或報告後，就不得要求；但要求的原因發生在後或知悉在後，則不在此限。

除此之外，《刑事訴訟法》第二〇二條又規定：「鑑定人應於鑑定前具結，其結文內應記載必為公正誠實之鑑定等語。」同時於《刑法》第一六八條規定：「於執行審判職務之公署審判時或於檢察官偵查時，鑑定人於案情有重要關係之事項，供前或供後具結，而為虛偽陳述者，處七年以下有期徒刑。」然後又在《刑事訴訟法》第一五八—三條規定：「鑑定人依法應具結而未具結者，其鑑定意見，不得作為證據。」也就是透過要求鑑定人立下「保證必為公正誠實鑑定」的切結書，及《刑法》第一六八條偽證罪的處罰來擔保鑑定人公正誠實的鑑定。如果沒有這一層公正誠實鑑定的擔保，鑑定人的鑑定意見就不得作為證據。

這樣的擔保，即使我們一般人認為公正，被告也未必信服。所以《刑事訴訟法》又於第一六三條第一項規定：「當事人、辯護人或輔佐人得於調查證據時，詢問鑑定人。審判長除認為有不當者外，不得禁止之。」第一六六條第一項規定：「當事人、辯護人及輔佐人聲請傳喚之鑑定人，於審判長為人別訊問後，由當事人或辯護人直接詰問之。被告如無辯護人，而不欲行詰問時，審判長仍應予詢問鑑定人之適當機會。」第二〇七條規定：「鑑定有不完備者，得命增加人數或命他人繼續或另行鑑定。」對於鑑定人的鑑定意見，被告如果認為不公，或認為鑑定有問題，可以在法庭上直接詰問鑑定人。如果認為鑑定有不完備，也可以請求法官改由他人另行鑑定或增加鑑定的人數繼續做進一步的鑑定。

本案在當初審理時，如果第一能對屍體能依相關驗屍格式一一驗去，登載仔細，第二能讓處於被動地位的被告村婦對於驗屍的鑑定人杵作及驗屍報告有充分參與或詰問的機會，被告想要事後再來質疑驗婢女屍的忤作愚蠢或鑑定不公、不完備，就顯得站不住腳。

再者，當初審理時，如果不使村婦惕於重刑，村婦想要事後翻供，也會沒有著力點。現今的《刑事訴訟法》一方面確保被告自白的任意性，一方面也保障被告的緘默權。前者指訊問被告不得用不正之方法，如果採用這些方法，所得口供也不能當作證據（詳參本書第一輯第二稟「金刀斷鎖」的分析）。後者就是被告在包括偵查、審判階段在內的整個刑事訴訟程序，對於警察、檢察官、法官的訊問，都可以保持緘默。本案如果當初在審理時，讓村婦自己決定要陳述或不陳述，要陳述時也讓村婦自己決定如何陳述，如此在覆審時，村婦自然就找不到可以推翻先前向偵查或司法機關所作供述的理由。

雖說只要偵訊公正、驗屍採證嚴謹，即可避免如本案翻供成功的類似情況。但有時受限於採證技術的不足，還是有可能造成懸案。譬如臺灣地區在ＤＮＡ檢驗技術普及之前，許多生物跡證無法個化到找出可能的嫌疑犯，造成許多懸案、冷案。所幸近年來，有由旅美鑑識專家李昌鈺博士促成之刑事局冷案中心，召集各屆在職及退休的專家、司法人員，不定期採最新鑑識科技，針對昔日證據不足的冷案重啟調查。迄二〇一六年底，冷案中心已經破了三大案、四十餘起性侵案。偵破冷案，亡羊補牢永不嫌晚！

托樑易柱

訟師 楊瑟嚴

原文

起因

江阿大者，一無賴子也，少習遊蕩，長而失業，浸流為宵小，以偷竊為生涯。一鄉無安枕，旋為鄉人所逐，遂流無定所。一日雇舟作行竊生涯，泊舟於江邊某村。時村中有康性，家貲巨萬，為一鄉之首富。江慕其多貲，夤夜竊入房闥[1]，為家人所覺。江逸出，康家人追之，跡其踪，得江於舟中。翌日送於縣，將嚴懲焉。江無術，乃托人覓楊瑟嚴，以多金求計。楊教以術，並作一稟。初康有媳美甚，聞為江所誣衊，羞憤無地，竟自縊。康見媳死，竟亦疑為江果有其事，始以家醜，故不復催縣究詰。而宰亦以事殊尷尬，遂略責江而釋放去。

1 闥即門。

稟文

〈辯誣豁罪事〉

某為服賈江湖，某日泊舟豪某樓下，一婦拋果誘奸，抵夜又婢促赴約。不虞公姑窺露，錮門捉賊，某即奪勇逃歸，船戶可證。豈豪隱奸捏盜，證台拘審。切思彼既奸隱不欲露穢，身豈甘盜妄陷非辜？況指盜無贓，辯奸有物。乞嚴提伊媳對理，涇渭自分[2]，上訴。

原書編者評語

瑟嚴之心險焉哉。其初作稟時，即逆料康媳之必死。媳死並料康之必疑媳而江得從容釋出矣。是康媳之死，直瑟嚴之促其死也。使九泉含冤，萬載不覆。狠哉訟師，惡哉訟師。

案情大要

江阿大是個無所事事，整天惹事犯罪的人，某日租船當做幹壞事的交通工具，盯上某村富貴人家康某，夜裡靠岸行竊。誰知被康家人發現，追捕到船上，並扭送縣衙。江無計可施，只好求助於名訟師楊瑟嚴。楊上稟文誣指江與康家媳婦私通，康家為保全顏面才告江阿大夜中行竊，並要康媳對質。誰知康媳愛惜羽毛，自殺明節。康家不知媳婦自殺動機，還以為其真與江有染，不想家醜外揚，放棄了追究。結果江阿大偷竊一事便不了了之。

2 涇水渭水，一流清、一流濁，此指黑白分明。

現代法律人說……

無賴張阿大無所事事，到處遊蕩，生活無著，租一舟到處物色偷竊的下手對象。不料潛入康家時為人所獲。江阿大為求脫身，找上楊瑟嚴，楊瑟嚴教他誣說與康家媳婦有染，夜裡並非偷竊，實乃偷情。因為張阿大偷竊未成，身上無贓，康家人要證明他是小偷，難度很高；反倒是楊在稟文裡提到康家媳婦抛果誘張，偷情信物——水果易得[3]，楊的稟文確實動搖了康家堅訟的決心。

從今日司法實務來看，本案有二個重點值得討論：

一、江阿大涉犯加重竊盜未遂罪

現今《刑法》第三二一條第一項規定：

犯竊盜罪而有下列情形之一者，處六月以上、五年以下有期徒刑，得併科新臺幣十萬元以下罰金：一、侵入住宅或有人居住之建築物、船艦或隱匿其內而犯之者。

---

3 以水果為示愛之物，由來已早，先秦《詩經》已有論及。而最有名的例子為西晉文學家潘岳，字安仁——中國著名美男子潘安。傳聞乘車出，沿路女子不論老小，皆投果入車示愛，每每滿載而歸；此事亦為成語「擲果盈車」的典故來源。

同條第二項規定：「前項之未遂犯罰之。」另外在第三二〇條規定：「意圖為自己或第三人不法之所有，而竊取他人之動產者，為竊盜罪，處五年以下有期徒刑、拘役或五百元以下罰金。」綜合上面的規定可知，只要心裡面有為了自己不法所有的意圖[4]，而外在行為上有侵入住宅竊取他人的動產，就會構成《刑法》第三二一條第一項第一款的侵入住宅加重竊盜罪；即使沒有偷到東西，也會構成本罪的未遂罪。江阿大潛入康家行竊，沒有偷到東西就被發現逮獲，應構成侵入住宅的加重竊盜未遂罪。

二、江阿大或許涉犯誣告罪

江阿大託言與康家媳婦染，想以此脫身，顯然是以自首的方式誣告康家媳婦與自己通奸，也就是江阿大雖然明知自己與康家媳婦沒有通奸，卻故意把誣指康家媳婦與自己有染的狀子送到縣衙，這種以自首的方式誣告別人犯罪，仍可能構成誣告罪，例如《貪污治罪條例》第一六條規定，意圖他人受刑事處分，虛構事實，而為行賄公務員之自首者，處三年以上十年以下有期徒刑。

但是在誣告通奸罪這一件事情上，依照今日的法律，江阿大的誣告行為並不會構成誣告罪。因為依照現行《刑事訴訟法》第二三四條第二項「《刑法》第二百三十九條之妨害婚姻及家庭罪[5]，非配偶不得告訴」之規定，只有康家媳婦的丈夫才有告訴權。而誣告罪要能夠成立，一定要誣告的內容有足以讓被誣告者受到刑事處罰的危險，才能成立誣告罪。江阿大陳述康家媳婦與

4　所謂為了自己不法所有的意圖，請參閱本書第十四稾的說明。
5　《刑法》第二三九條：「有配偶而與人通奸者，處一年以下有期徒刑。其相奸者亦同。」

自己通奸這件事即使是真的，也因為《刑法》第二三九條的通奸罪是告訴乃論罪，而江阿大並沒有告訴權，所以江阿大誣告康家媳婦與自己通奸並不會讓康家媳婦有受到刑事處罰的危險，因此也就不容易成立誣告罪。

兩宋理學興起之後，於男女之防、禮教之別尤為要求。宋元至明清，是婦女貞操觀發展的強化時期。隨著封建專制制度的加強，統治者日益強調「夫權」對「君權」的鞏固作用。[6]為此，統治者極力倡導婦女貞節，大肆旌表節婦烈女。宋明理學重要奠基人張載也主張男尊女卑，他認為「今婦人夫死而不可再嫁，如天地大義然。」程頤發展了張載的學說，聲稱男子娶寡婦為妻就是娶「失節者」，自己不免也「失節」。並反覆強調「餓死事小，失節事大。」朱熹則把程的學說視為「天性人心不易之理」，並說：「夫喪改嫁，皆是無恩也。」即不守節的婦女是沒有夫婦恩愛之情。在宋儒們的大力渲染下，封建的貞操觀在社會上普遍推開並日盛一日。清代，統治階級全盤繼承並發展了明代旌表貞節的措施。貞節觀到清代已陷入極端，它完全泯滅了人類理性的情感而成為宗教迷信，毒害著成千上萬的廣大婦女。[7]

因此，康家媳婦聞張阿大之言，以死明志並不稀奇。但由於她未留下遺書，康家媳婦之死可以有其他解讀——與人私通，羞愧而死。康家是地方上大戶人家，恐人議論紛紛，只好放棄追究張阿大。

---

6 如明太祖朱元璋再三告誡臣僚：「治天下者，正家為先；正家之道，始謹夫婦。」所謂「謹夫婦」，實則「謹婦」，即強化「夫權」對婦女的束縛，要婦女恪守「夫為妻綱」和「三從四德」。

7 以上見https://read01.com/x2ojD5.html

今日抓住被害人或其家屬不敢張揚、報警的心理，進行不法勾當，迴避司法追究的案例不是沒有，譬如：以往常見的仙人跳。犯罪集團先物色姿色卓出的女子，在網路或是在大街上搭訕沒有愛情經驗或別有企圖的男子。然後假意約會、上賓館，再於事中由女子的「假老公」破門而入，強拍裸照後索要高額和解金。因被害人「通奸」有錯在先，加上裸照在對方手上，因而不敢報警，乖乖交出金錢。

另外還有不諳愛情的宅男，利用網路或交友軟體尋找援交對象。卻不知對方係盜圖與之約定交易。等到交易地點，對方佯稱為確認宅男不是警察或要確認宅男的誠意，要他提領鉅額現金購買遊戲點數，並在電話中回報點數序號。等到宅男發現點數已被人頭帳戶兌現或轉賣已來不及。由於自己違法尋芳在先，遇到詐騙只能苦水往肚裡吞。

而中國大陸地區還有裸照借高利貸的案例：在沒有任何擔保品的情況之下，需求孔急的人可自拍裸照交給地下錢莊，借出一筆現金應急。對方經營地下錢莊本雖非法，但自己的裸照在對方手上；債務人深怕報警或不還錢，地下錢莊會將自己裸照散布出去，屆時身敗名裂。因而就算被暴力討債，被害人亦不敢聲張。

借兵救主

訟師　諸福寶

原文

起因

有軍藉（籍）中人，以軍需磊債，蕩其家產，並將軍田出典。既而思回贖轉賣以得善價，而受典者係里霸，不允，且年期亦未及。旋商於福寶。福寶命族人出訟某私典田，福寶代撰一稟，縣宰得稟後，竟判許歸贖，而斥買者焉。

稟文

〈懇天救伍事〉

祖軍遠戍邊衛，遺立田苗若干，以作軍莊收租。應副在伍人役。族惡人某嫖賭傾家，懸稱因軍積欠，聳[1]　台斷賣前田。切債係一人私揭，田乃合族公存。債有了日，軍無了期，此田一去，軍需何賴？望乞　究奸斷回，啣恩上訴。

1 聳，慫之假借，即慫恿。

原書編者評語

設策妙絕奇絕，非此則軍田萬不能復。而「債有了日」兩句說得堂皇冠冕，其勝也宜矣。

案情大要

有一名職業軍人，因為負責軍需，為補虧空，賣掉家產還不夠，並將掛在家族名下的軍田典當。後來這名軍人想把田贖回，以賣得更好的價錢，沒想到收典的人是地方惡霸，不肯還田。軍人無法，只好找名訟師諸福寶幫忙。諸請軍人的族人出面告惡霸私自收典軍田，並假意控告軍人因私債典當公田；縣令知情後即要求惡霸歸還軍田。（至於軍人的私債，因與違法收典案無關，即不予追究了）

現代法律人說……

職業軍人為填補軍需，不得已先典當了族人共有的軍田。後來想先行贖回賣個好價錢。但一則當期未到不得贖回，一則收當者是地方惡霸，不肯輕易歸還軍田。該職業軍人只好找上諸福寶幫忙。

由於該職業軍人私典族人軍田已是違法，所以諸叫其族人假意出面控告，同時強調該田所出，係資助國家軍隊之用。因為未獲族人共同同意典當行為，本已違法，加上軍需為國家之大事，豈容私人債務關係糾纏？最後縣宰便把軍田判許贖回。

從今日法律的觀點分析，本案的軍田為共有的土地。依《民法》第八一七條第一項：「數人按其應有部分，對於一物有所有權者，為共有人」，第八一八條：「各共有人，除契約另有約定外，按其應有部分，對於共有物之全部，有使用收益之權」，第八二七條：「依法律規定、習慣或法律行為，成一公同關係之數人，基於其公同關係，而共有一物者，為公同共有人。前項依法律行為成立之公同關係，以有法律規定或習慣者為限。各公同共有人之權利，及於公同共有物之全部」，第八二八條：「公同共有人之權利義務，依其公同關係所由成立之法律、法律行為或習慣定之。……公同共有物之處分及其他之權利行使，除法律另有規定外，應得公同共有人全體之同意」，「物」的共有，包括土地在內，可分為「分別共有」與「公同共有」。

土地的所有權形態有「單獨所有」及「共有」之分，而共有又可分為「分別共有」與「公同共有」。前者見上述第八一七、八一八條的規定，指共有人按其「應有部分」（持分）對於土地有所有權，如公寓大廈某戶以一／一〇的持分分別共有大樓所在地之土地。至於後者，則依《民法》第八二七、八二八條的規定，係指共有人依法律規定、習慣或法律行為，成立一個「公同關係」，基於「公同關係」而共有一土地。這種公同共有並不區分各共有人的應有部分（持分），各公同共有人的權利及於公同共有物的全部。公同共有物之處分及其他的權利行使，除法律另有規定外，應得公同共有人全體之同意才可以。例如祭祀公業名下由同一祖先傳承給各派下現員的祖產土地，就屬所有派下現員公同共有，本案的軍田與祭祀公業下土地的性質十分類似。

本案為有軍籍的當事人未經共有人的同意，將軍田出典給受典人。依現今《民法》第九一一條規定：「稱典權者，謂支付典價在他人之不動產為使用、收益，於他人不回贖時，取得該不動產所有權之權。」受典人（典權人）支付典價（典當的當款）給出典人，而在一定期間內就出典人的土地或房屋等不動產為使用、收益，於期間屆滿後，出典人可以以原典價回贖該不動產，如果出典人在典期屆滿後，經過二年，不以原典價回贖者，典權人即取得典物所有權（《民法》第九二三條）。如果典權未定有期限，則出典人可以隨時以原典價回贖典物。但自出典後經過三十年不回贖者，典權人就取得典物的所有權（《民法》第九二四條）。本案如果當事人是合法將軍田出典給受典人而定有期限，則於期限屆滿前，當事人本來就無權向受典人回贖該軍田。

不過細究之，本案的軍田性質上比較接近公同共有物，依上述《民法》第八二八條：「公同共有物之處分及其他之權利行使，除法律另有規定外，應得公同共有人全體之同意」，另依《民法》土地法第三四條之一第一項：「共有土地……設定……典權，應以共有人過半數及其應有部分合計過半數之同意行之。但其應有部分合計逾三分之二者，其人數不予計算」及同條第四項：「前四項規定，於公同共有準用之」規定，當事人要出典該筆軍田，就必須依上述土地法第三四條之一第四項準用第一項規定以共有人過半數之同意才可以。本案當事人如未經上述共有人過半數之同意，將軍田出典給受典人，應屬無權處分之行為，依《民法》第一一八條第一項：「無權利人就權利標的物所為之處分，經有權利人之承認始生效力」之規定，該出典行為是否有效尚屬未定，須經有權利人即共有人過半數之承認始生效力。

退一萬步講，即使本案的軍田不是公同共有物，而為分別共有物，依《民法》第八一九條第二項：「共有物之處分、變更、及設定負擔，應得共有人全體之同意」之規定，仍然必須經共有人全體的同意才可以出典。而依現行《土地法》第三四─一條第一項：「共有土地或建築改良物，其處分、變更及設定地上權、農育權、不動產役權或典權，應以共有人過半數及其應有部分合計過半數之同意行之。但其應有部分合計逾三分之二者，其人數不予計算」的特別規定，該筆軍田仍然必須經共有人及其應有部分一定比例的同意才可出典。沒有經共有人及其應有部分一定比例的同意，其出典行為依上述《民法》第一一八條第一項之規定，仍屬無權處分效力未定之行為，須經有權利人即共有人一定比例之承認始生效力。

蒼鷹避繳

訟師　胡思齋

原文

起因

胡思齋者，陝之著名訟師也。善謀計，案經其手，必是非顛倒惑亂。宰是處者，咸憚之，無敢忤。鄉間嘗有牧牛羊而誤傷仇者之田，因是涉訟。鄉人畏仇者勢，乞援於思齋，思齋曰：「易與耳。」為作一稟，宰竟駁仇者訴，鄉人得免褐[1]焉。

稟文

〈嫁害坐騙事〉

鄉惡朱二田落山林傍下，鳥獸縱橫，晨昏耗踐，豈惡不思顧，乃尤人縱放家畜。架情騙償，況依家三時捕伺，何時無一獲毛踪？門首田地滿前，偏獨伊家受害？乞台原情，勘實杜騙，上訴。

1 褐即粗布衣，此指不必穿上粗糙的囚衣。

原書編者評語

靈心巧舌，所謂入木三寸之筆，其安得而不勝哉？

案情大要

胡思齋是陝西著名的惡訟師，只要是出任過當地治安首長的人，沒有不怕他的。恰好有個以放牧為業的人，他的牛羊不小心毀損了仇人朱二的田；深怕仇人借題發揮，於是找上胡幫忙。胡寫了個稟文，誣賴朱二不顧田產，只知放任他人所牧進來踐踏，再行勒索。加上朱二並未捕到毀田的動物，難以證明飼主是被告。沒想到這招竟然生效，因無具體事證，縣令最後駁回朱二的告訴。

現代法律人說……

惡人朱二家田被仇鄰縱放家畜所毀，朱一狀將仇鄰告上官府。鄰人找上胡思齋辯護。胡從朱田係一開放空間，任何人家任何牲畜都有可能進入毀損的角度出發，指出本案加害者並不確定。由於無具體直接事證，縣宰便駁回朱二的告訴。

從現代法律角度視之，本案有二個觀察點：

一、若朱二之鄰誤縱牲畜毀朱二之田，則……

朱二的鄰居放牧牛羊而誤毀朱二家的田，比較有可能構成《民法》上的侵權行為。關於一般的侵權行為，《民法》第一八四條第一項規定：「因故意或過失，不法侵害他人之權利者，負損害賠償責任。」關於動物的特別侵權行為，《民法》第一九〇條規定：

動物加損害於他人者，由其占有人負損害賠償責任。但依動物之種類及性質已為相當注意之管束，或縱為相當注意之管束而仍不免發生損害者，不在此限。動物係由第三人或他動物之挑動，致加損害於他人者，其占有人對於該第三人或該他動物之占有人，有求償權。

具體來說，就是動物的主人或現在占有人對於因自己飼養的動物造成他人損害時，除非主人已盡相當之注意而沒有過失，否則不論是出於故意或過失，都負有損害賠償的責任。這種因動物所造成的損害，如果是別人或別人的動物來挑動自己所飼養的動物，因而導致自己所飼養的動物造成他人損害，則主人在賠償損害之後，可以向挑動自己動物的他人或他動物的飼主求償。本案朱二的鄰居放牧牛羊誤毀了朱二家的田，應該符合《民法》第一九〇條的侵權行為，該負損害賠償。

至於要賠多少，《民法》第一九六條規定：「不法毀損他人之物者，被害人得請求賠償其物因毀損所減少之價額。」第二一六條規定：「損害賠償，除法律另有規定或契約另有訂定外，應以填補債權人所受損害及所失利益為限。」也就是要把別人的損害填平才算數。賠償原則上是應回復原狀，不能回復原狀則以金錢賠償為例外，規定見《民法》第二一三條：「負損害賠償責任者，除法律另有規定或契約另有訂定外，應回復他方損害發生前之原狀」及第二一五條：「不能回復原狀或回復顯有重大困難者，應以金錢賠償其損害。」

損害賠償的請求，都應自請求權人知有損害及賠償義務人時起，二年內行使，如果二年間不行使，則損害賠償請求權將因消滅時效完成而發生障礙，賠償義務人將可提出消滅時效抗辯，拒絕賠償。如果損害賠償請求權人一直不知道有損害，自有侵權行為時起，逾十年亦同樣失去時效。但損害賠償之義務人，因侵權行為受利益，致被害人受損害者，於消滅時效完成後，仍應依關於不當得利之規定，返還其所受之利益給被害人（《民法》第一七九條）。

二、若朱二之鄰故意縱畜毀田，則……

如果朱二的鄰居是故意縱放牛羊到朱二家的田去踩踏毀損作物，則除了上述《民法》上侵權行為的損害賠償之外，還有可能觸及今日的毀損罪。臺灣《刑法》第三五四條規定：「毀棄、損壞前二條以外之他人之物或致令不堪用，足以生損害於公眾或他人者，處二年以下有期徒刑、拘役或五百元以下罰金。」

毀損罪的構成要件有：

第一、毀棄、損壞或致令不堪用

毀棄、損壞是從物的外形上來界定。毀棄是指銷毀廢棄物的整體，使它消滅或使它人永久喪失持有的行為。損壞則是使物的外形發生重大變化，並減低物的可用性。致令不堪使用是從物的功能上來界定。指物品喪失特定目的、效用的行為。

第二、他人之物

指他人所有之物，而不屬於行為人所有的物品（含寵物）。

第三、足以生損壞於公衆或他人

只要因毀損他人的物品，而有使他人受有損害之虞即能成立既遂，不必實際上發生損害。例如把包裝棉花的塑膠袋撕破，使棉花因而有受潮或淋濕之虞即可，不必棉花果真有受潮或淋濕。

第四、毀損的故意

對於自己的行為（例如縱放家畜踩踏農作物）會毀損他人的物品（例如毀損農作用）有認知，而仍決意去做的心理狀態即是。

本案朱二的鄰居如果是故意縱放牛羊到朱二家的田去踩踏毀損作物，就有可能符合上述毀損罪的條件，而成立毀損罪。

如果朱二的鄰居只有損害賠償的民事責任而沒有毀損罪的刑事責任，在請求損害賠償不成時，只能打民事官司，請求法院判決朱二的鄰居賠償損害。如果還有毀損罪的刑事責任，則可利用刑事訴訟的程序順便附帶提起民事訴訟，請求刑事庭的法官就民事損害賠償一併判決，規定見諸《刑事訴訟法》第四八七條：

因犯罪而受損害之人，於刑事訴訟程序得附帶提起民事訴訟，對於被告及依《民法》負賠償責任之人，請求回復其損害。前項請求之範圍，依《民法》之規定。[2]

2 今日提起附帶民事訴訟，應於刑事訴訟起訴後第二審辯論終結前為之。但在第一審辯論終結後提起上訴前，不得提起（《刑事訴訟法》第四八八條）。提起附帶民事訴訟，應提出訴狀於法院為之。前項訴狀，準用民事訴訟法之規定（《刑事訴訟法》第四九二條）。

鵲巢鳩占

訟師　馮執中

原文

起因

胡某以罪亡於外鄉，其妻美豔且華年獨守空閨，未免傷春怨月。鄰有盛生者，風流雅逸，女頗慕之。托鄰嫗致意，生固深於情，厚感女意。遂相繾綣，愛好之深與日俱增。女以夫負罪亡外，諒不歸來，且贅壻無行，俗例可逐。頗欲以終侍生，枕畔傾商。生大喜過望，於是竟亦入贅女家，登堂拜母。無何其夫竟返鄉里，悉其妻逐己再贅盛生，乃訟於縣宰。宰將拘生與女，生大驚，覓執中乞援。執中為作一稟，縣宰見之，乃責胡而盛生焉。

稟文

〈乞杜飛騙事〉

某氏因贅壻某，犯奸逃外，年久不歸。身老家貧，難以度活，將女招身婚娶。經今三載，婚書存證，豈惡今歸。聽唆隱情告騙，不思律有夫出三年不歸，許令改嫁之條。況伊負罪逃出縣，妻苦貧出嫁。母既主婚於前，惡乃追悔于後？杜騙敦化，上訴。

原書編者評語

執中為此謀者當也。胡某無行，女從之永無出頭之日。盛生風雅士，與女偶誠得其所。執中一稟，使一對有情永成眷屬，成全之美不可沒也。誰謂訟師之行事為盡可棄耶？

案情大要

胡妻因丈夫獲罪出逃，獨守空閨。與鄰居盛生日久生情，即將盛生入贅。不料出逃的胡某竟然返鄉，將胡妻與盛生告上官府。盛生找到馮執中為其辯護。馮依律法出夫規定丈夫失蹤三年即可改嫁。縣令於是認定胡妻與盛生的婚姻合法。

現代法律人說……

本案為重婚罪與重婚無效之訴訟。女某氏先招贅胡某，胡某因負罪逃出縣外，不知所蹤，女某氏與鄰家盛生繾綣難捨，又將鄰家盛生招贅入室，登堂拜母。如按現今法律的規定，某氏與盛生二人都涉及妨害婚姻罪的問題。依《刑法》第二三七條：「有配偶而重為婚姻或同時與二人以上結婚者，處五年以下有期徒刑。其相婚者亦同。」也就是已有配偶的人如果又與他人結婚，應構成本條之重婚罪。與其結婚之人，則構成本條後段的相婚罪。二人都可處五年以下有期徒刑。本案女某氏已先招贅胡某，雖胡某因罪行方不明，但在二人離婚或胡某死亡之前，二人的婚姻關係仍然存在，女又將鄰家盛生招贅入室，結為夫妻，應構成重婚罪，而鄰生則構成與已婚之人結婚的相婚罪。《民法》第九八五條又規定：「有配偶者，不得重婚。」第九八八條又規定結婚有違反第九八五條規定者，無效。因此，某氏與胡某的婚姻關係存續中又再招贅鄰生，則此招贅鄰生之婚姻因重婚而為無效的婚姻。胡某自可提請判決確認女與鄰生的婚姻無效。

不過依現今的法律，某氏與盛生如要合法的結為夫妻也並非不可能，必須先終結先前與胡某的婚姻關係就是。至於如何終結先前與胡某的婚姻關係，方法有二：其一是與胡某離婚，其二是等待胡某死亡。不過某氏華年美豔，推想胡某也正壯年，等待胡某死亡，恐怕遙遙無期。但胡某因負罪逃出縣外，不知所蹤。依現行《民法》的規定，想要等待胡某在法律上承認其已死亡，並非完全不可期待。《民法》第八條規定：「失蹤人失蹤滿七年後，法院得因利害關係人或檢察官之聲請，為死亡之宣告」，第九條規定：「受死亡宣告者，以判決內所確定死亡之時，推定其為死亡。」若在今日，本案於胡某失蹤滿七年後，其妻就可聲請死亡之宣告，經為死亡宣告後，在法律上即可推定胡某已死亡，女與胡某的婚姻關係則因胡某死亡而終結，自得與鄰生合法的結婚。

若認為要等待胡某失蹤滿七年才能與鄰生合法結婚，過於漫長，想要盡早與鄰生結為夫妻，今日只能訴請判決與胡某離婚。要訴請判決離婚，一如本書第五、六稾所述，必須具備《民法》第一〇五二條所規定之條件。

在《民法》第一〇五二條所規定的條件中，本案比較有可能符合第一項第五款「夫妻之一方以惡意遺棄他方在繼續狀態中」、第九款「生死不明已逾三年」和第一〇款「因故意犯罪，經判處有期徒刑逾六個月確定。」今日常見因婚姻一方失蹤或遺棄而成立離婚條件的案例，如：大陸那坡青年黃某與向女經相識相戀後辦理結婚登記手續。但好景不長，黃某染上賭博的惡習，不務正業，導致兩人吵架。因為債主經常上門追債，黃某出逃在外，從此與家人不再聯繫。二年後向女以夫妻感情破裂為由向法院起訴離婚。法院經審理後認為向女沒有能夠提供證據證明兩人的夫妻感情確已完全破裂，遂判決不准予離婚。在判決不准離婚後，雙方的夫妻感情並未改善，依然分居，不存在和好的可能。四年後，向女再次以夫妻感情破裂為由起訴離婚成功。

另外若丈夫涉案服刑，今日亦可訴請離婚。原本《民法》第一〇五二條第一項第一〇款規定：「被處三年以上徒刑或因犯不名譽之罪被處徒刑」，他方可以訴請離婚，修法後，依最新第一〇五二條第一項第一〇款：「因故意犯罪，經判處有期徒刑逾六個月確定」，可以訴請離婚。實務常見婚姻一方主張另一方有案在身而訴請離婚的案例，如：臺灣陳男獲悉女友王女陪酒遭辱，幫出氣摺了近十人痛毆酒客致死，情侶二人被判刑定讞，入監前相約結婚定終身，沒想到婚後陳男乖乖服刑，王女卻逃逸無蹤，陳男後來假釋出獄，打官司要離婚，地院法官查出王女遭通緝至今，認定她毀約逃亡，已致婚姻生破綻，准離。

反敗為勝

訟師　孔式如

原文

起因

宋仙洲者，以鹽賈起家，富甲一鄉，性好魚色。即雇少有姿色，亦無一免者。蓄四妾而意猶未愜。嘗買棹遊於某山，睹一婦美甚，偵知為鄉人某氏女，女家惟老母，老態龍鍾，家事悉由母規劃。母固聰明善斷，故措置殊裕如。宋見女即顛倒若狂，乃命豪奴數輩挾之登舟。女惟痛哭悲呼乞援，鄉中人畏宋焰不敢，攫女入舟，宋百般調謔，女大哭且詈[1]，宋乃縶其手足而污之。女不能抗，惟含羞忍辱而已。夜中女得間，投水遁，當夜奔入城，訴於縣。縣宰為初抵任，方切意除暴。得女訴，大震怒，星夜拘宋。宋知不免，乃商於孔式如。式如探悉女母頹慶，乃作一稟反誣。宰提女母訊鞫，龍鍾頹慶，不得要領。而宋之禍遂得幸免焉。

1 詈即罵。

禀文

〈為誣騙事〉

弊俗門摳，多以人命圖賴。婚姻搆訟，輒指奸罪壓誣。某為難嗣[2]，憑媒某聘取惡某妻。某氏為妾，月餘無異，詎料惡聽仇唆，捏某先奸妾身，投水等情。切思立有婚書，非奸明白；既受財禮，情願可知。今乃知奸復嫁，既告奸，奸局顯然，投乞電察，以杜訟端，急切上告。

原書編者評語

此女殊俠，惜乎為訟師所算[3]，不然彼大腹賈必不得免。素願不償，此身永辱，千載以下，猶令人扼腕嗟嘆於不自己[4]。訟師之肉，尚足食乎？

案情大要

宋仙洲因販鹽致富，性好漁色，已娶四妾又染指婢女，還不能滿足。一日乘船出遊，見一女子美麗，家中只剩老母。女子老母年輕時有生意頭腦，所以家境還不錯。宋仙洲心想金錢攻勢可能得不到美女，於是唆使奴僕將女子擄來強行在船上玷污得逞。女子受辱後趁隙跳水脫逃，進城告狀。沒想到宋請到名訟師孔式如為其上一禀文，孔知道女子之母昏憒，於是誣賴女子與宋本有

2 難嗣指沒有後嗣。
3 算即謀算、暗算。
4 不自己，不能做自己，此指不能伸冤。

婚約，也成婚月餘，女子不知受誰人指使才來誣告宋強奸。縣令找來女子之母問案，其母昏憒，答非所問，縣令只好駁回女子的告訴。

現代法律人說……

一、關於宋仙洲的法律責任

宋仙洲為富不仁，性好漁色，買棹出遊，見某女美色，竟然命豪奴數人將其挾持到船上加以染指。在今日，犯了以下數罪：

1.宋仙洲涉犯加重略誘婦女罪

宋仙洲命豪奴將其挾持，是意圖使婦女為性交而略誘之，依現今的法律，應犯了加重略誘婦女罪。現行《刑法》第二八九條第二項規定：「意圖使婦女為猥褻之行為或性交而略誘之者，處一年以上七年以下有期徒刑，得併科一千元以下罰金。」宋仙洲雖沒有前往某女住處挾持某女，但因豪奴們是受其指揮前往，所以宋仙洲仍為本罪的正犯，而非教唆犯。而豪奴們受命前往挾持某女，為直接挾持某女的人，當然也是本罪的正犯，而非幫助犯。依《刑法》第二八條：「二人以上共同實行犯罪之行為者，皆為正犯」之規定，宋仙洲與其豪奴們都應成立本罪的共同正犯。

2.宋仙洲涉犯強制性交罪

豪奴們將某女挾持到船上之後，宋仙洲予以百般調謔，又繫其手足而污之，應成立強制性交罪。依《刑法》第二二一條規定：「對於男女以強暴、脅迫、恐嚇、催眠術或其他違反其意願之方法而為性交者，處三年以上十年以下有期徒刑。」

宋仙洲先命豪奴們前往挾持某女到船上，已成立《刑法》第二九八條第二項的加重略誘婦女罪，之後又以強暴的方法對某女為性交行為，而成立強制性交罪，前後二罪應合併處罰。

二、孔式如的辯護策略

1.營造約定不成反咬一口的氣氛

在強調貞節的當時，某女極可能不甘受辱自盡。但某女為使宋受法律制裁，忍辱水遁，投告縣衙。怎知宋仙洲串通訟師孔式如，利用某女之母暈憒，神志不清，假說兩人早有婚約，只是某女不甘嫁妝太少，想以訟勒索。古來媒妁之言、婚姻大事都要父母作主。於是縣宰叫來某女之母一問，又問不出個所以然，本案遂不了了之。今日司法實務，確實常見有性交易或與男友鬧翻而誣賴對方性侵的，今日臺灣，十七歲女高中生小蝶報案聲稱，某日晚間被二十五歲郭姓男子搭訕，男子允諾載她返家，小蝶一上車突嗅到異味旋即昏去，醒來後便遭性侵報案。男子到案後喊冤：「少給錢就被告。」警方懷疑雙方因援交價碼談不攏，才會撕破臉告性侵，郭男被依妨礙性自主法辦。又臺北市一名傳播妹前年底在東區知名酒店坐檯期間，由李姓酒客包檯帶往林森北路一家知名摩鐵，事後傳播妹控告李男將她強行丟擲上床撕衣性侵，檢方依強制性交等罪將李男起訴，但臺北地院查出當天傳播妹開心和李男牽手離開酒店，隨即搭車進摩鐵，且報警時只說被打，沒說遭性侵，不排除雙方可能因價碼談不攏而發生肢體衝突。

孔式如利用古今常見的約定不成反誣男方的治安案例為辯護重點，明明是宋仙洲性侵某女，卻假說雙方有婚約在前，某女反悔才誣賴宋，足見孔式如心之險惡。

2.利用關鍵證人的神志不清

孔式如之所以還能幫宋打贏這場官司，還有另一個重要原因，即重要證人某女之母暈憒。證人，依今日《刑事訴訟法》第一七六條之一規定：「除法律另有規定者外，不問何人，於他人之案件，有為證人之義務。」接到證人傳票的人，就有到場的義務[5]。傳喚證人到場，目的是在使證人陳述所見聞的事實，釐清案件的事實真相。因此，證人到場後負有據實陳述的義務。如果沒有正當理由拒絕陳述，依《刑事訴訟法》第一九三條第一項的規定，也可以科處新臺幣三萬元以下罰鍰。

證人與被告之間有特定的親屬或者身分關係，或者證人恐因陳述致自己或與其有前條第一項

---

5 證人如果沒有正當理由而不到場，依《刑事訴訟法》第一七八條第一項的規定，可以科處新臺幣三萬元以下罰鍰，這種罰鍰並不以一次為限，再傳仍抗不到場者，還可以再科以罰鍰，理論上可以一再處罰，直罰到出庭為止；也可以不處罰鍰，逕發拘票交由司法警察用強制力將證人拘提到場。

關係之人受刑事追訴或處罰者，《刑事訴訟法》第一八〇條及第一八一條也都規定證人可以拒絕證言。證人在作證前，訊問的檢察官、法官會調查證人與被告間的關係，沒有特定關係的證人都會要求具結，在結文中表明自己的證言「係據實陳述，並無匿、飾、增、減」。具結以後的證詞如果發現不實，便犯下《刑法》第一六八條的偽證罪，要受到法定本刑七年以下有期徒刑的處罰。

「具結」是證人義務的一種，除非證人未滿十六歲；或者因精神障礙，不解具結意義及效果，這二種情形，依第一八六條的規定，都不得令證人具結。不得令未滿十六歲及精神障礙的人具結，最主要是因為具結是用來擔保證人不要說謊話，如果簽下不說謊話的切結書，就好像立下軍令狀一樣，一旦就案情有重要關係的事項說了謊話，就要受到《刑法》第一六八條偽證罪的處罰，透過這種刑罰來強制證人不說謊話，用意在提高證言的可靠性。未滿十六歲或精神障礙的人，其意思能力本來就比較低下而僅具有較低的罪責能力，即使有做了犯罪行為，也只負較低的罪責。強令這樣的人具結之後，再來用偽證罪處罰、約束他，顯然沒有道理。因此，《刑事訴訟法》第一八六條規定即使這樣的人來當證人也不可以命令他具結。即使具結了，也不發生具結的效力。那未滿十六歲或精神障礙者有沒有當作證據的資格？當然有，只是法官就要特別考評他們的證言是否可靠、真實。

某女之母暈憒，輕微一點的可能是認知失調、腦退化症，這是一個與年紀增長有關的病症。認知功能隨年紀增加開始少些退步，反應變得沒那麼快。若患上腦部疾病——認知障礙症，則令腦細胞慢慢地萎縮、死亡，影響認知功能、判斷力。嚴重一點的，某女之母所患可能係老年人常見的失智症、阿滋海默症。此症常見短期記憶喪失。隨著疾病的發展，症狀可能會出現無法正常言語、情緒不穩定、譫妄、易怒具攻擊性、容易迷路、喪失生存動機、喪失長期記憶、難以生活自理等。

如果某女之母是具有妄想、幻覺癥狀的精神病患者，由於對客觀環境不能正確辨認，甚至完全歪曲，常會無中生有地誣告他人；而情緒高漲或者情緒低落，尤其是伴有明顯誇大或自罪自責的患者，可能進行「自我誣告」，其誣詞往往與事實不符。所以依照現今《刑事訴訟法》的規定，某女之母暈憒的程度如果已經達到失智或精神障礙的程度，雖然仍可以到庭作證，但是因為不能命他具結，所以要特別考評他們的證言是否可靠、真實。

臺灣著名懸案劉縣長血案之所以難以破案，除了當年救護人員急於搶救、少數警察採證時未戴手套而破壞現場跡證、歹徒無差別式行兇外，倖存的二位目擊證人鄧某腦部受傷、外傭精神狀況不穩定，這二位目擊者的證詞在法律上都無法發揮效力，也有所關係。

金丹換骨

訟師 朱訟師

原文

起因

朱某佚其名，工心計，一時咸以訟師目之。與訟者與之商，或得其一稟，必操勝算，人由是憚之。聞朱訟師之名，咸不敢忤。朱少嘗向四川布商購布若刊匹，潛以包銅假銀，詐作細絲成色[1]。四川初不察，受之既而辨為偽也，與朱較。朱不承，商乃訴於縣，縣提朱，朱即手撰一稟投之，商不得直，懊喪而去。

稟文 〈為究奸杜騙事〉

某買四川綿布，銀係足式，憑牙某眼同交易。詎惡生奸故，將包銅絲銀勢壓轉換，

[1] 純度高的白銀在急速冷卻時會出現一圈圈的絲紋，故成色高的白銀稱之紋銀、細絲銀或細絲紋銀。

心不甘騙，觸怒告台。切思人非異面[2]，市乃通衢，法禁嚴明，誰敢滋偽？乞剪刁風，不遭賴騙，上訴。

原書編者評語　人情鬼蜮，況乎市井之間哉？以商之被騙，自固失慎，要亦防不勝防。朱某毒口誣人，反敗為勝，其計亦黠矣。

案情大要

朱訟師很有心機，只要有人委託，一定使命必達。有次朱用偽製的白銀向四川布商購買布匹，等到布商發現，狀告官府，朱訟師竟然主張當時交易有仲介某人眼見交易所用為純正白銀，且賣家亦無異議；回頭才狀告朱，顯是要賴騙勒索。沒想到這一稟就讓布商敗訴。

現代法律人說……

本案為朱某利用四川布商之信任，使用假銀交易。等到對方發現銀兩為假，告上官府，因交易當下並未留下朱某交付假銀的證據，因而敗訴。以今日司法實務角度視之，朱某如何變造、偽造白銀，涉及到幾種法律責任：

2 異面指生面孔，不熟的人。

一、朱某涉犯減損通用貨幣分量罪

本案朱某潛以包銅假銀，詐作細絲紋銀成色，如果是在不改變通用紋銀外形的前提下，減損紋銀的正常分量，例如將紋銀中間挖空注入銅，則依照《刑法》第一九七條：「意圖供行使之用而減損通用貨幣之分量者，處五年以下有期徒刑，得併科三千元以下罰金。前項之未遂犯罰之」之規定，應成立本條減損通用貨幣分量罪。

二、朱某涉犯偽造通用貨幣罪

如果朱某使紋銀失其原來的外形，例如銷熔紋銀，以充作偽造新官銀的原料，內以銅為餡，外包以銀詐作紋銀（官銀），則應成立《刑法》第一九五條與《妨害國幣懲治條例》第三條的偽造通用貨幣罪；因為《妨害國幣懲治條例》第三條為《刑法》第一九五條的特別規定，所以優先成立《妨害國幣懲治條例》第三條的偽造幣券罪。

另外《刑法》第一九六條規定：「行使偽造、變造之通用貨幣、紙幣、銀行券，或意圖供行使之用而收集或交付於人者，處三年以上十年以下有期徒刑，得併科五千元以下罰金。第一項之未遂犯罰之。」第一九八條規定：「行使減損分量之通用貨幣，或意圖供行使之用而收集或交付於人者，處三年以下有期徒刑，得併科一千元以下罰金。第一項之未遂犯罰之。」朱某製造假銀後又以假銀進行交易，應依上述成立偽造通用貨幣罪與減損通用貨幣分量罪之不同，分別成立行使偽造的通用貨幣罪與行使減損分量的通用貨幣罪。

由於朱某製造假銀的目的就是為了要用來進行交易，所以製造假銀之後的交易行為就可以認為是前面製造假銀的利用行為，其相較於製造假銀而言是屬於次要行為，當處罰偽造通用貨幣罪或減損通用貨幣分量罪時，就可認為用假銀交易的行為也已一併在偽造通用貨幣罪或減損通用貨幣分量罪中處罰，不另外再處罰用假銀交易的行為。

三、朱某負詐欺罪的責任

朱某用偽幣當作真幣來購物，就必然要讓對方誤以為偽幣是真幣，偽幣才能用得出去，也才叫做行使偽造的貨幣。換句話說，讓對方誤以為偽幣是真幣而同意交易，本身也就含有詐欺的性質在裡面。依現行《刑法》第三三九條：

> 意圖為自己或第三人不法之所有，以詐術使人將本人或第三人之物交付者，處五年以下有期徒刑、拘役或科或併科五十萬元以下罰金。以前項方法得財產上不法之利益或使第三人得之者，亦同。

本案朱某用包銅假銀（偽幣）當作紋銀（真幣）來購物的行為，也同時構成詐欺取財罪。不過，按照法院判例意見：「行使偽造的貨幣，本含有詐欺性質，苟其行使之偽幣，在形式上與真幣相同，足以使一般人誤認為真幣而矇混使用者，即屬行使偽造貨幣而不應以詐欺罪論擬。」（參〈最高法院二九年上字第一六四八號刑事判例〉）也就是此一行為中的詐欺罪不另外處罰。

四、朱某負民事賠償的責任

朱某用包銅假銀（偽幣）當作紋銀（真幣）向四川布商購布的民事責任。依現今《民法》第二二七條：

> 因可歸責於債務人之事由，致為不完全給付者，債權人得依關於給付遲延或給付不能之規定行使其權利。因不完全給付而生前項以外之損害者，債權人並得請求賠償。

顯然是有可以歸責於朱某的事由而導致朱某給付給四川布商的銀兩不完全，所以四川布商可以依關於給付遲延的規定行使其權利。因不完全給付而生的其他損害，也可以請求賠償。

至於債務人給付遲延是規定在《民法》第二三一條：

> 債務人遲延者，債權人得請求其賠償因遲延而生之損害。前項債務人，在遲延中，對於因不可抗力而生之損害，亦應負責。但債務人證明縱不遲延給付，而仍不免發生損害者，不在此限。

與第二三三條：

遲延之債務，以支付金錢為標的者，債權人得請求依法定利率計算之遲延利息。但約定利率較高者，仍從其約定利率。對於利息，無須支付遲延利息。前二項情形，債權人證明有其他損害者，並得請求賠償。

依上述《民法》的規定，朱某應負的民事責任是應為完全之給付，也就是應以真正的紋銀（金錢）付給四川布商，並賠償因遲延付給四川布商真正的紋銀（金錢）所造成的損害（包括利息在內），以及因為沒有用真正的紋銀（金錢）給付四川布商所造成的其他損害。

與本案相仿，今日臺灣也常見製造假錢以交易詐騙的案例如：高雄某男只要缺錢就自己製作偽鈔，運用雷射印表機及一些簡單的美術工具，短短十分鐘就能做出多張五佰元和一千元偽鈔，二年下來，嫌犯自己印鈔自己用，把偽鈔拿到市場小吃攤販，以小額消費方式洗錢，初步有數百萬元流到市面上。[3]

又如臺灣潘姓水泥工無師自通、在彰化的某間鐵皮工廠製造千元偽鈔，先掃描千元真鈔的正反兩面存入電腦，利用繪圖軟體後製，再以彩色噴墨印表機於棉紙加工，包括隱藏的字、浮水

---

3 一般人沒有偽造而單純的行使偽、變造的通用幣券，或是意圖供行使而收集或交付與他人，可處三年以上十年以下有期徒刑，得併科五千元以下罰金，刑責還是很重。依現行法令規定，報案後假鈔一律會被沒收，沒有辦法依同等金額賠償給民眾。另外，《刑法》第一九六條第二項規定：「收受後知為偽造、變造之通用貨幣、紙幣、銀行券而仍行使，或意圖供行使之用而交付於人者，處新臺幣一萬五千元五百元以下罰金」，刑責則相對較輕。主要是因為一般人在收受偽幣後才知道是偽造、變造的貨幣，通常有不願意吃虧而想要再把它用掉的心理，因此期待他不要再把偽、變造的貨幣花掉的可能性就相對較低，加在他身上的刑責也就相對較低。

印、變色油墨以及旁邊的箔膜；最後再用口紅膠將兩面接合，就完成一張千元偽鈔。但是由於做得實在太過逼真，就連製作正版鈔票的中央印製廠，都希望能買兩張來當教材，加以改良或是教學如何辨別如此逼真的假鈔。

中國大陸政府對於印偽鈔的法律處罰，比臺灣更重，動不動就將偽鈔集團成員全部處死；譬如中國公安於一九九五年破獲臺灣人偽造人民幣案時，就把涉及海上丟包三千萬人民幣偽鈔的我國籍三名船員陳某、石某與陳某都判死。

千鈞一髮

訟師　謝方樽

原文

起因

刁僕楊二，本係棍徒，遊蕩賭博，無所不為。楊翁寵之特甚。楊二先與侍婢春香通，我我卿卿，儼然夫婦。楊昏瞶糊塗，不知亦不禁。翁有妾，頗俱姿色，楊二得隴望蜀，時思勾引，以無間不得逞。一日妾方浴於室，為楊二所窺，於是淫心大動，不克自禁，而門亦未閂，遂闖入求歡。妾亦淫蕩者流，竟允焉。歡好未闌[1]，適為春香所窺見，於是醋波大起，潛以報翁及楊婦。翁直入妾房而妾方作鴛鴦戲也。楊二見翁入，遽起以赤身遁。翁怒妾之淫也，遂縊死之，旋恐事發，乃貫禍於僕。謂為強奸扼斃，訴諸縣。縣宰見僕狀，知非善類，即重刑勒供，僕乃誣服，秋決有日焉。會臬司按案臨縣，僕乃托人，請方樽撰一稟，寥寥數語，臬司某見狀覆審，盡得實，僕遂不死。

1 未闌即未欄、未遮掩。

稟文

〈震劈飛冤事〉

梟惡呈（趁）二主母身故，寃男某奸殺告縣。慘刑屈招，寃沉黑海。切奸無捉獲，涇渭難分，身死不明，更何證佐？懇天鏡照，飛霜詐情，不覆盆下，迫切上訴。

原書編者評語

用訟師於懲奸呰惡[2]，扶弱植孤之地，其功可勝於豪俠義士萬萬。蓋其用心細、慮事精，萬非豪俠者，逞其意氣之所可比。特訟師之不肯為耳。如楊二者，惡則惡矣，而楊妾之死，非彼而誣之，事固有寃抑者在。微[3]方樽則楊二寃遭大辟。以事論則可誅，以情論則可愍[4]。楊翁確係主犯，陷人自脫，亦不得謂平。故方樽之於楊二，庸亦未叛乎理者。雖曰懲奸扶弱，滋無愧也。

案情大要

無賴楊二在楊翁手下做事。楊二本就不是個好東西，在楊家先勾搭上侍婢春香，又搭上楊翁小妾。沒想到春香醋海生波，向楊翁夫妻告狀。楊翁一氣之下勒死小妾，並嫁禍給楊二。楊二被

2 呰惡即蠥惡。
3 微即沒、無。
4 可愍即可憫。

屈打成招，為了求生，請來名訟師謝方樽幫忙。謝主張本案有死者，但卻無事證，只有被告的口供，證據力不足；一旦楊二伏法，沒了活口，就更不易查明案情。巡察到縣的臬司覺得有理，便重新再審，得到實情後，楊二也就逃過死罪。

現代法律人說……

楊二通二主母，二主母被主人一氣之下殺人嫁禍予楊二。楊二找上謝方樽。謝的辯護重點在於本案還有疑點，若貿然處死楊二，死無對證，始非信獄。巡獄的臬司思索再三，終給楊二一條生路。

本案依現今的法律來看，有三處值得討論：

一、楊二涉犯相奸罪

楊二與二主母在妾房作鴛鴦戲，二主母為有配偶之人，依現今《刑法》第二三九條：「有配偶而與人通奸者，處一年以下有期徒刑。其相奸者亦同」之規定，二主母應構成通奸罪，而楊二應構成相奸罪。

二、楊翁涉犯義憤殺人罪

楊翁在盛怒之下將其妾縊死，有可能構成義憤殺人罪。《刑法》第二七三條規定：「當場激於義憤而殺人者，處七年以下有期徒刑。」楊翁將其妾縊死應為殺人，沒有疑問。楊翁之所以會將其妾殺害，是因為其妾與奴僕楊二通奸，被楊翁親眼所見。楊翁的反應，可認為是換作任何人處在與其相同的情況下都會憤怒難忍，因此楊翁的反應合於「義憤」。楊翁當場基於此一義憤而殺害其妾，應構成本罪，可以處七年以下有期徒刑。本罪相較於普通殺人罪（《刑法》第二七一條：「殺人者，處死刑、無期徒刑或十年以上有期徒刑」）的刑罰要來得輕。最主要就是因為在這種一般人都會氣憤難忍的情況之下，想要期待他依照法律的規定理智行事，可能性相對較低，所以《刑法》加在他身上的刑責也就相對較低。

三、楊翁涉犯誣告罪

楊翁縊死小妾之後，因恐事發而嫁禍於僕楊二，訴之於縣衙，謂僕楊二強奸扼斃二主母。如前文提及現行《刑法》第一六九條規定：「意圖他人受刑事或懲戒處分，向該管公務員誣告者，處七年以下有期徒刑」，楊翁明知楊二是與其妾通奸，並沒有強奸扼斃其妾的事實，卻故意向官府誣指楊二強奸扼斃其妾，應構成本條的誣告罪。

殺人逃罪，人心必然。不少行兇之人總會設想一代罪羔羊揹黑鍋或分攤自己的罪責。如臺灣地區轟動一時的媽媽嘴八里雙屍命案，兇嫌謝女一人行兇，為了降低罪責，故意陳說與店長呂、歐、鍾等三男合謀：被害人為臺灣富商陳某和實踐大學副教授張女夫婦，分別被人發現陳屍在新北市八里區淡水河岸邊。檢警解剖遺體發現死者死後落水，研判為刑事（殺人棄屍）案件。警方偵查結果，認為「媽媽嘴咖啡店」女店長謝女、負責人呂男、股東歐男及友人鍾男等四人涉重嫌，依涉犯殺人、有串證及湮滅證據之虞，向士林地方法院聲請羈押禁見。後來呂、歐、鍾三交保候傳。眾人步出法院時聲明，不知為何女店長謝女會指控自己。針對此三人，檢警因查無有利新事證，近一個月後，警方認定為女店長謝女一人犯案。呂、歐、鍾三人因為有不在場證明，獲得不起訴處分。

追魂奪命

訟師　金鶴年

原文

起因

許生萬選，家綦貧，好學不倦，娶妻莊氏，姿首殊麗而性風華。夫婦間尚安謐，惟頗嫌生貧。黃鴻年者，豪家子也，見女美，涎之甚，女亦羡黃華裝美服，心頗許之。眉目傳情，浸假而通言語。不逾月，兩相繾綣，愛好逾常。女自得黃，視生如糞土，日非詬厲，以微隙故歸母家不返。生與女對，如日偶獷厲，頗苦之。女去不返，心亦滋釋，且生刻意讀書，亦不暇計及旁事。女歸家後，日與黃處，儼然夫婦也，猶以為未足，謀與生離折，黃乃商訟師金鶴年。金設策令黃故訴女之母，匿女不嫁。旋由縣判令迎娶。黃大喜，為親近焉。生苦讀書，不知也。事隔二年，生思與女，會始探悉再嫁黃氏，因與爭不直，訴於縣。鶴年故已代撰一稟。黃至是始投之。縣斥生而歸女於黃矣。

禀文

〈為謀奪生妻，設詞誣事〉

生與莊女幼年禮聘，媒妁可證。中途悔異，曾叩鈞案，蒙諭歸娶，成訟數年，恩諭亦非一次。惡貪妻色，捏空媒奪，誑詞誣訴，妄圖惑聽。生方成禮，惡即誣捏。何以未嫁，絕無人影，既嫁忽有二夫？天監難瞞，望光上訴。

原書編者評語

鶴年之設，此策可謂周矣。兩年偽訟，使許生無所措詞。訟師之心計，安得而不懾哉？

案情大要

好學的許萬選，娶莊氏為妻。可是家境優沃的黃鴻年看上了莊氏，兩人常眉目傳情。後來莊氏藉細故返回娘家不歸。許因莊氏在家常惡言相向，莊氏返回娘家，許也落得輕鬆。莊氏回娘家後，與黃兩人儼如夫妻。為了與許離婚，黃乃請金鶴年幫忙。金要黃假意狀告莊母不履行婚約。在縣令的判決下，莊即再嫁於黃。過了二年，許想到老婆都沒回來，再去娘家看，發現莊已再嫁，於是上告於縣衙。金再為黃辯護，認為莊與黃的婚約是縣令認證的。怎麼才禮成，許即來告狀，肯定是貪圖莊氏美貌，前來誣陷。縣令不察，斥責許而將莊氏判還給黃。

現代法律人說……

本案係一爭取婚姻關係存在之訴。莊氏嫁予許萬選後，許鍾心讀書，冷落莊氏，莊遂與富家子黃鴻年通，且持續以言語暴力攻擊許。後來莊氏索性返回娘家，長久不回，許亦落得輕鬆。要在今日，兩人已無和睦相處可能，加上分居日久，實已符合離婚要件（詳前）。但莊氏是否可以是合法發動離婚之訴的一方呢？其中有三個重點可以討論：

一、莊氏通奸，可否訴請離婚？

《民法》第一〇五二條第一項第二、五款規定：「夫妻之一方，有下列情形之一者，他方得向法院請求離婚：……二、與配偶以外之人合意性交。……五、夫妻之一方以惡意遺棄他方在繼續狀態中。」莊氏與黃鴻年通奸，為與配偶以外之人合意性交，已符合本條項的第二款的判決離婚條件，只是可歸責的一方為妻莊氏，而非夫許萬選，所以可請求判決離婚者只有夫許萬選，妻莊氏則無以此理由請求判決離婚的權利。

二、莊氏返回娘家長期間不回，可否訴請離婚？

莊氏返回娘家長期不回，除非許萬選與莊氏約定以其娘家為共同的住所，或其內心沒有拒絕同居的主觀情事，否則因無不能同居之正當理由，而長期未居住於其等所約定之住所，不履行與丈夫許萬選同居之義務，致丈夫不能達夫妻共同生活的目的，這種狀態一直到許萬選訴之於縣衙時仍在繼續中。所以也符合本條項的第五款的判決離婚條件。只是與第二款的情形一樣，可歸責的一方為妻莊氏，妻莊氏無以此為理由請求判決離婚的權利。

三、今日法律對許萬選的保障？

本案許萬選並不想離婚，反而是妻莊氏千方百計想要與許萬選離婚，以便與黃鴻年結婚。莊氏找上金鶴年幫忙，金設定的策略，是先讓縣宰判令莊氏與黃結婚，再以此經由縣宰判令結婚的婚姻關係逼使許讓步。為此金先要黃假意控訴莊家不依約嫁女，讓縣宰判決莊家出嫁莊女。由於古代婚姻非登記制，縣宰無法查知莊女係重婚。等到許發現莊女已再嫁，木已成舟，縣宰只好將錯就錯，駁回許家之訴。如果依現今《民法》第九七五條的規定，婚約不得請求強迫履行。換言之，即使如黃鴻年之訴狀所稱，黃與莊女於幼年就有婚約，也因婚約不得請求強迫履行，縣宰即不得判令黃迎娶莊女，而應以欠缺訴之利益判決駁回。

當時許萬選被迫讓出妻子莊氏，如果依現今法律的規定，也未必沒有挽回的機會。如前所述，莊氏與許萬選尚在婚姻關係存續當中，縱使縣宰因被蒙騙而判令莊氏與黃鴻年結婚，莊氏與黃鴻年結婚也顯然違反《民法》第九八五條：「有配偶者，不得重婚」之規定，又依《民法》第九八八條之規定，結婚有違反《民法》第九八五條不得重婚之規定者，無效。當然，在必要時，許萬選並得訴請法院判決確認其與莊氏的婚姻關係存在、莊氏與黃鴻年的婚姻無效。

今日也常見如同本案許萬選那般法律知識不足，而被不法人士採用合法手段占到便宜的情況。如臺灣最近亦常見詐騙集團假意向法院申請任一民眾的支付命令。現行支付命令只要債權人敘明理由和積欠金額寄到法院，法院不需調查內容是否屬實，也不須辯論，就會寄支付命令給債務人；債務人收到支付命令，二十天內合法提出異議，支付命令於異議範圍內失其效力，以債權人支付命令之聲請，視為起訴或聲請調解，否則該支付命令即得為執行名義，而有被強制執行之可能。被害人就只能提起確認支付命令上所載債權不存在之訴，如欲停止強制執行，還可能須提供相當並確實之擔保。由於臺灣詐騙橫行，部分民眾收到支付命令後不以為意，使得詐騙集團得以強制執行，一時造成民怨。

另外也有父母向銀行借款，竟以不諳法律規定的未成年子女為保證人，銀行規避保護未成年人規定，還向法院聲請核發支付命令，父母以法定代理人身分代收且未提異議，導致子女成年後就得背債，每個月要被強制扣薪；也有太太受丈夫家暴、離家，丈夫向法院謊稱債權並聲請支付命令，支付命令送達戶籍地，丈夫代收後隱瞞，再以支付命令強制執行太太房產的情況。

其他利用資訊不對稱，以合法手段逼使他人就範的還有「專利蟑螂」：專利的初衷本是用來保護公司裡的創新，而專利蟑螂用很便宜的價格跟小公司買斷專利，再狀告辛苦研發產品的大公司，要求付出高額專利授權費，讓公司的創新無法被認可。如Google（谷歌）、Apple（蘋果）、Intel（英特爾）等大型科技公司，陷入專利訴訟案，時有所聞。[1]

[1] 此外還有商標蟑螂，搶先註冊商標再高價賣予原公司，又或者故意註冊山寨商標授權給廠商，再以原商標公司身分提告；也有網域蟑螂，搶先購買與國際大型公司相同名稱的網域，再高價賣予原公司以謀取暴利等。

縱虎歸山

訟師　曹炳文

原文

起因

朱某家貧，贅於章姓。章以夫死姑老，外靨乏人，故由媒議贅朱某。不料朱自入門後，忤逆凶暴，婦復從而媒蘖[1]之。姑不能堪，後悔不逮，既而竟盡其章家所有，挈[2]婦自歸。章媼以失媳喪物，氣憤如狂，訴於邑宰。宰怒飭迅提嚴究，朱因大恐，亟覓訟師曹炳文，倩其作一稟詞上。竟批以：「母子天親，不得以無子之媳羈顧母之子。惟入贅不索財禮，超超之恩，在所當報，合償銀五兩，以贍殘年。婦從夫歸，不得抗阻。此諭。」媼見宰諭，徒喚奈何而已。

1　邪惡。
2　挈及提舉、帶領。

禀文

〈兩難事〉

母生二子，弟幼繼伯，身貧未婚。憑媒人贅章媳為妻，議章三載作聘，上滿求歸，觸起逆叛，痛思家貧母老，再無財丁。欲終事章，棄母則不孝；欲歸養母，背義則不忠，事極兩難，叩天裁豁，上訴。

原書編者評語

朱某固非善類，而章媳亦不是個東西。炳文一稟，卻便宜了一對狗男女，我為之不平。

案情大要

朱某因為家貧，入贅章家，誰知朱某十分凶暴，媳婦不只沒制止，還助紂為虐。最後朱某更把妻家所有家產連同媳婦帶回朱家。章母於是告上衙門。朱某請來名訟師曹炳文為之辯護。曹炳文謊稱朱家二子，老么已經過繼，如果排行老大的朱某留在章家，雖於章母有義，卻對朱母不孝。縣令認為朱某當時入贅並未索求財禮，且已對章母盡孝三年，所以帶走章家所有財產，尚可理解。最後判朱某賠錢五兩予章家。

現代法律人說……

古代東方父系社會國家常出現的婚姻狀況「入贅」，又稱為入贅婚，俗稱「倒插門」、「上門女婿」。簡單來說，男子如同古代女子出嫁般，成為女方家庭成員，視岳父母為自己的父母那般奉養，入贅的男子稱為贅婿或贅夫。入贅在不同的地方有不同的風俗，通常子女必須隨母姓，偶或留下一個子女從父姓；有些地區較寬鬆，是第一個兒子從母姓，其他隨父姓（臺灣俗話稱「抽豬母稅」），部分門閥的入贅婚，女方極強勢，甚至會要求男子必須冠妻家姓，當然更不許納妾與祭拜原族祖先，僅比照一般婚，在每年的正月初二才能回家探望親生父母。是以朱某入贅章家，本應視章母如親母，結果朱某不孝在前，各種違背倫埋、律法行為在後，所以章母才告官。

就今日司法實務而言，本案有三個重點可以討論：

一、朱男對章母施暴的法律責任

依照現今的法律規定，朱某入贅章家後，如果對章母有凶暴的行為，按《刑法》第三〇四條：「以強暴、脅迫使人行無義務之事或妨害人行使權利者，處三年以下有期徒刑、拘役或三百元以下罰金。前項之未遂犯罰之」規定，就有可能成立本條的強制罪。如果對章母有出言恐嚇之行為，使章母心生畏懼，依《刑法》第三〇五條：「以加害生命、身體、自由、名譽、財產之事，恐嚇他人致生危害於安全者，處二年以下有期徒刑、拘役或三百元以下罰金」之規定，可能成立本條的恐嚇個人安全罪。

二、朱男取走章家財產的法律責任

後來朱某趁章母不察，將章家所有值錢物件全都掃光，有可能構成今日的侵占罪或竊盜罪。朱某究竟所觸何罪，關鍵在朱某在章家的身分地位。如果章家的財產都是由章母親自管理持有，朱某趁章母不注意時將章家所有值錢的東西全都掃光，即可能構成《刑法》第三二〇條：「意圖為自己或第三人不法之所有，而竊取他人之動產者，處五年以下有期徒刑、拘役或五百元以下罰金」的普通竊盜罪。而章母若是將財產交由朱某管理，使朱某持有章母的財產，而朱某利用其已持有管領章母財產的機會，將其所持有的章母財產悉數捲逃，侵吞入己，則有可能構成《刑法》第三三五條：「意圖為自己或第三人不法之所有，而侵占自己持有他人之物者，處五年以下有期徒刑、拘役或科或併科一千元以下罰金」的普通侵占罪。

此外，朱男取走章家財產，在民事上也構成《民法》第一八四條第一項因故意或過失，不法侵害他人權利的侵權行為，而應負損害賠償責任。以及《民法》第一七九條無法律上之原因而受利益並導致他人受損害之不當得利，而應返還其所得之利益。同時，因朱男取走者為章家（章母）之物，故章母亦得依《民法》第七六七條：「所有人對於無權占有或侵奪其所有物者，得請求返還之」規定，行使物上返還請求權。不過，上述三項請求權，即損害賠償請求權、不當得利返還請求權、物上返還請求權是處於競合之關係，不得重複行使，亦即例如某物已經由物上返還請求權實現物之返還，即不得再主張不當得利之返還，亦不得主張損害賠償。

三、朱男輕易離開章家的法律責任

朱某入贅章家之後，係以永久共同生活為目的而同居一家，依《民法》第一一二三條：「家置家長。同家之人，除家長外，均為家屬。雖非親屬，而以永久共同生活為目的同居一家者，視為家屬」及第一一二四條：「家長由親屬團體中推定之；無推定時，以家中之最尊輩者為之；尊輩同者，以年長者為之；最尊或最長者不能或不願管理家務時，由其指定家屬一人代理之」規定，朱某夫婦與章母為家屬與家長的關係。依《民法》第一一一四條：「家長家屬相互間，互負扶養之義務」之規定，可知朱某夫婦對章母負有扶助、養育或保護的義務。如果章母年邁身體不好，必須有人在身邊照顧才能存活，朱某將章母遺棄在家，不為其生存所必要之扶助、養育或保護，就有可能構成有義務的遺棄罪。即《刑法》第二九四條：「對於無自救力之人，依法令或契約應扶助、養育或保護而遺棄之，或不為其生存所必要之扶助、養育或保護者，處六月以上、五年以下有期徒刑」的遺棄罪。

但朱男所委託的訟師曹炳文在朱某行事如此大逆不道的情況下，如何為之辯護成功的呢？承前文，主要在中國古代，父子之孝優先於夫婦之義；父親體制下的宗法制度，傳宗接代優於入贅照顧娘家。所以曹所上的稟文才強調朱某本家已無人繼嗣，更謊稱當時只協議入贅三年。縣宰不察，認為朱某返回本家盡孝，優於在娘家盡義，所以判朱某勝訴。

臺灣亦曾發生過類似本案「飼老鼠咬布袋」（內賊難防）的案例：居於高雄的孫男退伍後不堪在父親與叔叔合資之資源回收廠工作辛苦，一日趁父親外出後在廠內偷走貨款十萬元即離家。

等到十萬元花盡，先跑到叔叔家偷走鑽石項鍊，又跑到高雄三民區一遠親開設的珠寶店，夜間趁店主人外出丟垃圾，入內洗劫。警方調查後以孫男涉有重嫌，逮捕孫男並起獲贓物後依加重竊盜罪移送。

圍魏救趙

訟師　謝方樽

原文

起因

鄉有王某者，無賴狡惡。某口之黃昏與鄰人趙某口角起釁，毆打中趙要害而死。王幸以無人窺見，當即脫逃，求計於方樽。方樽命王連夜奔出境三十里，潛入李姓家作盜物狀，故為所執，送於縣。後趙案事發，有疑為王殺者，窮詰焉。方樽為一辯寃稟詞上，宰始不疑而別緝真兇。王薄責釋出，趙案亦以真兇難緝，案遂擱置。

稟文

〈為劈刀辯飛誣事〉

竊殺人戕命，案豈尋常？扳誣造謠，律嚴反坐。惡某砌詞誣告，捏身戕害人命。小民胠篋[1]，乃饑寒所趨，無故殺人，背情理之外。李姓地與趙所，水隔三重，路遙三

1 胠篋指撬開箱篋，後指偷盜。

十里。若謂殺人於趙室，豈能偷盜於李家？且殺人稱於夜半，掘壁[2]尚在黃昏，情理昭然，伏乞鏡鑑。含寃上訴。

原書編者評語

以事論，殺人惡能偷盜？以時論，夜半後與黃昏，事實昭揭，確係扳誣而執。知其訟師之狡儈哉！我於是嘆聽訟之難而服訟師之智。

案情大要

惡霸王某打死鄰居趙某。當下並無目擊證人，所以王某先逃了，但又怕東窗事發，於是求助於謝方樽。謝方樽教他連夜到三十里外偷盜李家財物，再假意被他所抓，送入縣衙。後來趙某被殺一事聞於官府，有人懷疑是王某所為。謝即為王某上一稟文，強調王當時在三十里外，怎能同時殺人又偷盜？縣令不察，薄懲王某即釋放他離開。

現代法律人說……

王某與趙某因事互毆，趙某被王某打死。當時四下無人，王某先行逃逸，又恐事發被執，請謝方樽救命。一般辯護律師遇到這樣的案子，首先會考慮到託委人觸犯的是殺人罪或傷害致死

2 掘壁暗指穿牆入盜。

罪。如果是殺人罪的話，依照現今《刑法》第二七一條：「殺人者，處死刑、無期徒刑或十年以上有期徒刑」之規定，最高可處到死刑，最低至少要判到一〇年以上有期徒刑。但如果是傷害致死罪的話，依《刑法》第二七七條：

> 傷害人之身體或健康者，處三年以下有期徒刑、拘役或一千元以下罰金。犯前項之罪因而致人於死者，處無期徒刑或七年以上有期徒刑；致重傷者，處三年以上十年以下有期徒刑。

最高可處無期徒刑，還不至於判死刑。

由於王某確實將趙某打死，但王某毆擊趙某時，究竟是出於殺害趙某的意思，還是只是出於傷害的故意，只有王某自己知道。因此，一般辯護律師會盡可能為被告爭取以傷害致死罪來判，而避免被判成殺人罪，畢竟這樣對被告是比較有利的。

但謝方樽的思維卻與眾不同，他教王某製造不在場證明——速速至三十里外潛入李家，假裝偷盜被抓。不在場證明當然是愈強而有力愈好，譬如由官方來證明。所以謝方樽想到讓委託人在遙遠的他處假裝犯較輕的加重竊盜罪，讓官府逮獲。如此，官府就可證明趙某被殺害時王某並不在殺人罪的犯罪現場，而是在另一個較輕的加重竊盜罪現場已因竊盜被逮捕在押中。如此，委託人王某因為有殺人罪的不在場證明，按今日的刑度，加重竊盜罪頂多處以一個六月以上、五年以下有期徒刑，得併科新臺幣十萬元以下罰金。不過，謝方樽唆使王某去偷東西，除了王某成立侵入住宅的加重竊盜罪之外，謝方樽自己也構成加重竊盜罪的教唆犯就是了。

有人整理出推理小說劇情中的角色常用以下幾種手段製造不在場證明：一是令證人有意作偽證；二是令證人對案發時間、地點、人物產生錯誤認知；三是通過轉移被害人的屍體來偽造作案地點；四是偽造照片等證物；五是令偵查人員推導出錯誤的案發時間；六是通過一般人不知道的秘密路徑抄近道趕到遠離作案地點的地方；七是利用裝置遠距離殺害被害人；八是設法誘導被害人自殺或令其死於意外事故[3]。本案謝方樽建議王某的方式頗類似第五、六種。但謝方樽更高明的地方在於他還利用公文書——王某被捕的刑事紀錄，證明王某於趙某被毆死時不在案發現場。果然趙某之死，後來有人懷疑上王某，縣令偵訊時，謝為王某所上呈稟文，正是強調王某在趙某死亡時正在三十里外偷盜。這個由王、謝兩人偽造出來的不在場證明唬住了縣宰。趙某之死遂無人追究。王某亦輕罰出獄。

為了迴避刑責，現今的不法人士常假造不在場證明，挑戰警方的偵查能力。如臺灣臺北某幫派以暴力討債為業。為求規避警方查緝，高薪聘請某私立大學法律系學生林男為其顧問，教導幫眾法律知識。林男除了建議幫眾出門討債不要帶真槍、改帶漆彈槍，以躲避警方查緝外，還教幫眾製造不在場證明：讓出勤的幫眾將登記在名下的手機留在家中，再叫留守的幫眾打電話過去，由家人接聽，試圖製造涉案幫眾當時在家與友人聊天的不在場證明。所幸後來被蒐證嚴密的警方戳破謊言。

3 〔日〕有栖川有栖《魔鏡》，臺北：小知堂，二〇〇四年十月。

另外香港曾有一部黑幫電影，劇情亦與不在場證明有關：兩幫派的老大互看不順眼，A老大認為再不除去B老大，A幫派可能就會被B幫派併吞。於是他與幾位小弟先在香港的碼頭辦理出關，搭船去澳門，出門前大肆宣揚他要去澳門賭錢。等人到澳門時，A老大再搭快艇偷渡回香港，一上岸就殺了仇家B老大。由於A、B素有仇恨，警方第一時間找來A老大問話，A直接把蓋有出境證明章的護照交上，證明B被謀死時自己根本不在香港，警方就算掌握許多間接證據證明A殺了B，對A也是莫可奈何。

解鈴繫鈴

訟師 金鶴年

原文

起因

鄉有淫僧慧空，與隔岸孀婦陳氏通，往來頗密。陳生有兩子，性純孝，故隱忍不言。僧赴陽台必以夜半，以銀河間阻，殊多不便，因聳婦命兩子造竹橋。婦從其言，婦子唯唯受命，即日鳩工[1]起建。數日橋成，鄉人有知隱事者，揶揄二子。二子羞憤之餘，求計於鶴年。鶴年唆使二子殺僧，為命撰狀自首。縣宰憐二子，為減罪焉。

稟文

〈為蒙恥雪恥，忍仇復仇事〉

竊民父早喪，淫僧慧空來舍勾誘生母。身隱忍不發，乃僧自建橋，無阻益肆猖

[1] 鳩工即聚集工匠。

獗。不特明去宵來，浸至白日盤踞，鄰里切齒。戚族懷讐[2]。憤於昨夜，殲此禿顱。誅身者法，粉骨奚辭[3]？罪吾者母，結啣[4]後報。竊身造竹橋，所以從母命；殺惡僧，所以報父仇，身處兩難，勢不自全。伏叩憲判，正律身死，無怨，瀝情[5]上告。

原書編者評語

子不捉母奸，為其叛上也。然國法有時而窮，不得濟以人情，若陳婦與慧空者。既乏舉法之人，終無覆敗之日。彼子從而殺之，謂之天誅而假手伊子也可。邑宰之減罪，達乎人情，合乎法理。鶴年固快人而彼宰亦復解事。

案情大要

淫僧慧空和對岸寡婦陳氏私通。陳生有二子，隱忍不發。慧空後來變本加厲，要求陳在陽台建橋，方便幽會。二子忍無可忍，求助金鶴年。金教二子殺了慧空再自首。金接著呈一稟文，強調二子係為顧及母親顏面及為死去父親出氣才殺了淫僧。縣令認為其情可憫，於是減輕了二子的殺人罪。

2 讐即仇。
3 此二句指犯法伏法，粉身碎骨也在所不辭。
4 結啣即結草啣環、報恩之意。
5 瀝情指毫無保留的報告實情。

現代法律人說……

淫僧慧空與孀婦陳氏通奸，陳氏本夫早死，本通奸案並無被害人，只要無親屬舉發，二人受到法律懲罰的機會可以說是沒有。但由於奸情被鄉里議論，陳氏二子終於忍受不了，下手殺了慧空。依現今《刑法》第二七一條的規定，陳氏二子當然是構成普通殺人罪的共同正犯；而金鶴年唆使陳氏二子殺淫僧慧空，也成立普通殺人罪的教唆犯。

殺人償命在古時是天經地義，但縣宰知道行兇動機之後卻予以減輕其刑，此與現今《刑法》的量刑判斷與法定減輕刑罰事由有關。「量刑判斷」指法官審判時依法裁量，決定刑度的過程。法官在查清犯罪事實後，衡量犯罪行為對社會的危害程度及犯罪人的惡性；在法定刑的範圍內，決定對犯罪行為判處何種刑罰的過程。

刑罰法規立法時，均已斟酌不同犯罪構成要件要素，考慮過相異之可罰性，而賦予不同之刑罰效果，甚至就可加重、減輕法定刑之具體事由亦予以明文規範，則依此法定加重或減輕事由，視個案具體狀況，決定適當之加重、減輕比例，據以調整修正原始法定刑所得，而作為行使刑罰裁量權的實際範圍，就叫量（科）刑。

根據臺灣《刑法》第五七條規定，法官科刑時應以犯罪行為人涉案責任為基礎，並審酌一切情狀做為科刑輕重標準；所以承審法官於量刑時會有一個裁量空間。法官用來裁量的所據情狀包括犯罪動機與目的；犯罪時是否受到刺激；犯罪手段惡性程度；犯罪行為人生活條件；犯罪行為人的品行；犯罪行為人的教育程度；犯罪行為人與被害人的關係親疏；犯罪行為人違反義務的程度；犯罪所造成的危險或損害程度；犯罪後的態度。

《刑法》各罪的法定刑雖然都設有最高刑度和最低刑度，但是犯罪的情狀形形色色，遇有客觀上值得憫恕的犯罪情狀，儘管科處法定刑的最低刑度，仍嫌過重時，現今的《刑法》賦予法官相當的裁量權，對於具有此等特殊犯罪情狀的案件，得酌量減輕其刑至較法定最低度為輕的刑度。此即：「犯罪之情狀顯可憫恕，認科以最低度刑仍嫌過重者，得酌量減輕其刑。」（《刑法》第五九條）

此外，《刑法》第六二條也規定：「對於未發覺之罪自首而受裁判者，得減輕其刑。但有特別規定者，依其規定。」犯罪後自首並接受審判者，法官得減輕其刑。本案陳氏二子於殺害淫僧慧空之後，前往縣衙自首接受審判，依照上述自首減刑的規定，法官也可予以減刑。

因考量動機而減輕殺人之刑，今日臺灣也有一例：高雄高樹鄉陳男，因不滿父親長期暴力毆打母親，二〇一六年中，父親又在與母親合開之羊肉爐店裡羞辱母親，酒後更在家中惡言相向。陳男為母親說話，隨即與父親發生口角。陳男一時情急，持煙灰缸向父親頭部擊去，並持剪刀刺向父親，父親當場血濺五步。家人當下馬上叫來救護車；陳男則直接至警局自首。陳父後來不治，但包括陳母，陳祖母，陳男在校時的師長同學皆向承辦檢察官求情。檢察官調查後發現陳男自幼乖巧，係長時間目睹家暴，方才一時氣憤殺死父親，於是代陳男向法官求情，請求法官考量男子犯罪情節應顯可憫恕，建議在法定最低刑責再減輕其刑。

蘄王歸漢

訟師　吳墨謙

原文

起因

某姓女幼配於鄰右楊某，婚後逾年而楊翁媪相繼逝世。楊子素無行，至是更無羈勒。蕩其家產，未朞年[1]而盡。女見壻傾家，遂歸母家不返。既而再嫁於同里陳姓。楊子探悉，訟邑。女求墨謙作一稟。宰竟判女歸陳姓，而略償楊子以金結案。

稟文

〈超豁[2]女命事〉

身女許配某，終身仰望。伊父身死未冷，嫖賭傾家。前年典田，不合尺土[3]；今

1 朞年即期年，一周年。
2 超豁指饒恕、寬宥。
3 不合尺土指毫不在乎地隨意丈量要賣掉的田產。

歲賣屋，不完片瓦。家喪心願，自寫退書，領回財禮。竊壻非肖子，女始二夫。再判成婚，終身寃陷。乞恩超豁，上訴。

原書編者評語

再判成婚，終身寃陷，說得吻合情理。判女歸陳，所謂出地獄而登天堂者也。宰與墨謙，拔女於水火，功德不少。

案情大要

某女很小就許配給鄰居楊某。結婚才一年，公公婆婆接連過世。楊某本來就沒什麼好品行，沒有父母的管教，不到一年就敗光家產。某女於是返回娘家，再不回婆家。過沒多久並再嫁同里陳姓。楊某知道後狀告二人。某女請名訟師吳墨謙辯護。吳主張楊某在父母喪期未滿一年，即享樂吃喝，敗光家產，十分不孝，不是可以依賴終身之人。縣令於是宣判，只要賠償楊某一點金錢，即同意某女訴請離婚。

現代法律人說……

本案亦為一訴請離婚案。楊姓丈夫「無行，嫖賭傾家，典田賣屋，蕩其家產，未朞年而盡」，究竟是否滿足判決離婚的條件？以今日《民法》第一〇五二條第一項規定：「夫妻之一方，有下列情形之一者，他方得向法院請求離婚：……二、與配偶以外之人合意性交。三、夫妻之一方受他方不堪同居之虐待。……五、夫妻一方惡意遺棄他方在繼續狀態中……」視之：

一、某女訴請離婚是否得引今日《民法》第一〇五二條一項第二款？

楊姓丈夫與某姓女結婚後，有嫖妓的行為，這已符合第二款「與配偶以外之人合意性交」之條件，其妻某姓女可以依據這一款的規定，訴請判決離婚。同時，楊姓丈夫也已構成《刑法》第二三九條的通奸罪，所以其妻也可同時提起告訴。

二、某女訴請離婚是否得引《民法》第一〇五二條一項第三款？

楊姓丈夫無行，嗜賭傾家，典田賣屋，蕩其家產，未朞年而盡，是否對其妻構成「不堪同居之虐待」？這裡所謂的「不堪同居之虐待」，是指配偶之一方對他方施以精神上或肉體上之虐待，至他方無法忍受。其判斷的標準依司法院大法官會議釋字第三七二號解釋認為：

《民法》第一〇五二條第一項第三款所稱「不堪同居之虐待」，應就具體事件，衡量夫妻之一方受他方虐待所受侵害之嚴重性，斟酌當事人之教育程度、社會地位及其他情事，是否已危及婚姻關係之維繫以為斷。若受他方虐待已逾越夫妻通常所能忍受之程度而有侵害人格尊嚴與人身安全者，即不得謂非受不堪同居之虐待。

本案楊姓丈夫「無行，嗜賭傾家，典田賣屋，蕩其家產，未朞年而盡」，雖非肉體上的虐待，但仍有可能是一種精神上的虐待，只是這種精神上的虐待是否已危及到婚姻關係的維繫，達到「夫妻之間通常無法忍受之程度而有侵害其人格尊嚴與人身安全」的程度，容有商榷餘地。除此之外，同條第二項規定：「有前項以外之重大事由，難以維持婚姻者，夫妻之一方得請求離婚。」所謂「難以維持婚姻」，最高法院之判決有認為其判斷之標準為婚姻是否已生破綻而無回復之希望。而婚姻是否已生破綻無回復之希望，則應依客觀之標準，即難以維持婚姻之事實，是否已達於倘處於同一境況，任何人均將喪失維持婚姻意欲之程度而定。本案某姓女與楊姓丈夫間之婚姻關係是否難以維持，允宜依上述之標準為客觀之判斷。

三、某女訴請離婚是否得引《民法》第一〇五二條一項第五款？

楊姓丈夫的無行是否對其妻構成「惡意遺棄」尚在繼續狀態中？依最高法院判例的見解：「夫妻之一方有支付家庭生活費用之義務時，如無正當事由不為支付，以致他方不能維持生活，自屬《民法》第一〇五二條第五款所謂以惡意遺棄他方。」（最高法院三九年臺上字第四一五號民事判例）楊姓丈夫上述傾家蕩產的行為，如果已導致其妻不能維持生活，依上述判例的意見，就有可能構成「惡意遺棄」。

不過本案還有個爭執點，在於某姓女在未與楊某終止婚姻關係前便與陳某結婚，自己與陳某分別犯重婚罪與相婚罪外，二人之婚姻關係亦因重婚而依《民法》第九八八條第三款之規定應為無效。如此，其等於婚後的性行為，算不算是通姦？按因重婚而同居，乃重婚的當然結果，依目前實務見解，只能論以《刑法》第二三七條的重婚罪，而不另論《刑法》第二三九條的通姦罪。

【附錄】

《訟師惡禀大全・趣禀》

無風起浪

訟師 趙甌北

原文

起因

袁簡齋大令，風流不羈，才絕一時。趙雲觀察戲控於巴拙太守。太守具筵設席，邀袁、趙兩公，出戲狀詞解之，相與大噱。

稟文

〈為妖法太狂，誅殛難緩事〉

竊有原任上元縣袁枚者，前身是怪，括蒼山，匆漫脫逃，年老成精，閻羅殿失於查點，早入清華之選，遂膺民社之司。既滿腰纏，即辭手版。園倫宛委，占來好水好山，鄉覓溫柔。不論是男是女，盛名所至，軼事斯傳。借風雅以售其貪婪，假觴詠以洽其饕餮。有百金之贈，輒登詩話；揄揚嘗一臠之甘，必購食單仿造。婚家花燭，使劉郎直入。坐筵妓，宴笙歌，約杭守。無端闖席，占人間之豔福，遊海內之名山，人盡稱奇。到處總逢迎恐後，賊無空過，出門必滿載而歸。結交要路公卿，虎將亦稱詩伯。引誘良家子女，娥眉都拜門生。凡在臚陳，概無虛假。雖曰風流班首，實乃名教罪人。為此列穎具呈，伏乞按律定罪。照妖鏡定無逃影，斬邪劍切勿留情。輕則付之輪迴，化蜂蝶以償夙孽，輕則遞回巢穴，逐獼猴仍復原身，上控。

原書編者評語

風流班首，名教罪人，是大令一生罪惡，無可逃避。狀中詞句，詼奇新頴，直足捧腹。

平地風波

訟師　繆良

原文

繆蓮先生奇才博覽，尤擅滑稽；粲舌如花，觀者噴飯，此稟亦其一也。

起因

稟文

為狂且刃傷十姐妹，竊負而逃，抱屈而伸，代芳魂乞命事。竊某忝居蓮幕，偶寄萍踪。當春光爛漫之時，值喜卉芬菲之候，如十姐妹者，相依芸館，愁中倩作梅妻，並列窗（從片），客裏權充菊婢，嬌容美貌，弱質堪憐。同氣連枝，貞心共守。我原好色，頻加灌溉之，誰復偷香取肆穿窬之盜，詎有猖狂豎子，排闥而來，公然唐突佳人，巡檐而索，暗藏利器傷哉。燕剪梨花，強奪柔枝，慘矣。蜂公棘刺，鎖二喬於臺上，遺恨東吳，封三國於宮中，徒悲西蜀。惡如承嗣，借碧玉而不還；捷若崑崙，負紅綃而竟去。遂使金釵十二，箇箇攢眉；致令粉黛三千，朝朝蹙額，凡此亡行殘虐，豈能稍事姑容？伏陳紅杏，尚書維持，眾豔投告，紫薇郎君保護。群英庶餘芳，獲命於林間，免幽魄含冤於地下。蒲鞭示辱，不足蔽其辜；竹杖輕批，實難紓其憤。按以荼毒生靈之罪，例諸草菅人命之條，是宜拘禁後庭，先償花債。尤必昭彰前鑑，合置官刑，謹狀。

管領鶯花平章風月事。惜花御史批：「勘得某愛花若命、嫉惡如仇，小子何知？擅敢肆其戕賊，佳人受厄，自應問以抵償。合依原狀施。庶使後來知驚，此讞。」

護花使者批：「才子多情，為惜花而早起；佳人薄命，墮溷以同憐。倘邀芘蔭於芳鄰，不遺葑菲，當念栽培之雅意，未忍摧殘，乃抵觸藩，竟致萑符之盜。則殲陰逋藪，合興草木之兵，執的紡於庭槐，刑心嚴於華楚，褫其狂魄，慰彼香魂，此批。」

原書編者評語

說來俱是道理，可謂善于附會。細讀一遍，不覺狂笑。

舌底翻瀾

訟師 繆良

原文

稟文

供得某蒲柳庸姿，識猶慚於辨菽。芄蘭弱質，性奚解夫尋芳，何期姐妹之行，偏逞女兒之態。芙蓉池畔，舒葩而豔勝六郎。霜雪叢中，芳節則偵逾三友。遂搖動隔牆之影，潛伺玉樓，因而思傾國之容，欲臧金屋，伊人宛在，謂非緣木以求魚，夫我乃行，用是借花而獻佛，劫柳枝於韓氏。沙叱利方喜謀成，遣西子於吳。鍾大夫正誇計得，詎意明紀遠嫁，結好匈奴，翻緣息媯，不言與師。蔡國徒罪，夫綠林君子不已甚乎？招尤於紅粉佳人，良有以也。矧僅采來盈，把非同無厭之求；試看插得滿頭，尚屬有情之盜。惟冀原情開釋，庶幾改過自新，從教宋玉，獨居不顧東鄰之美麗共仰。召公布化，長留南田戈口一之甘棠，望切傾葵，感深結草，供狀是實。

原書編者評語 善於出脫，善於伸說，確是訟師筆墨。而滑稽處直令人不期忍俊之妙。

突梯滑稽

訟師　任連芳

原文

起因
《觚堂筆記》載，某縣新令莅任，訟師任連方以其未謁也，頗啣之。旋悉新令患欠舌，期期艾艾，口齒不清，思以計辱之。會有刻石者，與顧客訟，任為一稟，令讀之不能成只字，時傳為笑柄。

稟文
〈控為突兀事〉
有石雪澤者，勒刻劣木，約日不出，擲石擊額，額裂血出，懇即核奪。

原書編者評語
此狀令口齒無病者讀之，亦覺格格不能成語，想見當時邑宰之窘態，直可捧腹三日。

輯二

《訟師惡稟精華》（選錄）

便血誣奸（筆者按：與下篇為同一訟師所寫，當合觀之）

訟師 謝方樽

原文

起因

方樽清晨如廁，有友人張甲同在廁所，訴其仇李乙無理，欲藉詞以控告之，而苦無真憑實據。方樽笑謂之曰：「欲加之罪，何患無辭？證據隨處有，惟在人之善用耳。」張甲大悅，因重託之而去。方樽視甲有腸血之疾，即以腸血著想，為作一稟曰：

稟文

〈訴為強奸朋友，顛倒乾坤[1]事〉

夫天地定位，不容錯亂陰陽；男女攸分，何得倒顛鸞鳳？竊民與李乙本為同學，更屬比鄰，既契合乎朋友，又情深乎知己，豈意其情懷叵測，久矣夫包藏淫心。

1 陰陽泛指一切相對概念，於此指男女。

昨日設宴家中，招民共飲，方欣良朋暢敘，深信不疑，豈料進藥昏迷，後庭[2]被污。及至藥解夢回，穀道[3]之中痛如針刺。念此羊腸鳥道，豈容獸突蛇行？可憐雨驟風狂，已是花殘月缺；血水交流，疼痛欲絕，呼號床第，如坐針氈。竊思痛已受夫剝膚，辱更污於親體，如此獸行加害，實屬人倫之變。且民年十四，尚未成人，律有強奸幼童之例應與強奸室女同科[4]。伏望嚴懲淫棍，以端風化而正人倫。今冤上告。

案情大要

原告與被告有隙，想要報仇卻苦無理由。訟師接案後利用原告原有之出血腸疾加以誣告性侵，同時強調原告當時並未成年，希望邑令科以較重之強奸幼童罪。

2 後庭於此指肛門。
3 穀道指肛門直腸一段。
4 同科指科處同刑。

現代法律人說……

一、為何謝方樽以同性之奸狀告李乙並不違和？

男性之間的情慾流動，在中國歷史中的發展得很早，這樣的文化，一般稱為「男色」或「男風」，而且美男還常與美女相提並論。[5]譬如春秋時期，衛國的國王衛靈公寵愛彌子瑕。有天，彌子瑕聽得他母親得了重病。一急便私自駕著衛靈公的馬車出宮前去探望。按衛律，私駕君王車馬，應處以斷足之刑。但衛靈公卻非但不追究，反而還讚美彌子瑕。後來彌子瑕陪靈公在花園中散步，順手摘了一枚樹上的桃子，咬了一口後便把剩餘的部分分食給靈公。事後衛靈公逢人便說：彌子瑕捨棄到口的美食，心裡只想著我。因此後人也有將男性戀情稱為「分桃之愛」的。另有龍陽君與魏王同舟釣魚，見魏王所釣一次比一次肥美，魏王亦一次比一次歡喜，便坐而泣。魏王不解，龍陽君嘆道魏王愛肥魚，應如愛龍陽君之後的美男。為此魏王下令只寵龍陽君一人。還有西漢時期，董賢曾任郎官，為人秀美且好修飾。一日為漢哀帝劉欣所見，哀帝愛其美貌，與之相談甚歡並同睡共娛，以此而獲得哀帝寵幸。有一次，董賢與哀帝午睡時，壓住了哀帝的衣袖；哀帝欲起身，見董賢並未醒，不忍驚之，遂以刀斷袖而起。後來「龍陽」、「斷袖」也都用來比

---

5 熊九潤〈中國古代同性戀述略——以古代的詩歌和小說為中心〉，《濮陽職業技術學院學報》二四卷五期，二〇一一年一〇月。

喻男同性戀情。大抵而言，古代中國社會，對於同性之間的性行為或同性愛，沒有像中古世紀和近代西方社會那樣廣泛而嚴厲的限制、懲罰。

同性戀情，儘管今日無法律明文定罪，但中國大陸曾將之視為流氓罪中的「其他流氓行為」，一九九七年，中國大陸廢除了流氓罪，對於同性戀情的法律管制才逐步放鬆。[6]

二、現行臺灣《刑法》對於與兒童少年性交之行為同樣予以禁止

稟文中提到當事人張甲只有十四歲，尚未成人，且律法有強奸幼童應與強奸室女同罪的規定，而請求審判官予以嚴懲。不過，稟文中也提到加害人李乙為張甲之同學，因此或可推斷加害人李乙與被害人張甲之年紀相近。

現行《刑法》對於與兒童、少年性交之行為，不論其實際上是否取得被害人同意，都予入罪科刑。但加害人如為十八歲以下之人則減輕或免除其刑。規定見諸《刑法》第二二七條：

> 對於未滿十四歲之男女為性交者，處三年以上十年以下有期徒刑。對於未滿十四歲之男女為猥褻之行為者，處六月以上五年以下有期徒刑。對於十四歲以上未滿十六歲之男女為性交者，處七年以下有期徒刑。對於十四歲以上未滿十六歲之男女為猥褻之行為者，處三年以下有期徒刑。

6 「中國同性戀史」，https://www.youqu.ovh/。

以及第二二七—一條：「十八歲以下之人犯前條之罪者，減輕或免除其刑」等之規定。這些都是針對未使用強制的方法而與兒童少年為性交或猥褻行為的規定。

但如對未滿十四歲之男女以強暴、脅迫、恐嚇、催眠術或其他違反其意願之方法而為性交或猥褻行為，則屬於《刑法》第二二二條加重強制性交或第二二四條之一加重強制猥褻罪的情形。

三、謝方樽捏造事實誣告李乙性侵可能涉及今日的誣告罪

筆者在第一輯中曾分析過有關古代訟師於稟文中捏造事實，在今日可能觸犯誣告罪：臺灣《刑法》第一六九條為誣告罪。但並非告人犯罪不成者均構成誣告罪，誣告罪有其一定的成立條件。《刑法》第一六九條規定：「意圖他人受刑事或懲戒處分，向該管公務員誣告者，處七年以下有期徒刑。」依最高法院判決之意見所示，《刑法》誣告罪之成立，須告訴人所申告內容，完全出於憑空捏造或虛構事實為要件，若所告尚非全然無因，只因缺乏積極證明，致被誣告人不受追訴處罰，或告訴人誤有此事實或以為有此嫌疑，尚難遽以誣告論罪……誣告罪以意圖他人受刑事處分虛構事實向該管公務員申告為要件，故其所訴事實，雖不能證明係屬存在，而在積極方面尚無證據足以證明其確係故意虛構者，仍不能遽以誣告罪論處……告訴人所訴事實，不能證明其實在，對於被訴人為不起訴處分確定者，是否構成誣告罪，尚應就其有無虛構誣告之故意以為斷，並非當然可以誣告罪相繩。（以上見〈最高法院九五年臺上字第五二七號刑事判決〉）如果告訴人確信其為真，就算後來被告不起訴確定，告訴人仍然未犯誣告罪。

以上述條件視諸本案，謝方樽確知李乙為無辜，卻向官府舉發，已有誣告嫌疑。中國古代律法規定，若誣告成立，事後證明被告無辜，原告需受與被告相同之刑罰，十分嚴厲。[7]不僅我國古代律法如此，外國古代也有相類似的制度，在羅馬帝國時代，君士坦丁大帝執政以後，對誣告者也是科處相當於其所誣告之刑。[8]

7　以上見本書第一輯。

8　Mommsen, Römisches Strafrecht（一八九九）S. 491ff. 引自小野清一郎〈刑事補償の法理（一）〉，《國家學會雜誌》四六卷五號（昭和七年五月），頁九－一〇。

龍陽誣控

訟師 謝方樽

原文

起因

前稟既上，李乙聞之大恐，以謝方樽不好弄，思解鈴人在繫鈴人，遂亦往方樽處求作辯誣狀。方樽不辭，立即揮毫，為作一辯狀，其設想更奇於前。狀詞云：

稟文

〈為冤遭捏礙事〉

竊念乾坤列序，牝牡攸分，豈有撲朔迷離，雌雄莫辨而乃橫加壓力，任意摧殘者。惟長官明鏡高懸，彼鬼蜮安能肆蠆[1]？比鄰張甲，與民宿有仇冤，性同蛇蝎，暗肆毒謀。本一無賴之尤，甘心下賤，囊有青蚨[2]三百，便可聯斷袖之歡，結來知交千

1 本句指害人之物豈能傷人。
2 青蚨，蟲名，傳說母生子，分離後子必歸母。此指鄰甲與往來之密友十分親近。

人，悉是餘桃之寵[3]。陰陽倒置，廉恥蕩然。後庭花任擷憑人，龍陽君[4]居然自命。人既無恥，乃又妄扳。揑穢詞以聳聽，無異蜃樓海市；含毒血而噴人，實屬寡廉鮮恥。伏望嚴懲惡棍，以肅習風。謹稟。

案情大要

在訟師誣告被告性侵友人之罪後。原告認為解鈴還需繫鈴人，於是亦委託同一訟師為其撰寫辯文。訟師為被告所寫辯文反控對方本就有斷袖之癖，加之性行為對象氾濫才會得腸道出血之病，要求邑令嚴懲違倫妄訟的原告。

現代法律人說……

一、男男性侵案的調查難度與成案難度為何要高於其他性侵案？

根據陳建泓的研究，比較兩性在性侵害案中所表現出來的特性，發現男性遭到性侵害的發生率常常被低估。比起女性被害人，男性被害人也比較不願意讓別人知道自己受到侵害。反映到司法偵查上，自然存在著性別上的差異。從偵辦的結果來看性侵案中的男性被害人與女性被害人，

3 斷袖，董賢得寵於漢帝，同寢漢帝先起，董賢枕袖上未寤，漢帝斷袖；餘桃，彌子瑕有寵於衛君，食桃半而遺衛君。

4 戰國魏王男寵號龍陽君，後泛指以男色事人者。

相較之下，檢察官較不會受理與起訴男性被害人案件中的加害人，即使起訴，判決結果也比較不利男性被害人。

無論是男性或女性的被害人，性侵案的加害人主要都是男性，因此男性被害人可能較之女性，更在意自己的性傾向被污名化，擔心自己的不幸會引來他人質疑。而且在社會文化的刻板印象中，較之女性，男性被賦予具有保護自己能力的期望，因此若遭到性侵，意味著沒有能力保護自己，又或者自己是半推半就半配合才被性侵。更詭異的是，如果性侵害的加害人為女性，這些男性被害人也常常不被當成受害者，其被性侵害後的受害程度更容易被低估，黑數更高。

許多成年男性被害人，其受害時間在弱勢的童年時期。男童被性侵害事件後會出現影響兒童適應社會的後遺症，包括：無法與社會健康接觸、無法與其他兒童正常玩樂、失去學習熱忱、失去正常的愛人的能力。當一個兒童失去這些促使他成長滋養的正面能量後，對其身心造成的損害，難以估計。[5]

二、原告李乙的性向需要透過與之有關人士的刑事偵查才能確認

謝方樽虛構李乙的同性傾向，李乙百口莫辯，只好也找上謝方樽代擬辯狀。由於張甲僅要求謝方樽代撰稟文，並未出重金委託他「出庭」代理；當李乙也上門要求謝方樽代撰辯文時，因無

5 以上見陳建泓〈沒有受害位置的受害人——男性被性侵害者的心理諮商困境〉，《臺灣心理諮商季刊》，七卷一期，二〇一五年，頁一—一一。

代理衝突的問題，謝方樽自然也能幫忙李乙。謝方樽這種兩面代撰司法文書的手法，是古代訟師在司法活動中牟取利益的常見手段。

邑令身為偵查機關，為確定犯罪嫌疑人或被告有無強制性交或與兒童或少年性交之行為，若在今日，於偵查犯罪有必要時，可傳喚或通知與本案有關之人到場訊（詢）問。要在本案，李乙究竟是否有同性傾向，或可就與之交往相關人士進行調查，以進一步瞭解其有無性侵張甲的動機與可能性。

和奸[1]卸罪

訟師 謝方樽

原文

起因

邑中王子猷，翩翩羊車[2]中人也，與鄰女汪碧雲有染。碧雲已許人，嫁有日矣。子猷情不能甘，謀久長之計，而計無所出，因求教於訟師謝方樽。方樽乃力為劃策，授以錦囊妙計。子猷如法行之，夜逾垣[3]入女之寢室，故驚其父，遂被女父所執，以為樑上君子也，黎明即送至邑署。子猷之親友至好，聞訊咸以為異，均到庭觀審。子猷忽而不供盜而供奸，謂與女通半載，常明去暗來，今不慎被所執云云。供畢，並上一辯訴狀，為方樽手筆，云：

1 和奸，古代未婚男女私下來往偷情稱之。
2 羊車為古代宮中所乘小車，於此暗指王子猷出身不凡。
3 逾垣指翻牆。

稟文

〈為陳明受誣，懇請昭雪，並賜成全事〉

竊生員王子猷，幼薦泮芹[4]，素範禮法，螢燈一點，伴半夜之書生，鄴架[5]十年，奉先生之垂訓。只以東鄰有美，遂生好色之心；西苑無聲，竟效逾垣之行。自知實乖禮法，有背士儀，然相如學士，亦效私挑[6]；宋玉大夫，曾聞窺隙[7]。《詩》詠吉士之求，古有私通之事。偷香惜玉，贈芍采蘭，實生員一時不檢，失足至此。乃女父不察，陷秀才於宵小，誣才子為穿窬[8]，惡語橫加，冤蒙不白。竊生雖不德，誤罹情網，污人閨女，自知陰騭[9]有虧。然而淫人妻女，妻女淫人。妻女淫人，其咎誰歸？琴堂[10]明察，伏乞矜全。開一線恩，結百年之好，實深感禱。謹稟。

案情大要

委託人與鄰女有染，知道鄰女另許他人後求助訟師。訟師建議他假意入盜鄰居失風被捕，再在公堂上承認奸情，以奸逼婚。

---

4 泮指半宮，學習之所；芹指芹藻，文采。
5 〔唐〕李承休居鄴，架上聚書二萬餘卷；此指王子猷飽讀詩書。
6 〔漢〕司馬相如情挑卓文君。
7 〔戰國〕宋玉曾遭東鄰女子窺視三年。
8 穿窬指穿牆盜竊。
9 陰騭即陰德。
10 琴堂為公署美稱。

現代法律人說……

一、王子猷可能涉犯與未成年女子發生性行為之罪

從單純性交的角度來看，今日臺灣有關性交行為之對象，無論其為合意與否均予入罪化的年齡規定，主要見於《刑法》二二七條之規定：

> 對於未滿十四歲之男女為性交者，處三年以上十年以下有期徒刑，強制性交者，更依第二二二條規定處七年以上有期徒刑，強制為猥褻之行為者，處三年以上十年以下有期徒刑；對於十四歲以上未滿十六歲之男女為性交者，處七年以下有期徒刑；為猥褻之行為者，處三年以下有期徒刑。

不過《刑法》第二二七—一條也訂有「兩小無猜條款」——規定未滿十八歲的人涉犯《刑法》二二七條時，減輕或免除其刑，同法第二二九—一條規定須告訴乃論。此等規定乃考量到雙方都是未成年，因為對性事好奇，或者是彼此相愛而進行性行為，且為顧及被害人之名譽及其訴追之意願，故須告訴乃論，且應減輕或免除其刑。

但若是性交易呢？針對未成年人，臺灣現行《兒童及少年性剝削防制條例》第三一條規定：

> 與未滿十六歲之人為有對價之性交或猥褻行為者，依《刑法》之規定處罰之。十八歲以上之人與十六歲以上未滿十八歲之人為有對價之性交或猥褻行為者，處三年以下有期徒刑、拘役或新臺幣十萬元以下罰金。

如果和十八歲以上的人性交易，依《社會秩序維護法第八〇條》規定：「有下列各款行為之一者，處新臺幣三萬元以下罰鍰：一、從事性交易。但符合第九十一條之一第一項至第三項之自治條例規定者，不適用之。」同法第九一—一條第一項規定：「直轄市、縣（市）政府得因地制宜，制定自治條例，規劃得從事性交易之區域及其管理。」因此，只要在非性交易專區（臺灣並未設立）從事性交易，就有上述罰則的適用。

由於中國古代女子結婚年齡普遍較低，法定性交年齡也是不高的。按照《禮記》所規定的男女成年標準來理解，古代嫁娶年齡一般標準是男二十歲、女十五歲。但各朝代互有差異，如唐代的規定是男十五歲、女十三歲以上；明代的規定是男十六歲、女十四歲以上。為提高人口出生數和解決男子婚配問題，有不少朝代採取強制女性出嫁的手段。像在晉代，女子到了一定年齡必須要嫁人，否則官府會強行給她找對象。《晉書．武帝紀》就記載到司馬炎曾要求，女子年滿十七歲，如果父母不將其嫁出去，那麼地方官府就要給她找老公，逼其強行嫁人。南北朝時，還出現了如果女孩適齡不出嫁就是犯法的規定；不及時出嫁，家人都坐牢的。[11]

---

11 崔昊〈略論中國古代婚姻制度〉，《法制博覽》二〇一七年二七期。馮素梅〈魏晉南北朝時期的早婚現象〉，《晉陽學刊》二〇〇〇年六期。〈古代女子什麼時候出嫁各朝代出嫁年齡有異〉，「每日頭條」，https://kknews.cc/zh—tw/history/

本案中的王子猷鄰女汪碧雲已許配他人，推測其年紀應該在十四到十六歲之間。要在今日，王子猷恐遭判重刑。不過若王子猷的年紀在十八歲以下，按臺灣的「兩小無猜條款」，是可以減輕或免除其刑的。那麼王子猷的年紀又是如何呢？上引原文提到他的身分是生員。查「生員」為中國古代通過童試者。童試也稱作童生試，包括縣試、府試、院試三階段。通過院試，即可進入所在地的府、州、縣學為生員，生員也就是俗稱的秀才。但有關童生試的報考年紀上限並無規定，汪子猷的年齡是否在十八歲以下，也就不得而知了。

二、王子猷涉犯無故侵入住居之罪

謝方樽提供給王子猷的妙計係藉由王子猷侵入鄰女汪家，使得王有上公堂自揭奸情的機會，再以此逼迫汪父將汪女改嫁給王。不過在今日，《憲法》第一〇條規定「人民有居住及遷徙之自由。」居住自由，是憲法賦予人民的基本權利，國家負有保障人民居住自由的權利。因此，在《刑法》裡便訂有三〇六條侵入住居罪，用來保障人民的居住自由：

> 無故侵入他人住宅、建築物或附連圍繞之土地或船艦者，處一年以下有期徒刑、拘役或三百元以下罰金。無故隱匿其內，或受退去之要求而仍留滯者，亦同。

jbrnxy.html

由本條之規定來看，符合本罪的行為共有二種，其一是無正當理由且未經同意進入他人之住宅、建築物或附連圍繞的土地等；其二是雖經同意進入，但於進入後無正當理由故意隱匿其內，或已受屋主退去之要求而仍留滯不離去。不論是前者還是後者，所受的刑罰都是一樣的。所以，就算王子猷進入汪家，表面上是裝作意圖行竊、本無犯罪意圖，以使汪父將之扭送法辦，但也是涉犯本罪的。

三、汪子猷堂上為不實陳述是否涉及其他刑事責任？

汪子猷在堂上供述鄰女亦是有意，才會與之私奸。鄰女丁碧雲究竟是否有意，不得而知，但若此為汪子猷為了以奸逼婚所作的不實陳述，要在今日臺灣，是否有任何法律責任？

我國關於在法庭上作不實陳述的法律責任規定主要見於《刑法》第一六八條偽證罪：「於執行審判職務之公署審判時或於檢察官偵查時，證人、鑑定人、通譯於案情有重要關係之事項，供前或供後具結，而為虛偽陳述者，處七年以下有期徒刑。」不過，由此一規定可知，其所規範的對象僅限於證人、鑑定人、通譯，並不包括被告。換句話說，被告即使在法庭上作了不實的陳述，也不適用上述偽證罪的規定。

被告在法庭上作不實的陳述，並無其他有關其法律責任的規定，這主要是因為被告在刑事訴訟程序中享有緘默權，沒有自白或作不利於己之陳述的義務。所證明被告有罪的責任都在代表國家追訴犯罪的檢察官身上，被告不負有證明自己無罪的義務，這也就是《刑事訴訟法》上所謂的「無罪推定原則」。

本案汪子猷即使在堂上為不實陳述或反覆翻供，依今日之法律，並無處罰的規定，主要就是基於上述的理由。

爭妻劫女

訟師 謝方樽

原文

起因

鄉有土豪張子成，艷[1]附近梅氏之女有日矣。忽聞女已字[2]富豪鄒祖根為妾，心頗不平，率眾持械劫女歸。事聞於富豪鄒，中途又劫之去。張子成心不能甘，請謝方樽作一狀詞云：

稟文

〈為勢奪婚姻事〉

一夫一婦，乃人道之常；一馬一鞍，係當然之事。今有惡霸鄒祖根，倚富逞焰，

1 艷字於此做動詞用，指感到驚艷。

2 字即出嫁、許配。

時常凌辱平民，惡欲滔天，冤銜無地。恃有猗頓[3]銅山[4]之富，可資林甫[5]鬼蜮之奸，早已流毒一方，彌不痛心疾首。

身憑媒妁，聘定同邑梅鳳林之長女某某為妻，早已納幣[6]，尚未過門，親戚咸知，四鄰共曉。前四月廿八日，為迎娶吉期，途路所經，適過祖根門首；奸心忽動，遽起不法行為。爆竹一聲，爪牙雲集，金鼓聲喧，截住香車不放，霜戈雪耀，儼同大敵臨前。一池亂棒，驚散鴛鴦；捲地狂風，吹殘連理。

所有迎親人眾，悉行鼠竄奔逃；坤宅[7]妝奩什物，盡如劫奪入門。非復搶親情狀，直同強盜行為。如此光天化日之下，豈可無法無天？不僅有干法紀，實屬風化攸關。民等身受荼毒，失魄亡魂，雀見礱糠[8]，一場空喜，親鄰訕笑，恥辱難堪。如此平地風波，豈復意中所及？伏望憲臺依律提訊，盡法嚴懲，掃盡礙途荊棘，驅除當道豺狼，大可以維風紀，小足以釋私憾。

然而怒髮衝冠，相如縱完秦庭之壁[9]；堪痛以牛易牛，孟敏[10]無奈已碎之甑。

3 春秋時期猗頓販鹽致富。
4 〔漢〕鄧通得帝賜銅山，可自鑄錢。
5 像〔唐〕李林甫這般口蜜腹劍之徒。
6 古代婚禮六禮之一的納徵，俗稱文定。
7 坤宅指女方家、娘家。
8 礱糠指稻穀磨剩下的米糠。
9 〔戰國〕藺相如完璧歸趙一事，此指梅女完身歸來。
10 〔漢〕孟敏失手毀甑，惱不忍離。

心肺俱摧，肝腸欲斷，泣血陳詞，惟希矜察，和淚濡毫，裂腸伸紙，奇冤待白。不知所云，上告。

案情大要

原告鍾情於鄰家梅女，但梅女早已許給被告。原告不甘，劫女而歸，途中卻被被告劫回。原告求助訟師，訟師具狀虛構原告與梅女早有婚約，妄稱人證、物證俱在，控告被告搶婚違背善良風俗，應當嚴懲。

現代法律人說……

一、搶婚的風俗在中國古代司空見慣嗎？

搶婚在人類婚姻發展中的歷史十分悠久。推測搶婚的盛行時間應該是發生在以男性為中心的遊牧時代以後。此時因女子已經被視為是男子的所有物——被物化為財產，所以成為部落與部落、民族與民族發生對抗時的爭奪對象之一。

進入農耕時代以後，男子由於體力較強大的原因，成為農耕生產的主要工作者，在生產中處於重要地位，決定了男子社會地位的逐步提高。與此相反，女子因為生理條件的限制，無法勝任粗重的農事勞作，只得退出生產領域而以操持家務為主要職責。農耕時代後，女性不得不依附男子，逐漸形成父權社會。為了保證父系的延續，男子勢必要求女方落戶於夫家；而女子一旦從夫而居，就喪失其在生產、家族、婚姻以及其他社會關係中的主導地位，成為男子的附庸。因而，在父權形成過程中，首先遇到的，就是在婚姻形式上婦女的反抗——不願落戶夫家。對付這種反抗的過程，也就刺激了搶婚習俗的更加興盛。[11]而當男性更成為主要生產勞動力的來源，經濟上的重男輕女，為了生存，常有溺殺女嬰的現象。[12]其後果是男多女少，兩性人口比例不平衡。不搶婚，男子便找不到另一半。[13]搶婚習俗更盛！（今日中國大陸也有這樣的困境[14]）

魏晉以後，中原地區搶婚式微，婚姻依禮而行，但中國少數民族如爨族仍實行劫奪婚的制度。另外海外如印度部分民族和東非的一些部落，也保留這一個古老婚姻習俗。

二、張子成與鄒祖根的搶婚行為涉及略誘婦女罪

張子成以及富豪鄒氏的搶婚行為，在古代縣官眼中可能可以理解，但在今日，都可能已經觸犯略誘婦女罪。臺灣《刑法》第二九八條第一項：「意圖使婦女與自己或他人結婚而略誘之者，處五年以下有期徒刑。」所謂「略誘」，係指以強暴、脅迫或詐術等不正之方法，違反被誘人之意思，而將其置於自己實力支配下的行為。本案張子成率眾持械劫梅女而歸之搶婚行為，顯係出

11 張春華〈從「婚」看遠古婚俗〉，《歷史教學》二〇〇六年八期。
12 許倪菁《明代溺女問題初探》，中壢：中央大學歷史研究所碩士論文，二〇一〇年。
13 馮澤文《論婚姻制度之演變及保障》，斗六：雲林科技大學科技法律研究所碩士論文，二〇一三年。
14 〈人口性別比不平衡加劇拐賣婦女性犯罪〉，「中國婦女研究網」，http://www.wsic.ac.cn/academicnews/80984.htm

於使梅女與自己結婚之目的，而以強暴、脅迫等強制的方法，將梅女置於自己實力支配之下，應構成本罪。

鄒祖根於張子成劫回途中，又從張子成手中將梅女劫回，鄒祖根如將梅女劫回即安全送回梅家，或可成就一樁英雄救美故事。鄒祖根或可因現實上存在張子成正率眾持械劫持梅女之現在不法侵害行為，基於保護梅女之意思而採取防衛梅女權利之行為將梅女救回，因而符合《刑法》第二三條：「對於現在不法之侵害，而出於防衛自己或他人權利之行為，不罰」之正當防衛規定，成為合法的行為。

然而，如果鄒祖根將梅女劫回後，仍將梅女置於自己實力支配之下而不予釋放，則如出於使梅女與自己結婚之目的，就會與張子成一樣構成上述《刑法》第二九八條第一項的略誘婦女罪。如非出於使梅女與自己結婚之目的，而只是單純的將梅女置於自己的實力支配之下，則依情節可能構成《刑法》第三〇二條剝奪行動自由罪或同法第三〇四條強制罪。依《刑法》第三〇二條：「私行拘禁或以其他非法方法，剝奪人之行動自由者，處五年以下有期徒刑、拘役或三百元以下罰金」之規定。如果鄒祖根將梅女關押起來，或用其他方法剝奪其行動自由，則可能構成本罪。如未至剝奪其行動自由之程度，而有用強暴、脅迫等強制的方法，妨害梅女行使其權利或使其行無義務之事，則可能構成《刑法》第三〇四條：「以強暴、脅迫使人行無義務之事或妨害人行使權利者，處三年以下有期徒刑、拘役或三百元以下罰金」之強制罪。[15]

---

[15] 本罪所謂之強暴、脅迫，〈最高法院二八年上字第三六五〇號刑事判例要旨〉提到：「強暴、脅迫……並非以被害人之自由完全受其壓制為必要」；〈臺灣高等法院一〇二年上易字第二七七八號刑事判決要旨〉提到：「所謂『強暴』……縱問

順便一提，古代婚制，婚姻須經六禮之程序，且憑「媒妁之言，父母之命」。但依現行《民法》第九七二條之規定，婚約應由男女當事人自行訂定。未成年人訂定婚約，依《民法》第九七四條之規定，並應得法定代理人之同意。且依同法第九七五條之規定，婚約不得請求強迫履行。本案稟文提及張子成憑媒妁聘定梅女為妻，此情即使屬實，依現行《民法》之規定，亦應認為該婚約非由男女當事人自行訂定而不生效力，更不得請求強迫履行。依《民法》第九九七條之規定，因被脅迫而結婚者，得於脅迫終止後，六個月內向法院請求撤銷之。同法第九九九條第一項規定：「當事人之一方，因結婚無效或被撤銷而受有損害者，得向他方請求賠償。」據此，梅女如有被脅迫而結婚，亦得依上述規定請求撤銷婚姻，其因撤銷婚姻而受有損害時，並得向他方請求賠償。再者，古代男子在一定之條件下得合法的納妾，但依現行《民法》第九八五條第一項之規定，有配偶者不得重婚。違反重婚之規定，除了構成《刑法》第二三七條之重婚罪外，依《民法》第九八八條之規定，重婚亦不生婚姻之效力。本案鄒祖根如納梅女為妾，依現行《民法》之規定，該重婚不生婚姻之效力，且鄒祖根亦構成《刑法》之重婚罪。

接施諸物體而影響於他人者，亦屬之……」，〈臺灣高等法院高雄分院一〇二年上易字第五號刑事判決要旨〉提到：「不限於直接對人為身體上之攻擊為限……其客觀上對被害人所有物之強脅行為，已可發生延展效力，藉由被害人與物品之緊密關係，同樣可達到對他人意思形成或決定自由妨礙之結果，即應構成本條犯罪……」，可以參照。

爭葬祖墳

原文

訟師　謝方樽

起因

某富翁初營佳城[1]，將為先人下土[2]，忽有無賴出占其地，冒稱此地為先世祖墳，不許富翁葬柩，富翁請謝方樽作一訟詞云：

稟文

〈為強占祖墓，硬行爭葬事〉

陽宅陰穴，事同一律，墓地各有主人，豈容硬行安葬？原其強爭橫奪之罪，當與占據田宅同科，事關驚動先靈，尤應加等懲誡。竊民家祖宗墳墓，歷代皆在北山，所有桃源澗傍，乃是曾祖父母墓地，其地廣闊，松柏陰森。嘗檢舊時券契，地為胡氏祖

1 佳城指墓地。
2 下土即埋葬、入土為安。

墳，迨[3]子姓式微，因而得價售賣，契約確鑿。事歷多年，但考其墓之左偏，尚有胡氏祖墓，不忍究爾遷棺，暫仍其舊，可謂深仁厚澤，體及其微。胡氏人鬼有知，皆當感激無地。

而且胡氏雖有子孫，祭祀概從缺典，民家每逢祭掃，憫其血食[4]無從，輒為代辦酒餚，兼及紙錢銀錠，澤及枯骨。先人既已多情，憫等恤鄰，子孫習為成例。民家之於胡氏，可為盡義至忠，胡氏苟有人心，允宜[5]五中銘感，豈意其狼貪成性，虎噬無良。

前日墳丁報告，忽有異事發生，胡天保將其父胡雲槎之喪，葬於其祖墓之側。民聞言驚駭，即詰問原由。天保堅稱祖墓尚有餘地，並未轉售他人，今此埋葬雙親，他人豈容過問？民當出契相示，彼乃堅不肯遷。竊其意旨，且謂契不足憑，若已售人，安得尚存胡墓？如此強詞奪理，實為負義忘恩，不特[6]民之先人必不安於地下，即恐胡之曾祖，亦抱愧於九泉。

為此檢呈契約，伏望依律嚴懲，飭提天保到案，勒令即日遷移，俾得劃清界限，以免後日糾纏，上告。

3 迨即等到。
4 血食指殺牲取血祭祀。
5 允宜即合宜、應當。
6 特即只。

案情大要

原告先祖先前購入他人墓地做為家族墓地，誰知下葬乃父時，原墓地後代以祖墳尚在原地，強要下葬其父在側。原告求救於訟師，訟師具狀從情理法三方面對被告提出控訴：

情──原告對被告之祖墳已善盡照料之責；

理──墓地已出賣，斷無再葬其父之理；

法──當時交割書契檢附在前，不容狡辯等。

現代法律人說……

一、原告繼承祖先墓地理應擁有該墓地所有權

本案為一土地所有權歸屬之糾紛，原告繼承的墓地被被告胡天保強占安葬其父，並以該墓地尚有胡祖墳存在，而主張該墓地為其所有。原告則提出舊時地契以證明該地雖原為胡氏墓地，但其後因後代家道式微，而售予富翁祖先。

首先，關於繼承之問題，依現行《民法》第一一四七條：「繼承，因被繼承人死亡而開始。」同法第一一四八條：「繼承人自繼承開始時，除本法另有規定外，承受被繼承人財產上之一切權利、義務。但權利、義務專屬於被繼承人本身者，不在此限。」故如原告為合法之繼承

人，自得依上述規定承受被繼承人財產上之權利和義務。

只是於此應注意繼承人是否僅原告一人，還是尚有其他繼承人。如尚有其他繼承人時，在分割遺產前，各繼承人對於遺產全部為公同共有（《民法》第一一五一條），對於此公同共有之遺產，則得由繼承人中互推一人管理之（《民法》第一一五二條）。

其次，雖然墓地可能早在數代前已經過戶，買主後代子孫也執有當初買受的地契為證。但原地主之後代胡天保硬是主張其祖先墓仍在，而以祖墓的存在做為其具有該墓地所有權的證明。以清代為例，土地所有權之有無，主要是以地契為證。所謂的地契，用現在的話來講，有點像是土地交易的契約，只是這種契約的形式是由一方立契，並由立契方具名押署，為單契形式，亦即由賣方具名立契，而由買主收執。賣契只立一份，並由買主收執，主要是因為古時候之土地買賣多屬一手交銀，一手交契的銀貨兩訖形式，而賣斷土地者原本就與該筆土地關係永遠斷絕，不復取贖，故可不立契。以現行《民法》的角度來看，這種地契似乎兼具債權與物權關係的性質。而在典當房地的關係中，則是設立對契，這種雙方署名，一式二份，並由雙方各執一份的對契，常會出現原業主恃有對契在手，但卻另行套寫減改年月，少寫價銀，遇有爭執，兩造各執一詞，致有真偽難辨之弊。[7]為了防止這類弊害，古代買賣土地關係中，才會僅由賣方立單契交買方收執。

現今土地交易的買賣契約則只是一種債權關係的契約，作為請求移轉土地的權利基礎，其本身並不具有物權移轉的作用，必須將土地透過登記移轉給債權人，債權人才取得該筆土地的所有

[7] 張益祥《清代民間買賣田產法規範之研究——以官方表述為中心》（臺北：政治大學法律學研究所碩士論文，二〇〇四年），頁一九一二一。

權，在還沒有將土地移轉給債權人之前，該筆土地仍歸屬於債務人所有。

此外，現行《民法》中的物權是採行公示原則，也就是物權的移轉必須有一足以由外界可以觀察辨識的徵象才行。這種公示的方法，在動產是以「交付」來表徵，在不動產是以「登記」來表徵。亦即《民法》第七五八條：「不動產物權，依法律行為而取得、設定、喪失及變更者，非經登記，不生效力。……前項行為，應以書面為之」，及同法第七五九條之一第一項：「不動產物權經登記者，推定登記權利人適法有此權利」之規定。

本案原告繼承祖先的土地並持有祖先遺留的地契，應可用以證明該筆土地為其所繼承之祖先遺產。而該筆土地上雖有被告胡天保的祖墳，但這並不能用以證明該筆土地為其所有，頂多只能認為有占有的事實。

二、被告強占墓地安葬其父可能構成竊占罪

如上所述，如能確認系爭墓地為原告所有，被告胡天保強占該墓地安葬其父，依現行《刑法》可能構成竊占罪。《刑法》第三二〇條規定：

> 意圖為自己或第三人不法之所有，而竊取他人之動產者，為竊盜罪，處五年以下有期徒刑、拘役或五百元以下罰金。……意圖為自己或第三人不法之利益，而竊占他人之不動產者，依前項之規定處斷。

本案胡天保如果知道該地為原告所有，並進而決意加以竊占，主觀上應認為具有竊占的故意。而竊占該地又是為了安葬其父，使自己在無權享有該筆土地之利益的情況下，獲得該地所有權人才能享有的利益，應可認為具有為自己不法利益的意圖。在客觀上，胡天保無權占據原告之祖先墓地而違背原告之意思，擅自占據其所有之祖先墓地安葬其父，侵害原告對該墓地的所有權，使其對該墓地無法做正常使用，應符合竊占他人不動產之要件，而可能成立《刑法》第三二〇條第二項的竊占罪。

佃戶賴租

訟師 謝方樽

原文

起因

佃戶因荒年不還租，業主某豪霸必欲其償，控其欠租，佃戶求方樽作一狀。

稟文

〈為虎嚼民膏事〉

蹄涔[1]之水易竭，狼虎之欲難填，乞賜矜憐，免傷蟻命。竊民承種勢豪伍氏田畝，已歷數十餘年，租仔[2]每歲清償，並無絲毫尾欠。自伍天保接登田產以後，徵收蠻橫無比，非特粒米不讓，而且額外誅求。去年新定律例，每田一畝，加收脚米三

1 蹄涔原指牛蹄陷下處的積水，後喻容量小。
2 租仔指租金、利息。

升，民不堪其虐，情懇稍為減讓，天保不但不允，而且惡[3]民多口，增加租米三斗，謂為「多口米」。民受其叱辱已不甘心，況復橫徵，實無餘力，只得欠米一石另五升，待異日清償。及其肩米往還，天保任情暴斂，謂因民欠米多時，致彼大受損失，當再加收五斗，以補虧耗。民聞此讕言[4]，不勝驚駭，據理加爭，彼乃大肆咆哮。民當時不合負氣，即行肩米還家。

舊歲適遇水災，田畝盡成澤國，伍家司帳[5]曾因察勘來鄉，目睹情形，亦為嘆惜，許以豁免租仔。民方感德銜恩，豈意春熟豐收，天保貪心又起，呈奉憲天追比，遽而反汗[6]前言。如此苛斂強徵，何異狼貪虎暴，竭民胼手胝足之勞，難供吸髓敲膚之慘。伏念被災田畝，官中底冊可查，租額本有一定斗升，豈容業主橫加婪索？推其貪得無厭之心，非絕民一家衣食，不肯罷休。惟有仰憲懇恩，詳加偵察，得全蟻命，銜結[7]靡窮。哀哀上告。

案情大要

因遇災荒，佃戶交不出田租遭地主控告。佃戶請訟師幫忙，訟師從以下幾個角度為佃戶進行

3 惡指厭惡。
4 讕言即不實的言論。
5 司帳即掌管金錢米糧之人。
6 古以汗出喻令出必行；反汗即食言、反悔。
7 「結草銜環」之省，比喻不論生死，必當報恩。

辯護：第一，災情發生時，官家登錄有案，地主司帳亦曾同意豁免；第二，地主常藉口濫收田租，已不守約定在先，亦是官府應優先打擊的惡霸才是。

現代法律人說……

本案地主伍天保出租耕地給佃戶耕作，並要求除原有租金之外，每田一畝加收腳米三升，另增加租米三斗，如佃戶同意其要求，則因雙方意思表示一致，依現行《民法》第一五三條第一項及第四二一條第一項之規定，租賃契約即為成立。但依《民法》第七四條：「法律行為，係乘他人之急迫、輕率或無經驗，使其為財產上之給付或為給付之約定，依當時情形顯失公平者，法院得因利害關係人之聲請，撤銷其法律行為或減輕其給付」之規定，如果地主與佃戶之約定係乘佃戶急迫、輕率或無經驗，使其為給付高額租金之約定，而依當時情形顯失公平時，佃戶得向法院聲請，撤銷該租賃契約或減輕其給付。不過，依同條第二項之規定，該聲請應於契約成立後一年內為之。

契約成立後，依《民法》第一九九條第一項之規定，債權人得基於債之關係，向債務人請求給付。且依同法第一四八條第二項之規定，雙方在行使權利，履行義務時，都應依誠實及信用方法為之。

《民法》第四三九條規定：「承租人應依約定日期，支付租金。如租金分期支付者，於每期屆滿時支付之。如租賃物之收益有季節者，於收益季節終了時支付之。」故佃戶應依約定日期，支付租金。如租金分期支付者，應於每期屆滿時支付之。如耕地之收益有季節規律者，於收益季節終了時支付之。

如因可歸責於債務人之事由，致為不完全給付，依《民法》第二二七條第一項之規定，債權人得依關於給付遲延之規定行使其權利。而且因不完全給付而生之損害，債權人並得請求賠償（《民法》第二二七條第二項）。本案佃戶屆期欠米一石五升，是為不完全給付，如係因可歸責於佃戶之事由所致，債權人伍天保即得依關於給付遲延之規定行使其權利，並得請求賠償因不完全給付所生之損害。

不過，依《民法》第二一六條規定：「損害賠償，除法律另有規定或契約另有訂定外，應以填補債權人所受損害及所失利益為限。」「依通常情形，或依已定之計劃、設備或其他特別情事，可得預期之利益，視為所失利益。」換言之，除非法律另有規定或契約另有約定之外，損害賠償應以填補債權人所受損害及所失利益為限，不得獅子大開口，漫天索要。不過，於此應注意所謂的損害尚包括依通常情形可得而未得的所失利益。

本案伍天保於佃戶肩米往還時，謂其欠米多時，致大受損失，當再加收五斗，以補虧損，是否有理，應依實際狀況而定。如確實因佃戶欠米多時致受損失（包括所受損害和所失利益）達五斗之多，且欠米是因可歸責於佃戶之事由所致，自不能認為伍天保之要求不合理。但如果伍天保所謂欠米多時致大受損失，只是藉故誇大損失，以圖增加收益，自屬不合理之要求。

另外，《民法》第二三〇條規定：「因不可歸責於債務人之事由，致未為給付者，債務人不負遲延責任。」不僅如此，同法第四五七條第一項也規定：「耕作地之承租人，因不可抗力，致其收益減少或全無者，得請求減少或免除租金。」第四五七條之一第二項亦規定：「承租人不能按期支付應交租金之全部，而以一部支付時，出租人不得拒絕收受。」本案佃戶如因遇天然災害等不可抗力事件，致其收益減少或全無，不但不負遲延責任，而且得請求減少或免除租金，如不能按期支付應交租金之全部，而以一部支付時，出租人並不得拒絕收受。

此外，稟文中提到伍家司帳曾因勘察天災許以豁免租仔，伍天保事後卻食言不認。此涉及伍家司帳代理免除債務之問題，《民法》第三四三條規定：「債權人向債務人表示免除其債務之意思者，債之關係消滅。」同法第一〇三條規定：「代理人於代理權限內，以本人名義所為之意思表示，直接對本人發生效力。」換言之，本案伍家司帳如經伍天保授予代理權，則於其代理之權限內，以伍天保之名義所為免除債務之意思表示，該免除之租金債權即歸於消滅，不得再請求佃戶給付所免除之租金。

《民法》第一七〇條第一項規定：「無代理權人以代理人之名義所為之法律行為，非經本人承認，對於本人不生效力。」本案如伍天保並未授予其司帳代理權，而是其司帳擅自以伍天保之代理人名義免除佃戶租金，則此項免除租金之行為，非經伍天保之承認，對於伍天保本人不生效力。佃戶如不知伍家司帳無代理權，因相信其所為租金之免除，未為租金之交付，以致負擔給付遲延之責任，則依《民法》第一一〇條之規定，無代理權之伍家司帳對善意相信之佃戶，應負損害賠償之責。不過，伍天保如果表示將代理權授與其司帳，或知道其司帳向伍天保或他人表示為伍天保之代理人而伍天保卻不反對，則依《民法》第一六九條之規定，伍天保對於佃戶應負授權人之責任。

以上是根據《民法》上之規定所為之說明。現行法中，除了《民法》之外，關於耕地出租尚有特別之規定，即《耕地三七五減租條例》，有優先適用之效力。依《耕地三七五減租條例》第二條規定：

> 耕地地租租額，不得超過主要作物正產品全年收穫總量千分之三百七十五；原約定地租超過千分之三百七十五者，減為千分之三百七十五；不及千分之三百七十五者，不得增加。……前項所稱主要作物，係指依當地農業習慣種植最為普遍之作物，或實際輪植之作物；所稱正產品，係指農作物之主要產品而為種植之目的者。

故本案如依現今之法律規定，該耕地之租額，不得超過主要作物正產品全年收穫總量千分之三百七十五，超過千分之三百七十五者，減為千分之三百七十五；不及千分之三百七十五者，不得增加。如有違反上述規定超收地租，依同條例第二三條規定，處拘役或科四百元以上四千元以下罰金。

此外，耕地因災害或其他不可抗力致農作物歉收時，依《耕地三七五減租條例》第一一條之規定，承租人得請求鄉（鎮、市、區）公所耕地租佃委員會查勘歉收成數，議定減租辦法。如耕地因災致歉收穫量不及三成時，則應予免租。本案佃戶因水災致農作物歉收，如依現行《耕地三七五減租條例之》規定，得請求耕地租佃委員會查勘歉收成數，議定減租辦法。如耕地因災致歉收穫量不及三成時，則應免交租金。

控叔吞家

訟師　謝方樽

原文

起因　鄉有某甲早孤，寄食堂叔籬下，叔吞沒其產，侄長，心不能甘，求方樽作此狀。

稟文　〈為吞家絕食事〉

矜憐[1]孤幼，雖有教養之恩，吞占田房，實有虎狼之暴。竊民門失怙恃[2]，年只七齡，依叔嬸而居，蒙教養之恩。然先人遺產甚豐，概歸叔嬸執管。民托庇宇下，不至耗及叔嬸之家資，而嬸氏相待，頗少親愛之意。衣則破惡，食則粗礪[3]。民得有

1　矜憐即撫慰、撫卹。
2　失怙，亡父；失恃，亡母。怙恃指依靠、依賴之人。
3　礪原指粗磨刀石，此用以形容食物之粗糙。

護庇，安敢分爭？

荏苒[4]之間，民年十八。叔公為民授室，即行當眾宣言，凡民父之遺資，悉已消耗殆盡：「頻年衣食，已經出入相衡；婚禮所需，應以田房作抵。今日以後，侄夫婦即當遷出外間。念手足之情，當以余之市房一所，假侄夫婦居住，一年衣食所需，當自為計。余年已邁，不能為侄代謀，侄已成人，亦應速尋生理。余死後，亦可告無罪於長兄。」

當場親友聞此數言，不勝驚駭。僉[5]以萬金家產，豈一人之衣食所能費用無餘？而以他人家事，未便預聞，面面相看，莫肯出首。民此時憤激萬分，即與叔父理論。叔父恃在尊長，一味專橫，謂：「余實吞沒家產，盡可告訴當官。」民見此情形，實難理論，默然無語，任其主張。惟念予年幼，未諳世故，今為叔父所逐，使民悵悵無依，營業既無資本，坐食又苦無資，勢必飢寒交迫，危及性命。

民生命不辰[6]，父母早背[7]，生固無樂，死亦何悲？而新婦何辜，無端墮入羅網，紅顏少婦，彌復堪憐。因此邀同母舅張紫宸，撰詞呈請憲天，俯予鑑核。民父遺產，既已為民衣食耗盡，叔父必有帳據可憑。望准詞飭役[8]，吊帳檢查。

4 荏苒指時間漸漸過去。
5 僉即皆、全。
6 生命不辰指沒挑個好時辰出生。
7 背即背離、離去。
8 准詞，同意聲請；飭役，派人。

民受叔嬸之恩，不欲過為已甚，但求略得遺產，可資謀生，祖遺房屋，可以棲身而蔽風雨。感恩無既，戴德靡窮，上告。

案情大要

古時最忌以下犯上，但侄之家產被照養他長大的叔嬸侵占又該如何？訟師雖然被委以索回家產之責，但卻不忘幫委託人塑造「感激叔嬸養育之恩，但無家產，卻難安身立命」的形象。希望邑令能衡量情理，查帳計算扶養原告之支出與原告父親留下遺產之差額，判還家產。

現代法律人說……

一、某甲之監護及其財產之管理

本案某甲早孤，而年僅七歲，如依現行《民法》第一一四七條之規定，繼承因被繼承人死亡而開始。亦即從某甲之父亡故時開始繼承，某甲並不需要為任何法律行為，即當然繼承其父所遺之財產，故即使當時某甲年僅七歲，亦不受行為能力之有無或限制而受影響。因此，某甲自繼承開始時，除《民法》另有規定或專屬於其父本身者外，承受其父所遺財產上之一切權利、義務。換言之，本案某甲自繼承開始時，即因繼承其父所遺大筆財產而成為年幼的大富翁。只是接下來對於其所繼承之財產的處分與運用，將因其年僅七歲意思能力有欠缺而受到諸多保護和限制，而在在需要具有行為能力之人的協助或代為處理。

從監護的角度來講，舊時在家長統制權強而有力的時代，家的全體屬員都受家長的支配，其財產上及身分上的事項，也都由家長予以保障，失怙之幼年家屬亦由家長監護。時至今日，因家族共同生活之團體已然崩潰，由大家庭細分為小家庭，家長權衰頹，過去的家長已不能保護受監護人的一切生活關係，故須為無父母之未成年人另設監護人。換言之，監護制度已由「家長」監護演變為「監護人」監護。[9]

現行《民法》第一〇九一條規定，未成年人無父母時，應置監護人。但未成年人已結婚者，不在此限。本案某甲父母均已亡故，如依現行法，自應為其設置監護人。監護人的職責，依《民法》第一〇九七條第一項之規定，除法律另有規定外，於保護、增進受監護人利益之範圍內，行使、負擔父母對於未成年子女之權利、義務。除此之外，於監護權限內，並為受監護人之法定代理人（《民法》第一〇九八條第一項）。

《民法》第一三條規定：「未滿七歲之未成年人，無行為能力。滿七歲以上之未成年人，有限制行為能力。未成年人已結婚者，有行為能力。」同時於第七六條規定：「無行為能力人由法定代理人代為意思表示，並代受意思表示。」第七七條規定：「限制行為能力人為意思表示及受意思表示，應得法定代理人之允許。但純獲法律上利益，或依其年齡及身份、日常生活所必需者，不在此限。」第七八條規定：「限制行為能力人未得法定代理人之允許，所為之單獨行為，

9 參照戴炎輝、戴東雄《中國親屬法》（自印，一九八八年二月修訂二版），頁四一二—四一三。

無效。」第七九條規定：「限制行為能力人未得法定代理人之允許，所訂立之契約，須經法定代理人之承認，始生效力。」由此等規定可見，在現行《民法》中，行為能力有欠缺之未成年人，在在需要法定代理人的協助或代為處理，始能完成法律行為。本案年僅七歲的某甲，如依現行法，自然也是一樣的。

關於未成年人之監護，依現行《民法》親屬篇中有關未成年人監護之規定，監護開始時，監護人對於受監護人之財產，應依規定會同遺囑指定、當地直轄市、縣（市）政府指派或法院指定之人，於二個月內開具財產清冊，並陳報法院。於財產清冊開具完成並陳報法院前，監護人對於受監護人之財產，僅得為管理上必要之行為。

受監護人之財產由監護人管理。監護人應以善良管理人之注意，執行監護職務。對於受監護人之財產，非為受監護人之利益，不得使用、代為或同意處分，且不得受讓受監護人之財產，亦不得以受監護人之財產為投資。於為下列行為時，非經法院許可，不生效力：第一、代理受監護人購置或處分不動產。第二、代理受監護人，就供其居住之建築物或其基地出租、供他人使用或終止租賃。

法院於必要時，得命監護人提出監護事務之報告、財產清冊或結算書，檢查監護事務或受監護人之財產狀況。監護人於執行監護職務時，因故意或過失，致生損害於受監護人者，應負賠償之責。

由此可見，現行的監護制度相較於過去的家長監護，似乎有較多公權力的介入，對於監護人管理受監護人之財產也有較多的管制。

另一方面，監護人執行監護職務之必要費用，必須由受監護人之財產來負擔。監護人並得請求報酬，其數額由法院按其勞力及受監護人之資力酌定之。本案如依現行《民法》之規定，一方面某甲之叔嬸在管理監護某甲之財產，將受到上述規定之諸多管制。另一方面，其所付出監護某甲——包括扶育其成人，管理其財產之勞力——亦得請求報酬。

二、某甲受監護之終了後的行為能力

本案某甲於十八歲時結婚，此時如依現行《民法》之規定，雖尚未成年，但因已經結婚，而成為有行為能力之人，故其受監護之原因已然消滅，監護關係也因而終了。依《民法》第一一〇七條規定，受監護之原因消滅時，監護人應於監護關係終止時起二個月內，為受監護人財產之結算，作成結算書，送交受監護人。並應即將受監護人之財產交還於受監護人。受監護人對於結算書未為承認前，監護人不得免其責任。

如監護人未將受監護人之財產交還於受監護人，受監護人自得依《民法》第七六七條之規定，請求返還所有物。對於妨害其所有權者，並得請求除去之。如監護人為自己不法所有之意圖，而侵占其所管領受監護人之財產不予返還，甚至有可能構成《刑法》第三三五條之侵占罪。

謀殺夫弟

訟師　諸福寶

原文

起因

鄉有叔接嫂之惡習，相沿已久（叔接嫂者，兄死弟與嫂私婚也），不可謂訓[1]。有戚姓兄弟，兄甲早鰥，娶平康中人何氏為妾，生一子，不安於室。甲死，益無忌。弟乙鄉愿[2]也，目睹嫂之不貞，心痛恨之，敢怒不敢言。何氏復欲求耦[3]叔氏，叔遠避嫂，宿鄰次牛柵中。嫂猶涎之，夜半潛就叔，苦於叔之陽具不舉，忿火中燒，出小剪刀，將叔之具剪去，嗔曰：「虛有其表，將焉用此！」叔大夢中嘷然一聲而卒。明

1 訓指典式、法則。此指叔接嫂的習俗不可效法。
2 鄉愿指忠厚老實卻難以明辨是非之人。
3 求耦即求偶。

日吊[4]者至，見狀，知為嫂害，急白[5]保甲，呈縣求驗，令以證據確切，遂擬坐嫂以殺叔之罪。嫂以私蓄千金賂諸福寶，求作一狀，諸允之，為作辯訴狀云：

稟文

〈訴為不白奇冤事〉

竊孀婦何氏，嫁夫十載，不幸夫亡，氏志操柏舟[6]，情甘守寡，且上有白頭之父，下有黃口[7]之兒，仰事俯畜之不惶。乃叔也不諒，惹草拈花，氏鑑於事變蒼黃之起，膽敢閉關斬將之謀？當在千鈞一發之間，不剪不節，不節不剪。橫暴之來，無策自全，神亂情慌，下此辣手。念及堂上明鏡高懸，鑑及愚悃[8]，屈諒行權，假氏數年，撫雛養老，生死咸感。泣血瀝[9]陳，哀哀上訴。

案情大要

委託人之夫早死，因涎其叔。其叔不從，慘被剪去陽具而亡。親友唁見有異而報官。委託人見事跡敗露，求助訟師。訟師為具一狀，控訴其叔無禮，委託人為求守節才錯手傷人致死。其叔

4 吊指慰問不幸之人。
5 白指告白、報告。
6 衛世子共伯早死，其妻共姜父母逼共姜改嫁，共姜作〈柏舟〉詩自誓。後以「柏舟」比喻夫死守節。
7 雛鳥張口呈黃色，後以黃口比喻幼兒。
8 愚悃乃謙指自己的誠心誠意。
9 瀝指嘔心瀝血。

已死，難以對質，人命之案極可能不了了之。

現代法律人說……

一、少數民族常見的兄弟同妻風俗

兄弟同妻，在今日涉犯重婚罪，但由古至今，少數民族裡仍流行著這樣的風俗[10]：古代文獻如《文獻通考・四裔考・十五》記載：「滑國，車師之別種也。……兄弟共妻。」《隋書・卷八三・西域傳》也記有：「（挹怛人）兄弟同妻。婦人有一夫者，冠一角帽，夫兄弟多者，依其數為角」習慣。而《文獻通考・四裔考・九》亦云：「多蔑國，其人短小，兄弟共娶一妻，婦總髮為角，辨夫之多少。唐貞觀中通焉。」之所以兄弟同妻，推測有可能是男女人口比不平均，也有可能是生活環境辛苦，大家為兄弟再娶不易，而生此習俗。

今日中國境內的夏爾巴人採種姓制，他們和尼泊爾的夏爾巴人採取的是一樣的種姓制。若遇到不相識的同族人，都要問一下對方的姓，若是同姓，就不能開玩笑，也不能通婚。除了仍然流行搶婚外，夏爾巴人還有兩兄弟同妻的形式，妻子有自己的房間，但房間裡面沒有大床，兩兄弟各有自己的房間，誰與妻子同房，有兩兄弟決定，也可以由妻子決定。如果兄弟有四個人，那麼

10 陳世英〈略談原始社會的婚姻形態〉，《阿壩師範高等專科學校學報》二〇〇六年一期。

他們習慣老大和老二同妻，老三和老四同妻，婚禮是兩個新郎和新娘一起舉行的。[11]

二、何氏可能涉犯殺人罪或重傷害致死罪

本案何氏用剪刀將小叔之陽具剪去致其小叔死亡，可能構成《刑法》第二七一條第一項之殺人罪，也可能構成《刑法》第二七八條第二項的重傷致死罪。其判斷的關鍵點在於何氏主觀的犯意，如果何氏主觀上出於殺害其小叔的故意，而將其陽具剪去致死，則應構成殺人罪。反之，如果何氏主觀上僅出於剪去其陽具的意思，而無使其死亡之意思，也就是傷其陽具是出於故意，而害其性命並非故意，只是因為過失所致，則應構成重傷致死罪。

害其小叔性命在主觀的心態上是出於故意還是過失，實際判斷上並非易事。不過，依照《刑法》第一三條的規定，如果何氏明知剪去小叔的陽具將會導致死亡的結果，仍然決意剪去其陽具以使其死亡，這種明知故犯的心態，應屬殺人故意，殆無疑義。如果何氏預見到剪去小叔的陽具可能會因失血過多而死，其雖然沒有決意要讓小叔死去的意思，但仍有如果造成死亡也就算了的聽任其自然發展的容任心態，則仍然屬於殺人故意，這種故意稱為「未必故意」。反之，如果何氏只是因為過份自信地認為剪去陽具應不致於死，但最終還是造成死亡的結果，這種違背注意義務而可非難的低估危險程度或過份自信的心態，才可以被評價為過失（而致人於死），這種過失稱為「有認識的過失」。這種有認識的過失與上述未必故意的區別，在於後者在主觀上確信其行

11 貢波扎西〈中尼邊境夏爾巴人和四川松潘夏爾瓦人的民俗學對比研究〉，《西藏研究》二〇一一年四期。〈中國邊境上的跨國民族，兄弟同妻，十年試婚〉，「壹讀」，https://read01.com/40m5Ez.html

為不致於發生死亡的結果，而前者則有容任死亡結果發生的心態。何氏究應構成殺人罪還是重傷致死罪，端視其主觀的心態如何而定。

其次，訟師在稟文中辯稱，何氏剪去小叔的陽具是因小叔欲予奸污，在千鈞一髮之際，不剪將不能保節，在不剪不節，不節不剪的情況下，只好剪去小叔的陽具以全節操。此一主張，在現行《刑法》中，比較接近防衛行為的主張。依《刑法》第二三條規定：「對於現在不法之侵害，而出於防衛自己或他人權利之行為，不罰」，是為正當防衛的規定。本案若果真如稟文所稱，因小叔欲予奸污，何氏為全節操而剪去小叔的陽具，可認為是對於現在不法之侵害而出於防衛自己權利之行為，而可能符合正當防衛的情形，使其行為合法化。不過，同條但書也規定「但防衛行為過當者，得減輕或免除其刑」。防衛行為是否過當，應兼就所防衛的權利與因防衛而侵害的權利輕重如何，以及侵害的方法、危險程度與防衛的方法、危險程度如何等等各種情狀綜合判斷。其判斷的標準是以一個理性的第三人處於防衛者所面臨的狀況，是否也會採取相同強度的防衛行為來論斷。[12]

三、古代法醫驗死因的水準

中國古代，相關的屍體檢驗多委由仵作進行。世界上最早的法醫書籍即為一二四七年中國宋慈所撰寫之《洗冤集錄》[13]，該書記載許多屍體檢驗項目，透過政治力量發行到全國，影響深

12 林山田《刑法通論（上冊）》（自印，二〇〇六年四月增訂九版），頁二一三。

13 鄒濬智〈華夏文明在中古的司法拔尖——宋慈撰作《洗冤集錄》內外條件綜論〉，《全人教育集刊》一輯，二〇一四年一

遠。該書所敘，達八成皆符科學水準。今舉其有關驗死者受外傷致死例，說明其驗屍水準：

> 檢骨須是晴明。先以水淨洗骨，用麻穿定形骸，次第以簟子盛定，卻鋤開地窖一穴，長五尺、闊三尺、深二尺，多以柴炭燒煅，以地紅為度。除去火，卻以好酒二升、酸醋五升潑地窖內，乘熱氣扛骨入穴內，以藁薦遮定，烝骨一兩時，候地冷取去薦，扛出骨殖，向平明處將紅油傘遮屍骨驗。若骨上有被打處，即有紅色路微蔭，骨斷處其接續兩頭各有血暈色。再以有痕骨照日看，紅活，乃是生前被打分明。骨上若無血蔭，縱有損折，乃死後痕。切不可以酒醋煮骨，恐有不便處。此項須是晴明方可，陰雨則難見也。如陰雨，不得已則用煮法：以甕一口，如鍋煮物，以炭火煮醋，多入鹽、白梅同骨煎，須著親臨監視，候千百滾取出，水洗，向日照，其痕即見；血皆浸骨損處，赤色青黑色，仍仔細驗，有無破裂。（《洗冤集錄‧第十八‧論沿身骨脈及要害去處》）

太陽光具有紅、橙、黃、綠、藍、靛、紫七種可見光和紫外線、紅外線二種不可見光。如果在自然光源的照射下，眾多光線的反射無法讓人看清皮內或骨頭裡的瘀血。

如果死者死亡多時，屍首半腐，《洗冤集錄‧卷十八》提到必須加熱消毒、蒸骨去除軟組織。消毒是為了降低驗屍者的職業風險；去除軟組織則可以更容易觀察骨頭上的傷勢。按步驟將

○月，頁二五—四五。

屍骨處理完畢後，再擇一陽光充足的天晴日，打上紅油傘，於傘下檢驗骨傷。能在紅油傘下驗出骨傷，原理即是利用紅油傘濾掉大部分可見光，減少可見光的干擾，並讓穿透力較強的不可見光——紫外線、紅外線照在屍骨上。由於骨頭是不透光物質，理應反射一小部分可見光和紫外線、紅外線。但若骨頭曾受外傷而內有滲血瘀積，此處便會吸收光線，造成黑影。使得原本在一般光源下看不到的骨傷得以觀察得到。《洗冤集錄》運用的原理頗類今日鑑識人員所使用的紫外線光源。譬如進行驗傷攝影或在兇殺現場時，都利用紫外線光源，配合橙色濾光鏡來尋找血跡、內傷。這也是利用血跡與現場衣物地毯等背景對紫外線吸收及反射程度不同而呈現出不同顏色的原理。[14]

當然，今日屍體檢驗制度更為周延。今日驗屍分為「行政相驗」與「司法相驗」兩大類[15]：行政相驗係由醫師檢驗屍體後，開具死亡證明。根據《醫療法施行細則》五三條規定：

病人非在醫院、診所診治、就診或轉診途中死亡者，無法取得死亡證明書者，由所在地衛生所或所在地直轄市或縣（市）主管機關指定之醫療機構檢驗屍體，掣給死亡證明書。

另根據《檢察機關與司法警察機關勘驗屍傷應行注意事項》一七條規定：

14 鄧濬智、蔡佳憲《是誰讓屍體說話？——看現代醫學如何解讀《洗冤集錄》》（臺北：獨立作家，二〇一六年六月），第三部分。

15 吳景欽〈行政相驗與司法相驗之區別〉，《法令月刊》五五卷五期，二〇〇四年，頁二三一—二三四。

> 司法警察機關受理人民報請檢驗病死屍體，應協助其申請當地衛生機關為行政相驗。如在偏僻、交通不便地區或當地衛生所無醫師者，應協助其向衛生機關所指定之開業醫師請求檢驗屍體，發給死亡證明書。

故凡有關在醫療院所外，自然死亡或非病死的屍體，均可循上述方式取得死亡證明以利辦理相關殯葬事宜。

而司法相驗是指根據《刑事訴訟法》二一八條規定：

> 遇有非病死或可疑為非病死者，該管檢察官應速相驗。前項相驗，檢察官得命檢察事務官會同法醫師、醫師或檢驗員行之。但檢察官認顯無犯罪嫌疑者，得調度司法警察官會同法醫師、醫師或檢驗員行之。

相驗後發現仍有疑義，則根據二〇〇五年一二月二八日公布的《法醫師法》一〇條規定，再進行解剖以詳查死因。[16]

16 以上見鄒濬智、曾春橋〈對中國古代刑事鑑識的總盤點——從《折獄龜鑑》起手〉，《二〇一六漢學研究國際學術研討會論文集》，斗六：雲林科技大學漢學研究所，二〇一六年十月廿七—廿九日。

路見不平

訟師 諸福寶

原文

起因

福寶遊天竺山，遇土豪名飛山虎，足踢民婦死之，豪以紋銀十兩作償命資。民懾其勢炎，不敢較。福寶路見不平，代草一狀控豪，狀云：

稟文

〈為土豪橫行，慘殺髮妻事〉

竊李某某，綽號飛山虎，素性蠻悍，無惡不為。今茲怒馬橫行，踐民人之畝，民婦出而干預，豪即飛足踢中要害，當即身死。豪全不介意，擲下紋銀十兩，揚長自去。夫身有紋銀十兩，已可踢死一人，若家有黃金萬鎰[1]，便將盡屠杭城？草菅人

[1] 鎰為古代重量單位，約在二十至二十四兩之間。

命，於此可見。不想[2]光天化日之下，而乃有此惡魔。伏祈緝兇法辦，以慰冤魂；上伸國法，下順民情，存沒[3]共戴。瀝血陳詞，哀哀上告。

案情大要

惡霸縱腿踢人致死，草草白銀十兩買命。訟師路見不平，為受害家屬撰狀，強調若錢能買命，以惡霸家產之厚，豈可買一城之性命？為此祈求邑令伸張國法。

現代法律人說……

中國古代秦朝之後，贖罪的制度日趨完善：贖罪指的是拿出財物賠償被害人或繳納國庫，使得重罪變輕，輕罪成無。最著名的例子要屬漢代幫投降匈奴的李陵將軍說情的司馬遷。本來廷尉琢磨著漢武帝的意思，予以判死，但漢律有贖罪的成例，只要司馬遷家人能籌到足夠的金額，司馬遷便可以逃過死罪。怎奈司馬家家徒四壁，武帝知情後除了感嘆其清廉外，也暗示廷尉將其改判與死刑相當的生不如死的腐刑（宮刑）。

《張家山漢墓竹簡》出土後，有關漢代的罰金內容，更為清楚：漢代罰金分七個等級——半兩、一兩、二兩、四兩、八兩、一斤、二斤；它既適用於一般百姓，也能針對官吏的罪行進行處

2 不想指沒想到、沒料到。
3 存沒指存活、沒即指死亡；存沒指不論生死。

罰，不限定一定的身份和階層，所不同的是漢代罰金所涉及的官吏名稱較秦律為多，但大都是較低級的官吏。漢代罰金的適用罪名很多，有以下犯上、任人不廉、盜竊、學業不精、打架鬥毆等罪行，涉及政治、經濟以及文化教育各方面。漢代的贖刑小到贖耐、贖遷，大到贖死，幾乎全部刑罰都可以贖。而贖宮、贖死已不像秦代那樣，只有特權階級才可以贖，漢代法律原則上規定平民百姓也可以贖死、贖宮。漢代贖刑的表現形式多種多樣，以黃金為主，銅錢為輔，兼及爵位、竹、穀、縑、粟、馬、軍功等形式。漢代贖刑適用對象很廣，官民通用。[4]

由此可以理解本案土豪縱腿傷人致死，才自動自發的拿出十兩白銀來賠償被害人家屬。但這樣的賠償並未得到被害人家屬的同意。適巧訟師諸福寶路過遇見不平，才忍不住幫亡婦家人出一口氣。

今日，雖然刑事司法實務在量刑時，會以加害人是否與被害人和解並賠償其損失作為量刑時所考慮的事由之一，但現行的法律基本上是刑事責任與民事責任分開且獨立考量，互不影響。例如：已受刑事處罰，並不能因此而減免民事賠償責任。同理，在民事上已賠償被害人的損害，並不能因此而減免刑事上的責任，頂多只是在法官量刑時酌予考量而已。

本案土豪飛山虎踢死農婦，依現行《刑法》之規定，可能成立殺人罪，也可能成立重傷致死罪。其判斷的關鍵點在於飛山虎主觀的心態，詳參前案所述，茲不贅言。

除了刑事上的責任之外，依現今法律的規定，尚有損害賠償的民事責任。《民法》第一八四

4 高葉青〈漢代的罰金和贖刑——《二年律令》研讀劄記〉，《南都學壇（人文社會科學學報）》二四卷六期，二〇〇四年一一月。

條第一項規定：「因故意或過失，不法侵害他人之權利者，負損害賠償責任。」同法第一九二條規定：「不法侵害他人致死者，對於支出醫療及增加生活上需要之費用或殯葬費之人，亦應負損害賠償責任。」「被害人對於第三人負有法定扶養義務者，加害人對於該第三人亦應負損害賠償責任。」第一九四條規定：「不法侵害他人致死者，被害人之父、母、子、女及配偶，雖非財產上之損害，亦得請求賠償相當之金額。」

本案飛山虎踢死農婦，應可認為係出於故意或過失不法踢死農婦，且農婦之死與飛山虎之腳踢行為間也有因果關係，殆無疑義。因此，農婦之父、母、子、女及配偶等得依《民法》第一九四條規定，請求非財產上之精神損害賠償。其賠償的數額，視當事人與死者之關係及其對於農婦之死所受精神上之痛苦程度，由法官酌情定之。此外，因農婦之死而支出醫療及增加生活上需要之費用及殯葬費，亦得依《民法》第一九二條第一項之規定請求損害賠償。農婦對於第三人（例如年邁的父母、未成年的子女、無法自理生活的配偶等等）負有法定扶養義務時，該第三人亦得依《民法》第一九二條第二項規定請求損害賠償。

逼奸殺妻

訟師　諸福寶

原文

起因　鄉無賴某某，負鄰人百十金，貧無以償。而鄰人某甲孳孳為利者，坐索不去。無賴潛出，反扣其扉，出覓福寶，謀作一逼奸殺妻之狀訴某甲。某甲不得直[1]，卒至犧牲其欠款，且益以訟費若干。其訟詞云：

稟文　〈為暮夜登門，逼奸殺妻事〉

夫逼奸妻女，律有明條，因而銜冤自盡，法無輕宥[2]。民貼鄰某甲者，虎而生

1　直字若依本字釋，指鄰甲不得伸冤；直字若通値，指無賴原先的欠款。
2　宥指寬容、原諒。

翼，惡欲滔天，持勢橫行，漁色無厭，窺妻少艾[3]，屢次調奸[4]，民妻夙性貞潔，屢作投梭之拒[5]，某甲見事不成，即於昨夕冒民逼奸。妻畏罪出亡在外，死活未知。某甲似此持勢淫凶，實屬目無法紀。伏望依法懲辦，照律科刑，著某甲交出民妻。得重圓之日，則感德靡涯[6]，銜冤上告。

案情大要

原告欠錢，鄰人債主登門索債。原告反關債主後速去求助訟師。訟師具一狀，誣指債主侵門踏戶，欲染指原告妻子，妻子出逃。要求債主還出其妻方能罷休。結果鄰人還不出無賴妻，債沒討到，反賠了一筆訟費。

現代法律人說……

一、無賴欠錢不還應負給付遲延之責

現行《民法》第二二九條規定：「給付有確定期限者，債務人自期限居滿時起，負遲延責

3 少艾即年輕貌美。
4 調奸指調戲和奸。
5 〔晉〕謝鯤挑鄰女，鄰女投梭以拒。後以「投梭」形容貞女抵抗男子誘惑。
6 靡涯即無邊。

任。給付無確定期限者，債務人於債權人得請求給付時，經其催告而未為給付，自受催告時起，負遲延責任。」本案無賴欠錢不還，依上述規定應負給付遲延之責任。所謂給付遲延之責任，依《民法》第二三一條規定：

債務人遲延者，債權人得請求其賠償因遲延而生之損害。前項債務人，在遲延中，對於因不可抗力而生之損害，亦應負責。但債務人證明縱不遲延給付，而仍不免發生損害者，不在此限。

第二三三條規定：

遲延之債務，以支付金錢為標的者，債權人得請求依法定利率計算之遲延利息。但約定利率較高者，仍從其約定利率。債權人證明有其他損害者，並得請求賠償。

本案無賴欠錢不還，即應負上述《民法》第二三一條與第二三三條所規定的遲延責任。

二、無賴反扣其扉應構成剝奪行動自由罪

欠債還錢，天經地義。無賴借錢不還，某甲索要無果，於是待在無賴家不肯離開。無賴急中生智，將某甲鎖在家中，在訟師的幫忙下，將某甲塑造成侵門踏戶、逼奸無賴妻的形象。但無賴

鎖門，使某甲無法自由離開，在今日已經涉犯剝奪行動自由罪。

剝奪行動自由罪規定於《刑法》三〇二條：

私行拘禁或以其他非法方法，剝奪人之行動自由者，處五年以下有期徒刑、拘役或三百元以下罰金。因而致人於死者，處無期徒刑或七年以上有期徒刑，致重傷者，處三年以上十年以下有期徒刑。第一項之未遂犯罰之。

本案無賴故意反扣其扉將某甲關在家中，是以非法方法剝奪其行動自由，而可能構成本罪。

三、無賴誣指逼奸其妻可能構成誣告罪

《刑法》第一六九條規定：「意圖他人受刑事或懲戒處分，向該管公務員誣告者，處七年以下有期徒刑。」本罪所謂之「誣告」，須告訴人所申告內容，出於憑空捏造或虛構事實。若所告尚非全然無因，只因缺乏積極證明，致被告之人不受追訴處罰，或告訴人誤以為有此事實或以為有此嫌疑，並非本罪所謂的「誣告」。再者，須誣告者主觀上有使被誣告者受刑事或懲戒處分之意圖。本案無賴明知某甲並未逼奸其妻，卻意圖使其受刑事之處罰，捏造其逼奸無賴之妻的事實，應構成《刑法》第一六九條之誣告罪。

四、某甲如係被脅迫而免除無賴之債務則得撤銷其意思表示

本案無賴以誣告某甲逼奸其妻之方法，迫使某甲犧牲其欠款，免除無賴之債務百十金。依《民法》第三四三條規定：「債權人向債務人表示免除其債務之意思者，債之關係消滅。」某甲既已向無賴表示免除其債務之意思，依上述規定，二人間之債權債務關係即歸於消滅，兩不相欠。不過，《民法》第九二條第一項規定：「因被詐欺或被脅迫而為意思表示者，表意人得撤銷其意思表示。」故如果無賴以誣告某甲逼奸其妻之方法，迫使某甲犧牲欠款，可判斷其係因被脅迫而表示免除其債務之意思，則某甲即得依上述規定撤銷其免除債務之意思表示。不過，《民法》第九三條規定：「前條之撤銷，應於發見詐欺或脅迫終止後，一年內為之。但自意思表示後，經過十年，不得撤銷。」依此規定，某甲如要撤銷其免除債務之意思表示，必須在脅迫終止後一年內為之。如逾此期間，即不得再行撤銷。

另外，無賴欠某甲百十金，又於稟文中指控某甲逼奸殺妻，如指控屬實，依現行《民法》之規定，自得請求侵權行為之損害賠償。某甲被迫犧牲欠款，免除無賴之債務百十金及賠償其訴訟費用，或許即充作其損害之賠償。雖然《民法》第三三四條第一項規定：「二人互負債務，而其給付種類相同，並均屆清償期者，各得以其債務，與他方之債務，互為抵銷。」但因同法第三三九條規定：「因故意侵權行為而負擔之債，其債務人不得主張抵銷。」所以，本案某甲被無賴指控逼奸殺妻而負擔侵權行為損害賠償之債，雖然無賴欠某甲百十金，而互負債務，依上開規定，某甲仍不得依《民法》第三三四條第一項之規定主張抵銷，併此敘明。

掘毀祖墳

訟師 諸福寶

原文

起因

鄉之土豪李甲，新築佳城，適當官路之旁，其地有王鄉董[1]者，素與李甲有仇隙。借修緝圩岸[2]為名，毀其祖墓。土豪謀於諸福寶，為作此狀。

稟文

〈為掘毀祖墳，拋棄骸骨事〉

暴露先人屍骨，大傷孝子之心，如此不法行為，應受王章[3]顯戮。民有先人墳墓，巧當官路之旁，為時已歷二百餘年，墓中實葬五代祖宗，風水佳勝，松柏成林。

1 鄉董猶今之鄉長。
2 修緝圩岸即修葺堤防。
3 王章即王法。

鬱鬱蔥蔥，萃山川之靈氣；春秋祭祀，展霜露之孝思。傷哉！勢豪挾仇藉端，發掘祖基。掩骼埋骨，為仁政之當行；毀基掘墳，為生人之萬惡！仰求飭差提究，即行按律嚴懲，以平人子之心，以泄鬼神之怒。泣血瀝陳，撫膺號痛。

勢豪尤倔強，倚勢橫行，無惡不作。氣焰加乎鄰里，虎狼無此兇殘。惑於風水家言，欲奪民家祖墓，屢次央人商酌，且復啖[4]以重金，欲得墓前餘地，以葬自己雙親。民即嚴詞拒斥。彼乃銜恨難平。適逢修理官塘，自彼被委經董，大權在手，遂逞專橫，憑空捏造浮言，請為侵占官道，不取民人同意，動工發掘祖墳，毀丘陵為平地，拋骸骨於道旁。

誰非子孫？誰無祖宗？傷心慘目，失魄亡魂。是可忍，孰不可忍？已摧折夫肝腸，予欲無言安得無言？實痛心於人鬼！伏望疾速飭差拘捉豪惡，治以應得之罪，勿使久逞兇橫。生者既伸不白之冤，死者當效銜環之報。撫膺泣血，不知所云。

案情大要

原告祖墳在官道旁，仇人見機，假意修築官路，實則將原告祖墳毀墓棄骨。原告委託訟師，訟師從被告假傳官府意旨及掘人祖墳、人違倫理這二方面切入控告，希望邑令能懲治被告。

[4] 啖本指餵食，此指以利誘之。

現代法律人說……

一、王鄉董借修緝圩岸之名毀人祖墓構成發掘墳墓結合罪

本案李甲祖墓正好位於官路之旁，其地有王鄉董者，素與李甲有仇隙，乃借修緝圩岸為名，毀其祖墓。涉犯發掘墳墓結合罪。依現行《刑法》第二四九條第二項之規定：「發掘墳墓而損壞、遺棄或盜取遺骨、遺髮、殮物或火葬之遺灰者，處一年以上七年以下有期徒刑。」本案王鄉董適逢修理官塘土堤，經辦此案，遂以李甲祖墓侵占官道為由，借修築土堤為名，未取得李甲之同意，動工發掘李甲之祖墳，拋骸骨於道旁，應成立本罪。

再者，王某身為鄉董，猶如現今之鄉長，如依現行《刑法》第一〇條第二項：「稱公務員者，謂下列人員：一、依法令服務於國家、地方自治團體所屬機關而具有法定職務權限，以及其他依法令從事於公共事務，而具有法定職務權限者。二、受國家、地方自治團體所屬機關依法委託，從事與委託機關權限有關之公共事務者」之規定，應可認定是公務員。又從稟文以觀，其經辦修理官塘土堤，大權在手，可推知其辦理此案應具有一定之職務權限。其於經辦此案時，以李甲祖墓侵占官道為由，借修築土堤為名，未取得李甲之同意，動工發掘李甲祖墳，拋骸骨於道旁，除了成立上述《刑法》第二四九條第二項之發掘墳墓結合罪之外，並符合《刑法》第一三四條：「公務員假借職務上之權力、機會或方法，以故意犯本章以外各罪者，加重其刑至二分之

二」之規定。換言之，王鄉董身為公務員而假借職務上之權力、機會，故意犯瀆職罪章以外之發掘墳墓結合罪，應加重其刑至二分之一。亦即應依發掘墳墓結合罪之一年以上七年以下有期徒刑加重其刑至二分之一。所謂加重其刑至二分之一，依《刑法》第六七條：「有期徒刑或罰金加減者，其最高度及最低度同加減之」之規定，應處以一年六月以上十年六月以下有期徒刑。

二、王鄉董利用職權故意不法毀人祖墓國家應負損害賠償之責

現行《國家賠償法》第二條第二項規定：「公務員於執行職務行使公權力時，因故意或過失不法侵害人民自由或權利者，國家應負損害賠償責任。」如前所述，從稟文以觀，王鄉董經辦修理官塘土堤，大權在手，可推知其辦理此案握有一定之職務權限。可認為是同條第一項所稱依法令從事於公務之公務員，於執行修理官塘土堤之職務時，倘遇施工區域內有私人祖墓，理應協調遷移，注意勿任意侵害私人祖墓。如果王鄉董濫用其職權，故意或過失不法發掘李甲之祖墳，拋骸骨於道旁，致李甲受有損害，國家自應依上述規定負損害賠償責任。又依同條第三項：「前項情形，公務員有故意或重大過失時，賠償義務機關對之有求償權」之規定，王鄉董如出於故意或重大過失不法侵害李甲之權利，則國家於代王鄉董之位賠償李甲所受之損害後，得回過頭來向王鄉董求償。

國家所負損害賠償之責任，依《國家賠償法》第七條之規定，應以金錢為之。但以回復原狀為適當者，得依請求，回復損害發生前原狀。被害人之賠償請求權自請求權人知有損害時起，因二年間不行使而消滅；自損害發生時起，逾五年者亦同。

三、王鄉董利用職權故意不法毀人祖墓應負損害賠償之責

《民法》第一八六條第一項前段規定：「公務員因故意違背對於第三人應執行之職務，致第三人受損害者，負賠償責任。其因過失者，以被害人不能依他項方法受賠償時為限，負其責任。」可見如依現今的法律，王鄉董濫用其職權，故意或過失違背對於第三人應執行之職務，發掘李甲之祖墳，致其受有損害，除了國家應依《國家賠償法》負損害賠償責任之外，王鄉董本人也應依本條之規定，負損害賠償之責任。不過，其因過失違背對於第三人應執行之職務，致第三人受損害者，以被害人不能依他項方法受賠償時，公務員本人始負賠償責任。以本案為例，王鄉董雖然依上述規定負有損害賠償之責任，但如果被害人李甲可以依《國家賠償法》請求國家賠償其損害，則於其受償後，公務員王鄉董即不需負損害賠償責任。必須被害人別無受賠償之方法，或雖有方法但未能得受賠償時，公務員王鄉董才需負賠償責任。不過，這僅限於公務員出於過失之侵權行為，如係出於故意，則不管被害人能不能依其他方法請求賠償，公務員都須負賠償責任。只是被害人實際上如已依其他方法受賠償，就不能再向公務員請求賠償。

此外，同條第二項也規定：「前項情形，如被害人得依法律上之救濟方法，除去其損害，而因故意或過失不為之者，公務員不負賠償責任。」換言之，王鄉董雖然依上述規定負有損害賠償之責任，但如果被害人李甲得依其他法律上的救濟方法除去其損害，例如提起訴願或行政訴訟，以除去其損害，而被害人卻因故意或過失不為該除去損害之方法，則依上述規定，無論公務員之

侵權行為係出於故意或過失，其本人都可不負賠償責任。不過，國家的賠償責任並不因此而免除，自不待言。

挾嫌誣盜

訟師 諸福寶

原文

起因

鄉有王芝祥者，拳教師[1]也。好勇鬥狠，所與往來者，皆江湖失業之人，形跡近乎匪盜。里正為保安閭里[2]計，求福寶作一狀。福寶與王本有仇怨，遂誣之為盜。其稟詞云：

稟文

〈為翦賊安民事〉

政莫先於除暴安良，道不外乎明刑弼[3]教。乃者鄉里盜風甚熾，良以遊手好閒之

1 拳教師即武術教頭。
2 閭里即鄉里社區。
3 弼指輔助。

徒出沒無常，失業無依之輩結隊成群。因之萬姓聞風戰慄，千門未暮扃扉[4]，鶴唳風聲，可驚可駭。乃聞強梁順從主腦，劫掠端賴牽頭[5]。日來鄉里竊案層出而皆神出鬼沒，不可思議；往往門戶未開，而金錢羽化。如此空空妙手，戀戀於此，決非佳兆，若不正本清源，為害伊於胡底[6]？闔城千萬村民將防不勝防。民等詳加糾偵，始悉害群之馬，鄰里居民王芝祥者，綽號雙飛燕，曾為拳教師。好勇鬥狠，而狐群狗黨悉皆下流，為害鄉里，可想而知。伏望按律痛懲，以安閭閻[7]；切勿打草以驚蛇，免致畫虎而成狗。公呈臺鑑。

案情大要

訟師與地方拳教師有仇，適當里正來求，希望為作一稟，驅走糾結失業之眾的拳教師。於是訟師誣告拳教師為地方上不法集團首腦，當地治案敗壞，當予以追究。

4　扃扉即鎖門。
5　牽頭即領頭；後亦指不正常男女關係的牽線人。
6　伊於胡底指到底要淪落到什麼地步、程度？
7　閭閻即閭里、鄉里。

現代法律人說……

一、地方治安顧慮人口的控管

被檢舉人王芝祥以教拳為生，由於身有武藝，加上來往人士皆是江湖人物，所以被里正所顧忌。為防患於未然，里正求助訟師諸福寶。諸福寶與王芝祥剛好有嫌隙，於是上一稟，內容提到王芝祥集團行動鬼鬼祟祟，可能與地方上不斷發生的重大竊案有所關聯。

其實諸福寶之言，並無明確證據，只是捕風抓影。但在中國，對於可能行跡不法的人士，早就監管做法。[8]譬如漢代的趙廣漢就廣泛的監管素行不良，無正當職業，或有犯罪前科，或有犯罪習慣的潛在犯罪人士。[9]他每任一處即對這些治安顧慮人口及窩處進行造冊列管；只要有人犯案，他能很快就知道嫌疑犯是誰，而且很快找到賊窩，逮捕到案。今日犯罪預防中，也有就治安顧慮人口進行監管的配套作為。在對人的預防措施方面有：出獄人犯的監視（聽）與控制、流氓地痞慣竊及不良少年的調查與監視（聽）、運用義勇警察、獎勵民眾檢舉、普遍實施機會教育等。[10]

8 本段第一、二點論述亦可參鄒濬智《中國古代犯罪偵查實務與理論》（臺北：獨立作家，二〇一四年一〇月），第陸、捌章。
9 羅傳賢《犯罪防制》（臺北：臺灣省警察學校，一九八四年四月），頁二三。
10 呂金榮《犯罪偵查理論與實務》（臺北：三鋒出版社，一九八九年三版），頁一七九—一八二。

如何知道誰是良民誰是前科犯並加以登記？古代中國，人們尚不具備準確地識別人體特徵的能力，只好借助於一些附加於人體的特徵，譬如姓名。在社會人口不多的情況下，依據姓名來查清被捕者的身分是一種可行的辦法。中國在秦朝時已經建立了戶籍管理制度。據《睡虎地秦簡・封診式》記載，當時在辦案中使用了一種調查前科的作法，即某地官府在捉到外地罪犯後，向某戶籍所在地發出通知，以便查清其前科情況；這種調查顯然是以姓名為依據的。然而犯罪者很快就學會了使用假名來隱瞞身分的作法，於是，人們只好去尋找其他可供識別的特徵。後來在刑罰中加入墨刑，即在罪犯身體的某些部位刺字並染成黑色。由於最初的刺字部位多為額面，所以又稱為黥刑。墨刑不僅具有侮辱人格、達到處罰、威嚇的作用，而且具有人身識別標記的作用，所以大約自南北朝開始，它便開始發揮對罪犯身分識別的功能。五代後晉首創刺配法，將對流配罪犯附加黥面的作法給正式化。爾後諸朝，均有沿用，直至清末。[11]

二、里正檢舉可疑人士屬於其本分職責

前文提到，對可疑人士的控管手段包括獎勵民眾檢舉。秦朝統一天下後，國家通緝措施，主要就是鼓勵民眾在發現犯罪人後，積極告發、勇於緝捕，同時也給予優厚的獎勵。但檢舉制度有時會被拿來做為陷害仇人或貪謀獎金的工具，所以秦代法律也規定對檢舉的弄虛作假給予處罰。據《睡虎地秦簡・秦律雜抄》記載：「捕□律曰：『捕人相移以受爵者，耐。□求□勿令送逆為

11 何家弘〈偵查方法史考（二）〉，《公安大學學報》一九八九年一期，頁七七—八一。

它，令送逆為它事者，賞二甲。』」[12]

與獎勵檢舉制度配合度最高的要屬通緝制度。由於人體識別技術的發展，到了唐代，通緝通報措施已經十分成熟。遇有逃犯時，官府便開具「海捕文書」，四處張掛榜文，上面除了寫有逃犯的姓名、年齡、籍貫和體貌特徵外，往往還配有逃犯的畫像，以便官民辨識和緝捕，猶如今日的通緝令。此一時期的《唐律疏議・捕亡律》是集戰國以來追捕逃亡者經驗之大成，其內容包括追捕者和罪犯看守者的法律責任以及對各類逃亡者的刑罰處罰。[13]隋唐以後對現場留有作案兇器、遺留物的案件，也組織民眾進行直接辨認，以物找人。[14]

宋代，通緝制度的規範化建設較前朝也有了更大進步。宋真宗繼位後詔告天下：「明揭賞典，募人糾告」（《續資治通鑑長編・卷七十九》），號召大家檢舉揭發犯罪。而且宋代懸賞的金額也較高，據《續資治通鑑長篇・卷一百一十》記載：「詔天下有能告殺人者，賞錢五萬。」布告全國如有人能檢舉、告發殺人犯的，給予五兩黃金獎賞。[15]《折獄龜鑑・楊告擒殺惡賊（田瑜一事附）》鄭克按語曾提及：「厚以金帛募人告捕，後數日，果於鄰郡獲賊」，也是運用「重金懸賞」犯罪偵查手段的縮影。

12 李繪〈通緝制度略考〉，《犯罪研究》二〇一一年三期，頁四三。
13 楊曉宜《唐代的捕亡制度》，臺北：臺灣師範大學歷史研究所碩士論文，二〇一一年六月。
14 馬洪根〈古代中國偵查活動中的民眾意識〉，《江蘇警官學院學報》二四卷六期，二〇〇九年一一月，八四—八八。
15 李繪〈通緝制度史略考〉，《犯罪研究》二〇一一年三期，頁四一—四七、七三。以上另可參考鄒濬智編著、蕭銘慶審定《你也能當包青天——中國古代犯罪偵查實務與理論》，臺北：獨立作家，二〇一四年十月。

三、現今《刑法》的犯罪結社罪與組織犯罪之防制

為了維護社會和平與秩序，現今《刑法》設有參與犯罪結社罪，以刑罰來威嚇，防止犯罪結社的成立，以及制止已成立的犯罪結社的活動及其存在，具有預防組織性犯罪的作用。如《刑法》第一五四條第一項規定：「參與以犯罪為宗旨之結社者，處三年以下有期徒刑、拘役或五百元以下罰金；首謀者，處一年以上、七年以下有期徒刑」即是。本案王芝祥如果糾結江湖失業遊手好閒之徒，是以從事犯罪活動為宗旨，例如專門從事侵入住宅之竊盜，並結合組織成為具有一定持續性的團體，就有可能構成本罪，其參與者，處三年以下有期徒刑、拘役或五百元以下罰金；首謀者，處一年以上、七年以下有期徒刑。

除此之外，現行法中，《組織犯罪防制條例》也有類似的規定，例如該條例第三條規定：「發起、主持、操縱或指揮犯罪組織者，處三年以上十年以下有期徒刑，得併科新臺幣一億元以下罰金；參與者，處六月以上五年以下有期徒刑，得併科新臺幣一千萬元以下罰金。但參與情節輕微者，得減輕或免除其刑。」所謂「犯罪組織」，依同條例第二條規定係指三人以上，以實施強暴、脅迫、詐術、恐嚇為手段或最重本刑逾五年有期徒刑之刑之罪，所組成具有持續性或牟利性之有結構性組織。此所謂的有結構性組織，是指非為立即實施犯罪而隨意組成，但也不以具有名稱、規約、儀式、固定處所、成員持續參與或分工明確為必要。

直言辯誣

訟師　楊瑟嚴

原文

起因

有人控告楊瑟嚴為惡訟師者，邑令即拘之入獄，不問情由，請其嘗鐵窗[1]風味。楊不能忍，即草一稟上呈云：

稟文

〈為辯誣洗恥事〉

竊聖上功令，禁訟棍不禁訟師。夫以曲為直者為訟棍，以直為直者為訟師。訟棍足以淆惑是非，混亂黑白，禁之固當；訟師為人鳴不平，為人反冤獄，獎之不遑[2]。

1 鐵窗指牢獄生活。
2 不遑即無暇、沒時間、來不及。

乃堂上弗察，聽曾子殺人[3]之言，坐公冶縲絏之罪[4]。屈抑良黎，損人名譽，有使人難堪者，竊為堂上不取也。謹請斟酌行事，為民拔冤洗恥，實為德便[5]。

案情大要

訟師為人控告為訟棍，遭邑令逮捕下獄。訟師自上一狀，澄清自己是聖上明令為百姓洗刷冤屈的訟師，而非混淆是非的訟棍。

現代法律人說……

一、現行《刑法》中的挑唆包攬訴訟罪

挑唆訴訟或包攬訴訟不但對於國家要維持秩序之目的有所擾害，而且對對造當事人而言也不無有受侵害之危險。甚至被挑唆或包攬而為訴訟之一方，也有受損害之虞。因為如果對雙方肆其挑撥而成訴訟，則雙方當事人即均有被侵害之危險。所以現行《刑法》第一五七條規定挑唆包

3 曾子殺人即曾參殺人之典。《戰國策・秦策二》記曾母聞曾子殺人，初不信，三人報之，曾母擬出逃。曾子返家謂殺人者與之同名，始信。故事指謠言可畏。

4 坐，定罪；公指孔子學生公冶長，無罪而被拘，事見《論語・公冶長第五》：「子謂公冶長可妻也，雖在縲絏之中，非其罪也。」

5 德便指惠予方便。

攬訴訟罪：「意圖漁利，挑唆或包攬他人訴訟者，處一年以下有期徒刑、拘役或五萬元以下罰金。」此所謂「意圖漁利」，係指意圖從中取利之意。所謂「挑唆」，係挑撥唆使之意，例如他人本無興訟之意，卻巧言引動，使其成訟之情形是。所謂「包攬」，係指承包招攬之意，例如不法為他人包辦訴訟之情形是。一般律師執行律師業務，於受當事人委託而代為辦理訴訟事件，如代擬訴訟書狀、撰寫各項函稿等處理訴訟事件所需之行為者，非必即構成本罪，須行為人有積極的承包、招攬之動作，始足當之。所謂「訴訟」，則指民事訴訟刑事訴訟及行政訴訟而言。本案訟師楊瑟嚴必須有上述意圖漁利，挑唆或包攬他人訴訟之行為，才有可能構成現行《刑法》的挑唆包攬訴訟罪，否則，就不構成本罪。

二、不論有無犯罪嫌疑只要有人控告就能羈押嗎？

本案因為有人控告楊瑟嚴為惡訟師，邑令不問情由即拘之入獄。如果依照現行的法律顯然是不可能了。因為現行刑事訴追程序的主要目的是在查明已發生的具體犯罪事實，如果沒有已發生的具體犯罪事實存在，就不可能也不可以啟動刑事程序。刑事訴訟程序是以犯罪偵查為開端，依照《刑事訴訟法》第二二八條第一項：「檢察官因告訴、告發、自首或其他情事知有犯罪嫌疑者，應即開始偵查」的規定，可知犯罪偵查的開啟，是以「知有犯罪嫌疑」為條件，此所謂的「知有犯罪嫌疑」不能只是單純的主觀臆測，而必須有人提出告訴、告發或自首，或其他情事，例如依照一般偵查犯罪的經驗，有事實上的根據可以判斷可能涉及刑事案件，才可以開啟刑事程序。如果連刑事程序都還不能或還沒有開啟，就更不能採取諸如拘提逮捕、羈押、搜索、扣押……等等刑事程序中的強制措施。

即使已然開啟刑事程序，如果要採取拘提逮捕、羈押、搜索、扣押……等等強制措施，還必須具備一定的條件才可以。以羈押為例，《刑事訴訟法》第一〇一條第一項規定：

被告經法官訊問後，認為犯罪嫌疑重大，而有下列情形之一，非予羈押，顯難進行追訴、審判或執行者，得羈押之：一、逃亡或有事實足認為有逃亡之虞者。二、有事實足認為有湮滅、偽造、變造證據或勾串共犯或證人之虞者。三、所犯為死刑、無期徒刑或最輕本刑為五年以上有期徒刑之罪，有相當理由認為有逃亡、湮滅、偽造、變造證據或勾串共犯或證人之虞者。

依此規定，要對被告採取羈押措施，首先，必須被告的犯罪嫌疑重大，其次，必須被告有：第一、已經逃亡或有事實足認為有逃亡之可能。第二、有事實足認為有湮滅、偽造、變造證據或勾串共犯或證人之可能。第三、被告所被懷疑的罪為死刑、無期徒刑或最輕本刑為五年以上有期徒刑之罪，有相當理由認為有逃亡、湮滅、偽造、變造證據或勾串共犯或證人之虞等情形之一。第三、必須有非羈押被告顯難進行追訴、審判或執行之羈押的必要性。除此之外，還必須經法官訊問之後簽發押票才可以合法羈押被告。

本案訟師楊瑟嚴必須在客觀上有挑唆或包攬訴訟之嫌疑，並因此嫌疑已進入刑事程序，且有上述《刑事訴訟法》第一〇一條第一項所規定的情形，才可予以羈押。否則，如果只是因為有人指控，而無事實可以認為有涉嫌某罪的重大嫌疑，或縱然犯罪的嫌疑重大，但沒有上述第一〇一條第一項所列的三款情形或須予羈押的必要，就不能予以羈押。

三、若楊瑟嚴確為訟棍是否喪失代理訴訟的資格？

古時候擔任訟師是否有資格限制尚待考證，不過現代的律師則有相當的資格限制。依照《律師法》第三條第一項規定：「中華民國人民經律師考試及格並經訓練合格者，得充律師。」同法第四條第一項規定有下列情事之一者，不得充律師：

一、曾受一年有期徒刑以上刑之裁判確定，並依其罪名足認其已喪失執行律師之信譽，經律師懲戒委員會懲戒除名。但受緩刑之宣告，緩刑期滿而未經撤銷或因過失犯罪者，不在此限。

二、其他曾受本法所定除名處分。

三、曾任公務人員而受撤職處分，其停止任用期間尚未屆滿，或現任公務人員而受休職、停職處分，其休職、停職期間尚未屆滿。

四、經教學醫院證明有精神障礙或其他心智缺陷，致不能勝任律師職務。

五、受破產之宣告，尚未復權。

六、受監護或輔助宣告，尚未撤銷。

同條第二項又規定：「有前項第一、二款情事，其已充律師者，撤銷其律師資格。」換言之，即使經律師考試及格並經訓練合格而取得律師資格，而因案經律師懲戒委員會懲戒除名時，即應撤銷其律師資格。

栽贓緝贓

訟師　楊瑟嚴

原文

起因

鄉人某甲，欲誣其仇某乙，無計可施，謀於楊訟師。楊命甲先報失竊，開一失單，金珠首飾不下千金。既呈報官廳，然後托人以菊花一盆售於某乙，作狀控之云：

稟文

〈為憑贓緝盜事〉

奇花異卉，事雖出於細微，引繩批根[1]，案可尋夫線索。竊民家於初一日，失竊金銀首飾等，約值千金，曾經開單呈報，事將一月，消息杳如[2]。忽於前日之晚，行經某乙門首，猝見菊花一盆，乃屬民家故物，與金珠首飾同遭盜劫。此菊雖所值微

1 引繩批根指兩人相對拉繩，即可排除其他拉繩之人。比喻合力排除異己。於此指排除犯案的嫌疑人，緝得真兇。

2 杳如即杳如黃鶴，喻一去不返，沒有消息。

幾，而此盆則柴窯古器，瓷質細緻，式樣玲瓏，豈是尋常所有？當即唔其主人某乙，詢問何來。乙言語支吾，形色匆遽，初謂購自中江，繼謂饋自戚友，語無倫序，彌切狐疑。經民再三盤詰，彼乃俯首無詞。

竊思菊花既在陳家，他物亦有著落。某乙縱非自己行竊，而窩贓之罪，百口難辭。伏望立提嚴究，追出原贓，治以窩藏之律，以絕盜賊之路，則民人物歸原主，閭閻高枕無憂，迫切上告。

案情大要

原告與被告有仇，苦無門路可以報復，因求助訟師。訟師要原告佯裝家中重大財物失竊，並委由第三人轉賣家中連盆菊花。復至官府控訴在仇人家看見失物之一——連盆菊花，試圖以栽贓之法陷害仇家。

現代法律人說……

一、虛報失竊構成未指定犯人的誣告罪

現行《刑法》第一七一條第一項規定：「未指定犯人，而向該管公務員誣告犯罪者，處一年以下有期徒刑、拘役或三百元以下罰金。」亦即未指出嫌犯而謊報刑案，使刑事追訴機關開啟無

意義的刑事追訴活動，妨害國家司法權的行使，即可能構成本罪。本案甲明明沒有失竊物品，卻故意虛報失竊，並開一失單，金珠首飾不下千金，呈報官廳，使追訴機關開啟了無意義的刑事追訴活動，且於呈報官廳時，僅虛報失竊，開一失單，並未指出嫌犯。換言之，其所誣告的對象為不特定之人，故不同於前文及後文詳析之《刑法》第一六九條第一項普通誣告罪，而僅構成《刑法》第一七一條第一項所規定的未指定犯人誣告罪。

此外，某甲欲誣其仇某乙，無計可施，謀於楊訟師。楊命甲虛報失竊，亦可能構成未指定犯人誣告罪的幫助犯。依《刑法》第三〇條規定：「幫助他人實行犯罪行為者，為幫助犯。……幫助犯之處罰，得按正犯之刑減輕之。」幫助犯的成立，必須先有已經決意實行犯罪之人，而幫助者對之提供助力，才有成立幫助犯的可能。這裡所謂的「幫助」，包括物理上和心理上的幫助。本案訟師於甲欲誣其仇某乙，無計可施時，授以虛報失竊之法，應可認為是對某甲心理上的精神幫助行為，使甲易於達成誣告的目的。故訟師應成立甲所犯《刑法》第一七一條第一項未指定犯人誣告罪的幫助犯，依上述《刑法》第三〇條之規定，得按甲犯之刑減輕之。

二、指菊為贓成立普通誣告罪

本案某甲與訟師合謀，栽贓某乙，由甲託人以自己所有之菊花一盆售於某乙，之後由訟師代撰書狀交甲向官廳報稱其行經某乙門首，猝見菊花一盆，乃屬其家故物，與金珠首飾同遭盜劫，某乙縱非自己行竊，窩贓之罪，亦百口難辭。如依現行《刑法》之規定，某甲可能構成第一六九條第一項之普通誣告罪。《刑法》第一六九條第一項規定：「意圖他人受刑事或懲戒處分，向該管公務員誣告者，處七年以下有期徒刑。」本罪之構成要件如下[3]：

第一、誣告必須向該管公務員提出。「該管公務員」是指有權接受申告，而開始刑事程序或懲戒程序的公務員而言，包括刑事審判程序中的法官、負有偵查職責的檢察官，及其輔助機關的司法警察或司法警察官、職司懲戒的公務員等等。

第二、行為人所誣告的內容必須為虛偽者，亦即行為人向該管公務員申告的內容，必須是虛構的犯罪事實或虛造的應行懲戒事實，方為本罪的誣告。

第三、行為人誣告的對象，必須在法律上能負刑事責任或懲戒責任之人，故對於未滿十四歲或心神喪失無責任能力之人，誣告其犯罪，或對不具公務員身分者，誣告其違法失職，皆不會成立本罪。又行為人向該管公務員為虛偽內容的申告時，必須指明其所誣告之人，若未指明其所誣告的人是誰，則不會成立本罪，而可能成立上述《刑法》第一七一條未指定犯人誣告罪。

第四、行為人提出虛偽的申告即可，至於其提出虛偽申告之方式則無限制：申告包括《刑事訴訟法》中所規定的告訴、告發、報告與提起自訴。所申告的事實，並不以全部都屬虛偽為必要，全部事實中有部分係屬故意虛構，仍然成立誣告罪。

第五、行為人的虛偽申告若已達該管公務員，即屬既遂：行為人為虛偽的申告後，就算撤回告訴或變更其申告內容等，均不影響已屬既遂的誣告行為。

第六、行為人主觀上須具備誣告故意，以及使他人受刑事處罰或懲戒處分的不法意圖，而實

3 〈刑法有關「偽證罪」和「誣告罪」之構成要件為何？其刑度為何？〉，「天秤座法律網」，http://www.justlaw.com.tw/LRdetail.php?id=500

施本罪的行為，方成立本罪。

回過頭來看某甲與楊瑟嚴的行為已向該管邑令提出、栽贓又屬無中生有、無中生有之事又是為了使某乙受牢獄之災。因此，某甲與楊訟師之行為完全符合上述之條件，即成立《刑法》第一六九條第一項的普通誣告罪。某甲與訟師合謀此案，又有誣告行為之分擔，故依《刑法》第二八條：「二人以上共同實行犯罪之行為者，皆為正犯」之規定，二人應成立普通誣告罪之共同正犯。

三、幫助虛報失竊又撰狀指菊為贓只論誣指菊為贓之正犯

本案某甲虛報失竊，如前所述係犯《刑法》第一七一條第一項之未指定犯人誣告罪。嗣後又指菊為贓，明確誣指某乙非盜即贓，係犯同法第一六九條第一項之普通誣告罪。因誣告罪為妨害國家審判權之罪，未指定犯人之誣告行為僅為指名之誣告行為的前階段行為，未指定犯人之誣告罪與指名之普通誣告罪間，可認為具有實質一罪關係。故某甲先虛報失竊再指某乙非竊盜即窩贓應只論以普通誣告罪，而不另論未指定犯人誣告罪。

此外，訟師於甲欲誣其仇某乙時，授以虛報失竊之法，如前所述應成立甲所犯《刑法》第一七一條第一項未指定犯人誣告罪的幫助犯。其後又與某甲合謀，由甲託人以菊花一盆售於某乙，再由訟師代撰誣告書狀呈於官廳，另應成立普通誣告罪之共同正犯。因甲所犯第一七一條第一項之未指定犯人誣告行為已併入第一六九條第一項之普通誣告罪中處罰，而不再另外論罪處罰。

又訟師不但已為前述未指定犯人誣告罪的幫助行為，且進而與某甲合謀，代撰誣告書狀呈於官廳，栽贓某乙，因而與某甲共同成立普通誣告罪之正犯。由於在《刑法》上，幫助犯僅於正犯

不成立時承接處罰之，而具有補充的地位而已。當正犯成立時，即不再以幫助犯論罪科刑。故本案楊訟師應僅論以第一六九條第一項之普通誣告罪正犯，而不再論以第一七一條第一項之未指定犯人誣告罪的幫助犯。

四、某乙購菊未盜亦非贓

本案某乙購買某甲託人販售的菊花，並無竊盜行為，不構成竊盜罪，自不待言。即使某乙所購買的菊花，是某甲失竊的菊花，現行《刑法》第三四九條也規定：「收受、搬運、寄藏、故買贓物或媒介者，處五年以下有期徒刑、拘役或科或併科五十萬元以下罰金。」但只要某甲購買時並不知道該菊花為盜贓，即因不具有買受贓物之故意，並不成立故買贓物罪。

五、某甲、楊訟師及受託販菊之人同謀共為誣告某乙應構成共同侵權行為

本案某甲與楊訟師合謀，栽贓某乙，並由甲託人販售自己所有之菊花給某乙，藉以誣告某乙非盜即贓。現行《民法》第一八五條規定：「數人共同不法侵害他人之權利者，連帶負損害賠償責任。不能知其中孰為加害人者亦同。造意人及幫助人，視為共同行為人。」依上述規定，某甲與楊訟師合謀誣告某乙而為共同侵害某乙權利之人，應連帶負損害賠償責任，殆無疑問。受某甲委託販售菊花給某乙之人，如知道某甲有意誣告某乙，而接受其委託幫忙販售菊花給某乙，依上述規定，仍應視為共同侵權之行為人，而應與某甲、楊訟師連帶負損害賠償責任。

圖賴婚姻

原文

訟師 楊瑟嚴

起因

鄉有初富後貧者，坤宅欲圖賴婚姻，婿求楊訟師作此狀。

稟文

〈為勒寫筆據，圖賴婚姻事〉

夫婦人倫之始，豈以貧富易心？離婚律有明文，當取雙方同意，豈有出以強迫，加之欺詐行為？如此不法情形，何甘默然承認？竊民父母在日，為民聘取妻房，雖未詠夫好逑[1]，實已聯盟於秦晉[2]。冰人[3]具在，庚帖[4]可憑，倘若一與之醮[5]，自當終身

1 此指詠《詩經．關雎》：「窈窕淑女，君子好逑」，好逑指好配偶，於此指成親。
2 春秋時秦晉兩國世代聯姻，於此指成親。
3 冰人即媒人。古代冰融之後農忙，故習於冰未融之前嫁娶。協助嫁娶之人即稱冰人。
4 婚前必須透過媒人將書有男女雙方八字的帖子交由相師排算是否吉利。此帖即為庚帖。
5 醮指古代婚禮時以酒祭神之禮。

不改。

乃迭遭二親之喪，家業日以敗落，時乖運蹇，命薄年凶，家既徒乎四壁，人惟存夫一身，自顧淒涼，恒憐形影。幸父執[6]王公，哀我孑身孤露，慨然假以百金，俾得小權子母[7]，賴其恩德，得免飢寒。王家尚卿，更復重恩，謂稚子壯年無室，內助不免乏人，願以侄女為民匹配。

民人感戴莫名，覥顏告以曾聘，尚卿大喜，自願主婚，為代籌聘金，兼假以館舍。似此生死肉骨之誼，實係來今往古所無，感激涕零，罔知所報。佈置既妥，擇吉完姻，爰請冰人，往告坤宅，不意岳父齊德鳴乃為獸心而人面，聞冰人之語，不肯應允，謂：「耳聞此子，已入下流，我女深閨麗質，豈甘下嫁匪人？」媒氏再三分說，請勿誤聽浮言[8]，願為保證。德被告於公理，不能快吐直陳，俯首尋思，頓生奸計，聲言欲娶我女，當使此子來家，觀其情形，以定去定。

民既得媒氏回言，即日造門請謁[9]。被告接見，窘辱萬端，謂民不書離婚筆據，休想生出此門。蠻橫無理，一至於斯，民畏其毒焰，不敢與較，只得忍氣吞聲，繕寫退婚之約。傷心無極，惘惘出門，自恨運命屯邅[10]，思欲投河自盡，繼而念及祖宗祭

6　父執即父執輩。
7　子母指利息與本金；小權子母指做點小生意。
8　浮言指毫無根據的話。
9　請謁即請見、拜見。
10　屯邅典出《易經・屯卦・六二》，指困境。

祀無人，王氏深恩未報，長辭人世，實所不甘，且身若自盡喪亡，被告愈無忌憚，不如繕具呈詞，叩求官府。

念此威迫退婚，實非本人同意，立提被告到案，恩斷破鏡重圓。民人室家團聚，自當感恩戴德於畢生；祖宗血食綿延，亦當結草銜環於地下。附呈庚帖一紙，兼及月老[11]姓名。眾證昭然，豈容奸人狡賴；真憑俱在，自無一語虛詞。銜冤上告。

案情大要

原告家道中落，岳家不想遵守原有婚約出嫁其女，遂強迫原告簽具放棄婚約聲明。原告不甘，求助訟師，訟師為具一狀，一則強調家境雖窘，但有故舊已伸出援手，自己在經濟上並非不適婚對象；二則強調岳家太過勢利，不守婚約；三則說明放棄婚約一紙，是被脅迫所為，應不具法律效力才是。

現代法律人說……

一、婚約之效力古今大不同

中國古代婚姻的目的主要在「合二姓之好，上以事宗廟，下以繼後世」（《禮記・昏

11 月老即月下老人，道教媒神，此指媒人。

義》）。在傳統的婚姻中，婚約是婚姻成立的必要程序，可以說無婚約即無婚姻。[12]

自西周的「六禮」開始，各個朝代都對婚約有過明確規定。西周時期締結婚姻需要經過六個程式，故稱「六禮」。《禮記・昏義》與《儀禮・士昏禮》對六禮有詳細規定，依照李志明的整理有：

第一，納采，其又稱「采擇之禮」。一般山男方提出，先請媒人到女家說媒，如經允諾，男方正式派人到女家送禮，以感謝對方采擇之誼。

第二，問名。女方答應議婚之後，男方再派人「賓執雁，請問名」，即詢問女方姓氏及其生母姓氏和女方身分、出生年月日。此程序一是為了防止同姓為婚，二是供男方回去問卜於宗廟，以求吉凶。

第三，納吉。在卜得吉兆後，男方派人攜禮物和定帖，到女方家中說明婚事可成，求得女方的回帖。

第四，納徵，又稱「納幣」、「納財」。男方向女方贈送貴重財物作為訂婚的正式聘禮。這是宣告親事已定的重要程序，因而受到社會承認和法律保護。

第五，請期。納徵之後，男方家長即告知宗廟，占卜吉日，定下婚期，再派人通知女方，徵得同意後，雙方即開始籌備婚禮。

第六，親迎。新郎按父命於吉日親自到女家迎娶新娘，並有隆重的送親、迎親儀式。

12 「中國法律百科」，http://chinalaw.wiki/index.php?title=%E5%A9%9A%E7%B4%84&variant=zh—hant

以上六個步驟中，前四禮都與訂立婚約有關，其中「納徵」作為聘娶婚成立的必要條件，是訂婚過程中最為重要的儀式。「六禮」程序完整與否，具備決定婚姻的性質，所謂「六禮備，謂之聘；六禮不備，謂之奔」（《禮記・昏義》）、「聘則為妻，奔則為妾」（《禮記・內則》）。由此可見，要想被認定為明媒正娶的妻子，必須嚴格遵循六禮程序，收取聘禮。否則，只能算是妾室。

及至清末，《大清現行刑律》「男女婚姻條」對婚約予以更明確規範：

> 凡男女訂婚之初，若有殘、疾、老、幼、庶出、過房、乞養者，務要兩家明白通知，各從所願，寫立婚書，依禮聘嫁。若許嫁女已報婚書，及有私約而輒悔者，處五等罰。雖無婚書，但曾受聘財者亦是。

用以約束當事人在訂立婚約之時要履行告知義務，並信守婚約的承諾。[13]基於此等傳統婚姻制度的關係，本案原告才能於女方違背婚約時，請求官廳立提被告到案，以使破鏡重圓，室家團聚。

不過，時至今日，婚約的性質已發生變化，婚約並非婚姻行為本身的組成部分，訂立婚約不再是結婚的必經程序，也不再是婚姻的成立要件。即使訂立了婚約，在當事人之間也不發生身分

[13] 以上見李志明〈我國古代婚約制度對現代婚姻制度的啓示〉，《江蘇警官學院學報》二七卷六期，二〇一二年一一月，頁八七—八八。

關係，而且不得請求強迫履行。現行《民法》第九七五條即明文規定：「婚約，不得請求強迫履行。」沒有訂婚直接結婚，於婚姻之效力也無任何影響。

雖然婚約不得請求強迫履行，但是，如果訂立婚約，雙方仍有一定程度的拘束力，並非全無效力。例如婚約當事人的一方，有《民法》第九七六條第一項所定情形之一者，他方可以片面解除與對方所訂的婚約，可以解除婚約的情形有下列九種：

一、婚約訂定後，再與他人訂定婚約或結婚者。
二、故違結婚期約者。
三、生死不明已滿一年者。
四、有重大不治之病者。
五、有花柳病或其他惡疾者。
六、婚約訂定後成為殘廢者。
七、婚約訂定後與人通奸者。
八、婚約訂定後受徒刑之宣告者。
九、有其他重大事由者。

遇有這些情形解除婚約的時候，無過失的一方，依《民法》第九七七條規定，還可以向有過失的他方請求賠償其因此所受的損害，而且可以請求賠償因此所受到的精神損失。

本案原告家道中落，並不屬於第一到第八種可以取消婚約的條件，而是否符合第九種「重大事由」，仍可以討論。反之，女方無故不履行婚約，造成原告損害，依《民法》九七八條規定，應該負損害賠償的責任。再看稟文所述，訂立婚約當下，除了有媒人作證，還有聘禮。因訂定婚約而為財物的贈與，在婚約有無效、解除或撤銷的情事時，當事人之一方，也可依《民法》第九七九條之一的規定，請求他方返還贈與物。贈與物的返還請求權與損害賠償請求權的消滅時效，依九七九條之二的規定，都只有二年，逾期他方得主張消滅時效完成之抗辯，拒絕返還或賠償。

二、迫簽退婚書應構成強制罪

依造稟文所述，原告準岳父為了讓原告放棄婚約，除了將其軟禁在家，還脅迫原告簽下放棄婚約的文件。此舉依情節可能涉犯私行拘禁罪或強制罪。現行《刑法》第三〇二條規定：「私行拘禁或以其他非法方法，剝奪人之行動自由者，處五年以下有期徒刑、拘役或三百元以下罰金。」如果原告準岳父將原告關押起來，或用其他方法剝奪其行動自由，則可能構成本罪。如未至剝奪其行動自由之程度，而只是用強暴、脅迫等強制的方法，強迫原告簽下放棄婚約的文件，則可能構成《刑法》第三〇四條：「以強暴、脅迫使人行無義務之事或妨害人行使權利者，處三年以下有期徒刑、拘役或三百元以下罰金」之強制罪。

三、迫簽退婚的文件得予撤銷

現行《民法》第九二條第一項規定：「因被詐欺或被脅迫而為意思表示者，表意人得撤銷其意思表示。」故依此規定，原告因其準岳父脅迫而簽下放棄婚約的文件，原告得撤銷其放棄婚約的意思表示，使其所簽放棄婚約的文件歸於無效。不過，此撤銷權依《民法》第九三條之規定，應於脅迫終止後，一年內為之。如逾此一年之除斥期間，原告即不得再行使撤銷權。

爭產誣陷

訟師　楊瑟嚴

原文

起因

李氏媳婦因與族人爭產，求教於楊訟師。楊訟師命媳婦自己打破家中什物[1]、器皿，然後為作一稟控告族人。其控詞云：

稟文

〈為欺孤滅寡，毀家逼酷事〉

未亡人夫死骸骨未寒，而惡族群起覬覦，某某等本無賴之尤，野心狼子，靡惡不為。近見民夫下世[2]，垂涎已非一日，霸產逼酷，率眾毀家，無法無天，欺人欺鬼，

1 什物即雜物。
2 下世即去世、離世。

全由某某為首行謀。糾同族眾，勢逾虎狼，成群結黨，夤夜[3]入氏家中，將亡夫靈位撤去，逼氏別抱琵琶，田產悉被分占，倉庾[4]盡為所奪。家資盡罄，呼籲無門。什物搬移一空，情形有如盜劫。氏立志不渝，生命無殊[5]朝露[6]。呼天不應，叩地無聲！惟賴長官立提族惡，痛加申斥。生者當感救命完節之恩，死者應結草銜環之報。迫切上告，速解倒懸[7]。

案情大要

原告與族人爭產不成，求助訟師。訟師要他先搗毀家具雜物，再具狀誣告族人為占祖產，率人到家施暴強盜，想藉此以訟逼和，分得祖產。

3 夤夜原指寅時的黑夜，後常用以稱三更半夜。
4 倉庾為儲存糧食的處所。
5 無殊即無異。
6 比喻性命如早晨的露水，太陽一出來即蒸散消失。
7 倒懸形容人像被倒吊著一樣處境危急。

現代法律人說……

一、誣指族人率眾毀家可能成立誣告罪

本案李氏媳婦自己打破家中什物、器皿，然後控告族人率眾毀家，如依現行《刑法》應成立普通誣告罪。《刑法》第一六九條規定：「意圖他人受刑事或懲戒處分，向該管公務員誣告者，處七年以下有期徒刑。」所謂「誣告」，須告訴人所申告內容，出於憑空捏造或虛構事實。誣告者主觀上須有使被誣告者受刑事或懲戒處分之意圖。本案李婦自己打破家中什物、器皿，然後故意捏造事實誣指族人率眾毀家，如果李婦有使其族人受刑事處罰之意圖，則應成立本罪。如果李婦純粹只是要以訟逼和與族人爭產，全無使其族人受刑事處罰之意圖，則仍不構成本罪。

此外，李婦求教於楊訟師，楊訟師命其自己打破家中什物、器皿，然後控告族人率眾毀家，應構成普通誣告罪的教唆犯，而非幫助犯。依《刑法》第二九條規定：「教唆他人使之實行犯罪行為者，為教唆犯。教唆犯之處罰，依其所教唆之罪處罰之。」教唆犯乃是喚起正犯為犯罪行為之決意的人，受教唆之人必須本來沒有實施犯罪行為的意思，但是因為教唆者的教唆行為使其萌生犯意。此與先前所提到的幫助犯中的精神幫助，必須先有已經決意實行犯罪之人，而幫助者對其提供精神上的助力不同。本案李婦只是因與族人爭產不成，而求助楊訟師，原本未必有誣告族人的意思。如其本無誣告族人的意思，而是經由楊訟師之指示、唆使，始喚起其誣告族人之犯

意，並著手誣告其族人，則楊訟師應構成普通誣告罪的教唆犯，而非幫助犯。

不過，楊訟師並非僅止於指示、唆使李婦誣告其族人，甚至進而代李婦撰寫訴狀呈於官廳，所為之行為更已屬誣告行為本身，而應論以正犯。詳言之，其指示、唆使李婦誣告其族人，李婦同意並委其代撰訴狀俾呈於官廳，理應認為有犯意之聯絡，共同決意誣告其族人，並為誣告行為之分擔，而應依《刑法》第二八條：「二人以上共同實行犯罪之行為者，皆為正犯」之規定，成立普通誣告罪之共同正犯。

又因訟師不但已為前述普通誣告罪的教唆行為，且進而與李婦合謀，代撰誣告書狀呈於官廳，因而與李婦共同成立普通誣告罪之正犯。由於在刑法上，教唆犯與幫助犯都是屬於配角，合稱為共犯，其相對於屬於主角的正犯而言，僅具有備位的補充關係。亦即於正犯不成立時承接處罰之，而當正犯成立時，即不再以教唆犯或幫助犯論罪科刑。故本案楊訟師前述應論以普通誣告罪的教唆犯部分，因已論以第一六九條第一項之普通誣告罪正犯，而不再另外論罪科刑。

二、族人如侵入李婦家中可能成立侵入住宅罪

稟文中提及李婦族人成群結黨，夤夜入氏家中，如此事屬實，可能構成侵住宅罪。現行《刑法》第三〇六條第一項規定：「無故侵入他人住宅、建築物或附連圍繞之土地或船艦者，處一年以下有期徒刑、拘役或三百元以下罰金。」此所謂「無故」，係指無正當理由。所謂「侵入」，指未經同意而進入。李婦族人如果真如稟文所提「成群結黨，夤夜入氏家中」，應可認為是無正當理由未經同意而進入李家住宅，而成立本罪之共同正犯。

三、族人如逼李婦改嫁可能構成強制罪

李婦族人如果真如稟文中所言，逼氏別抱琵琶，另行改嫁，則可能構成強制罪。現行《刑法》第三〇四條第一項規定：「以強暴、脅迫使人行無義務之事或妨害人行使權利者，處三年以下有期徒刑、拘役或三百元以下罰金。」李婦族人如果真有逼迫李婦另行改嫁之行為，則依情形有可能是以強暴或脅迫使李婦行無義務之另行改嫁之事，而成立本罪。

四、族人如分占李婦家貲依情形可能成立竊盜、搶奪、強盜或侵占罪

現行《刑法》為了保護個人的財產，訂有竊盜、搶奪、強盜、侵占……等罪，不一而足。竊盜、搶奪、強盜等罪都是不法的直接取人財物之行為。所不同者，在於竊盜是以和平而無暴力的方式取人財物，而搶奪和強盜都是以非和平的強制方式奪取他人財物。後二者不同之處在於強制的程度，強盜的強制程度必須達到讓被害人不能抗拒的程度才能成立；而搶奪則只要是以非和平的強制方式奪取他人財物即可，其強制的程度不必達到讓被害人不能抗拒的程度。其在《刑法》中的規定，臚列如下：

《刑法》第三二〇條第一項竊盜罪：「意圖為自己或第三人不法之所有，而竊取他人之動產者，為竊盜罪，處五年以下有期徒刑、拘役或五百元以下罰金。」

《刑法》第三二五條第一項搶奪罪：「意圖為自己或第三人不法之所有，而搶奪他人之動產者，處六月以上五年以下有期徒刑。」

《刑法》第三二八條第一項強盜罪：「意圖為自己或第三人不法之所有，以強暴、脅迫、藥劑、催眠術或他法，至使不能抗拒，而取他人之物或使其交付者，為強盜罪，處五年以上有期徒刑。」

至於侵占罪，見於現行《刑法》則是於第三三五條第一項規定：「意圖為自己或第三人不法之所有，而侵占自己持有他人之物者，處五年以下有期徒刑、拘役或科或併科一千元以下罰金。」所謂「侵占」，是指將自己持有的他人之物變為自己所有之物。也就是說，犯人對於他人之物原本只有持有的關係，但是竟把它占為己有，而以物的所有權人自居，享受該物的所有權，例如加以處分、使用或收益。

侵占罪與前述竊盜、搶奪、強盜等罪最明顯的不同點，在於侵占一定是已經先持有他人之物，而竊盜、搶奪、強盜等罪則一定是沒有持有他人之物。也就是竊盜、搶奪或強盜之物一定是在他人的持有支配之下。透過竊盜、搶奪、強盜等行為來破壞他人對該物的持有支配關係，並建立自己對該物的持有支配關係。而侵占罪因為本來就已經先持有他人之物，並不需要破壞他人對該物的持有支配關係，以及建立自己對該物的持有支配關係，只需要不返還該物即可達到侵占的目的。

侵占罪與竊盜、搶奪、強盜等罪比較不容易區分清楚的地方，是在於共同持有支配的情形。例如：二人各出資一半共同購買一頭牛，並共同持有，用以耕作，倘其中一人擅自將牛牽回宰殺販售得款自用，此時究應論以侵占罪還是竊盜罪，即非易事。因為擅自將牛牽回宰殺，如論以竊盜罪，則因共同持有支配之關係，其對該牛亦有持有支配的成分，故亦有成立侵占罪之可能；反之，如論以侵占罪，則因其又非完全持有支配該牛，尚有他人持有支配之成分，而有成立竊盜罪之可能。總之，在共同持有支配的情形，是判斷成立侵占罪或竊盜、搶奪、強盜等罪的困難點。

本案起因於李婦與族人爭產，很顯然所爭執之家產不能排除會有屬於共同持有支配關係之可能。其不屬於共同持有支配關係者，依李婦族人先前有無持有李婦家資財物，以及有無使用強制方法及其程度等實際情形，並以上述侵占罪或竊盜、搶奪、強盜等罪之區分方法來判斷，殆無疑問。其屬於共同持有支配關係者，如其支配管領力有高低之分，則支配管領地位較低者，取走共同持有物之行為，依有無強制及其程度或可判斷為竊盜、搶奪、強盜等行為，反之，則可評價為非竊盜、搶奪、強盜等行為。如支配管領力對等，則無論成立侵占罪或竊盜、搶奪、強盜等罪，都難圓其說。於此情形，或許只能依靠審判官自由心證方式逕予斷定。

遺產保存

訟師　王惠舟

原文

起因

蘭陵江子謙，早孤失怙，家產悉為其叔管理。叔飽暖思淫，揮霍無度。時子謙沖齡[1]無知，其族長者，出而作宰[2]，求訟師王惠舟作一狀。控之云：

稟文

〈為請命存孤保產事〉

竊維產以贍孤，孤賴產活，產盡孤存，孤難永命。民幼失怙恃，為叔撫養，不意叔懷他志，惟產自否。深恐他日產盡，何以贍養孤命？何以婚紹宗支[3]？事出實情，

1 沖齡古指八至十四歲，於此泛指幼年。
2 作宰即作主。
3 本句指何以成婚繼承本房後嗣。

圖謀於未雨[4]。恩同再造，感激乎無涯。伏乞憲台，即為批示，保產安孤，實永賴之，上告。

案情大要

孤兒與叔同住，誰知叔揮霍無度，族長恐孤兒長無所依，代求訟師控訴其叔之劣跡，並保全屬於孤兒的家產。

現代法律人說……

對未成年人之監護及對監護人之監督

本案江子謙早孤，儘管沖齡無知，於其父母雙亡時，如依現行《民法》第一一四七條：「繼承因被繼承人死亡而開始」之規定。江子謙並不需要任何法律行為，即當然繼承其父母所遺之財產，不受行為能力有無限制而受影響。因此，江子謙自繼承開始時，即承受其父母所遺財產上之一切權利、義務。只是對於其所繼承之財產的處分與運用，在在需要以法律行為行之，而因其尚未成年，意思能力有欠缺而受到諸多保護和限制。

4 本句指未雨綢繆。

《民法》第一三條第二項規定：「滿七歲以上之未成年人，有限制行為能力。」同時於同法第七七條規定：「限制行為能力人為意思表示及受意思表示，應得法定代理人之允許。」第七八條規定：「限制行為能力人未得法定代理人之允許，所為之單獨行為，無效。」第七九條規定：「限制行為能力人未得法定代理人之允許，所訂立之契約，須經法定代理人之承認，始生效力。」由此等規定可知，在現行《民法》中，為了保護行為能力有欠缺之未成年人，其所為之法律行為必須有法定代理人的同意始可為之。

因此，對於失去父母而無法定代理人的未成年人，現行《民法》第一〇九一條規定，未成年人無父母時，應置監護人。本案江子謙父母均已亡故，如依現行法，自應為其設置監護人，其監護人並為其法定代理人，在保護、增進其利益之範圍內，代行其父母之權利、義務。

關於監護人之確定，依現行《民法》第一〇九三條第一項規定：「最後行使、負擔對於未成年子女之權利、義務之父或母，得以遺囑指定監護人。」如果最後對於未成年子女行使權利、負擔義務之父或母未指定監護人時，依同法第一〇九四條第一項規定：「父母均不能行使、負擔對於未成年子女之權利義務或父母死亡而無遺囑指定監護人，或遺囑指定之監護人拒絕就職時，依下列順序定其監護人：一、與未成年人同居之祖父母。二、與未成年人同居之兄姊。三、不與未成年人同居之祖父母。」換言之，父或母未指定監護人時，應依上述規定之順序定其監護人。如未成年子女亦無上述三款所定之人，則依《民法》第一〇九四條第三項規定：「未能依第一項之順序定其監護人時，法院得依未成年子女、四親等內之親屬、檢察官、主管機關或其他利害關係人之聲請，為未成年子女之最佳利益，就其三親等旁系血親尊親屬、主管機關、社會福利機構或其他適當之人選定為監護人，並得指定監護之方法。」本案江子謙之父母如未指定監護人，亦無上述第一〇九四條第一項所規定之人，因其叔父為三親等旁系血親尊親屬，而得依第一〇九四條第三項之規定由法院依聲請選定為監護人，並得指定監護之方法。又依同條第四項之規定，法院為前項之選定時，應同時指定會同開具財產清冊之人。故如其叔父經法院選定為監護人，法院除得指定監護之方法外，並應同時指定會同開具財產清冊之人。

關於監護人的職責依照《民法》親屬篇的規定，即在於：一在於保護、增進受監護人利益之範圍內，行使、負擔父母對於未成年子女之權利、義務（《民法》第一〇九七條第一項）。二在於監護權限內，為受監護人之法定代理人（《民法》第一〇九八條第一項）。

因監護人畢竟不是父母，難免有私心，為了防止監護人覬覦被監護人的財產或其他不利於被監護人之行為，關於未成年人之監護，依現行《民法》親屬篇中有關未成年人監護之規定，設有諸多管制。首先，依《民法》第一〇九九條第一項之規定，監護開始時，監護人對於受監護人之財產，應依規定會同遺囑指定、當地直轄市、縣（市）政府指派或法院指定之人，於二個月內開具財產清冊，並陳報法院。於財產清冊開具完成並陳報法院前，監護人對於受監護人之財產，僅得為管理上必要之行為（《民法》第一〇九九—一條）。

其次，受監護人之財產，由監護人管理（《民法》第一一〇三條第一項前段）。依《民法》第一一〇〇條規定：「監護人應以善良管理人之注意，執行監護職務。」第一一〇一及一一〇二條規定，監護人對於受監護人之財產，非為受監護人之利益，不得使用、代為或同意處分，且不得受讓受監護人之財產，亦不得以受監護人之財產為投資。於為下列行為時，非經法院許可，不生效力：一、代理受監護人購置或處分不動產。二、代理受監護人，就供其居住之建築物或其基地出租、供他人使用或終止租賃。此外，監護人之行為與受監護人之利益相反或依法不得代理時，法院得因監護人、受監護人、主管機關、社會福利機構或其他利害關係人之聲請或依職權，為受監護人選任特別代理人（《民法》第一〇九八條第二項）。

第三，為了有效監督監護人，《民法》第一一〇三條第二項規定：「法院於必要時，得命監護人提出監護事務之報告、財產清冊或結算書，檢查監護事務或受監護人之財產狀況。」第一一〇九條第一項規定：「監護人於執行監護職務時，因故意或過失，致生損害於受監護人者，應負賠償之責。」第一一〇六條之一規定，有事實足認監護人不符受監護人之最佳利益，或有顯不適任之情事者，法院得依聲請，改定適當之監護人。法院於改定監護人確定前，得先行宣告停止原監護人之監護權，並由當地社會福利主管機關為其監護人。

由此可見，現行的監護制度，對於監護人管理受監護人之財產有諸多管制。相對的，對監護人亦有相當的保障，例如：《民法》第一一〇二條第一項後段規定：「監護人執行監護職務之必要費用，由受監護人之財產負擔。」第一一〇四條規定：「監護人得請求報酬，其數額由法院按其勞力及受監護人之資力酌定之。」

本案江子謙之叔父如經法院依現行《民法》之規定選定為監護人，即得依上述民法之規定行使監護人之權責。法院於必要時，亦得命江子謙之叔父提出監護事務之報告、財產清冊或結算書，檢查監護事務或受監護人之財產狀況，其叔父於執行監護職務時，因故意或過失，致生損害於江子謙時，應負賠償之責。有事實足認監護人不符受監護人之最佳利益，或有顯不適任之情事時，法院並得依聲請改定適當之監護人。

奸拐脫罪

訟師　王惠舟

原文

起因

曹小二，傭工於張大戶家，涎婢女阿翠，私與俱逃。居半年始歸，為張大戶偵知，使人拘阿翠去，並欲控曹小二奸拐之罪。小二大恐，求訟師王惠舟作一狀，先控張大戶，搶得原告地位，以占優勝。其控詞云：

稟文

〈告為生離虐待，懇賜成全事〉

民家破無依，傭於張大戶佃田。當時議定，不取傭值[1]，操作三年，妻以侍婢。詎[2]期滿領婢他去，張大戶事後懊惱，反悔前議，乘隙誘婢到家，幽閉虐待，朝詈夕

1 傭值指受雇薪資。
2 詎即豈。

楚[3]，有為辱之所弗堪，有為身之所難受。竊思昔年粒粒辛苦，今日活活分離，既不得同夢，更不得傭值，嗷嗷子身，將為餓殍[4]。泣求憲台訟斷團圓，哀哀上告。

案情大要

原告受雇大戶長工時與婢女通奸，後竟私奔。半年後返鄉為大戶所知，擄婢女回。原告請訟師幫忙，訟師為具一狀，虛構原告勞動三年，本就在以工易妻。而妻為大戶擄回，擺明不想信守契約。

現代法律人說……

一、古代的階級制度與今日的人人平等

中國古代社會存在階級，例如唐代社會被劃分為「良人」與「賤人」。「良」、「賤」在法律上的待遇是不平等的。奴婢是地位最低的「賤民」。如果在法律上「良人」侵犯「賤人」，其處分較之常人要減輕；反過來，「賤人」侵犯「良人」，其處分則較之常人要加重。像《唐律》曾明文規定奴婢殺主，卻視為「十惡」之一的「大逆」，即使得逢大赦，也不在赦限。在量刑

3 詈，怒罵；楚，捶楚。

4 餓殍指餓死之屍。

上，良人與奴婢也有很大不同。如同犯殺傷罪，主人不經官府而擅殺奴婢只杖一百，殺無罪的奴婢只徒一年，如果奴婢有罪，主人請示官府而後殺之者，即無罪；反之，奴婢雖過失殺主者也必須處絞刑。奴婢殺死良人固然要處死，就連毆打良人者，也要加常人一等的處刑。不僅如此，良、賤之間也不得通婚。唐朝禁止奴婢與良人通婚，這是因為奴婢私嫁女為良人妻妾，無異於盜取主人的財產，還要准盜論罪。[5]至於奴婢來源主要有戰爭俘虜、罪犯及其家人、奴婢自身繁衍的後代等，從法律地位的角度而言，奴婢具有「半人半物」性質，[6]得以當作是主人的財產，進行買賣或饋贈。

時至清代仍大致如此，社會最低層的人口身分包括奴婢、隸卒、倡優、樂戶、惰民、丐戶、九姓漁戶、疍戶和細民（即佃僕）等賤民等級。清代法典明確規定奴婢、隸卒等人的法律地位低下。他們不得列於士農工商四民的名籍，只准許從事被人賤視的職業，如男子作小手藝、小買賣、吹鼓手、抬轎子；女子當伴娘、收生婆等。不許讀書、應舉、做官，不准與良人通婚等等。[7]故本案女婢主人張大戶使人拘回奴婢阿翠，可能是當時法律所允許的。

但在今日，因人人在法律之前平等，任何人不得任意逮捕拘禁他人。現行《刑法》第三〇二條規定私行拘禁罪：「私行拘禁或以其他非法方法，剝奪人之行動自由者，處五年以下有期徒刑、拘役或三百元以下罰金。」因此，主人張大戶使人拘回奴婢阿翠，幽閉虐待，朝詈夕楚，可

5 李季平《唐代奴婢制度》，上海：上海人民出版社，一九八六年六月。
6 （日）仁井田陞《支那身分法史》，東京：座右寶刊行會，一九四二年。
7 韋慶遠、吳奇衍、魯素《清代奴婢制度》，北京：中國人民大學出版社，一九八二年。

能構成本罪。另如有打傷阿翠，則另構成《刑法》第二七七條之傷害罪：「傷害人之身體或健康者，處三年以下有期徒刑、拘役或一千元以下罰金。」

時至今日，因法律之前人人平等，已無舊時的賤人和良人階級之分，也無過去歐美的奴隸制度。所以今日臺灣《刑法》第二九六條第一項也規定：「使人為奴隸或使人居於類似奴隸之不自由地位者，處一年以上七年以下有期徒刑。」本案張大戶如以阿翠為婢，而有本條使人為奴隸或使人居於類似奴隸之不自由地位，要在今日，可能構成本罪。

二、曹小二誘拐婢女之法律責任

另一方面，現行《刑法》第二九八條第二項規定：「意圖使婦女為猥褻之行為或性交而略誘之者，處一年以上七年以下有期徒刑，得併科一千元以下罰金。」此為加重略誘婦女罪。所謂「略誘」係指以強暴、脅迫、詐術或其他不正的方法，實施誘拐，違反被誘人的意思，使其離開原來的生活處所，而將其移於自己實力支配之下而言。本案曹小二誘使阿翠離開其原來的生活處所時，如使用強暴、脅迫、恐嚇或其他不正的方法，而違反阿翠的意思，則可能構成本罪。

如果阿翠未滿二十歲，《刑法》二四一條另有規定略誘未成年罪：

略誘未滿二十歲之男女，脫離家庭或其他有監督權之人者，處一年以上七年以下有期徒刑。意圖營利，或意圖使被誘人為猥褻之行為或性交，而犯前項之罪者，處三年以上十年以下有期徒刑，得併科一千元以下罰金。和誘未滿十六歲之男女，以略誘論。

及同法第二四〇條和誘未成年罪：

> 和誘未滿二十歲之男女，脫離家庭或其他有監督權之人者，處三年以下有期徒刑。和誘有配偶之人脫離家庭者，亦同。意圖營利，或意圖使被誘人為猥褻之行為或性交，而犯前二項之罪者，處六月以上五年以下有期徒刑，得併科一千元以下罰金。

此二罪之不同，主要在於犯罪行為一為「和誘」，一為「略誘」。所謂「和誘」係指獲得被誘人的同意，而加以誘拐，使其置於自己實力支配之下，並脫離家庭或其他有監督權人的監督。而所謂「略誘」則指以強暴、脅迫、詐術或其他不正的方法，實施誘拐，違反被誘人的意思，使其離開原來的生活處所，脫離家庭或其他有監督權人的監督，而將其移於自己實力支配之下而言。

本案阿翠如尚未滿二十歲，而屬張大戶的家庭成員之一，則曹小二誘使阿翠離開其原來的生活處所，脫離其有監督權人的監督時，若獲得阿翠之同意，則可能構成和誘未成年罪；如以強暴、脅迫、恐嚇或其他不正的方法，而違反阿翠的意思，則可能構成略誘未成年罪。

不過〈最高法院二八年上字第五八四號判例〉曾認為：

> 《刑法》第二九八條之被誘人，原無年齡之限制，某女被略賣時，年雖未滿二十，但既為人婢女，不得認蓄婢人為有監督之權，此外復無家庭及監督權人之保護，則略賣之者，自應構成第二九八條之罪。

換言之，本判例否認蓄婢人對婢女有監督權；如此則和誘或略誘均可能不成立。

三、稟文所虛構以工易妻之契約違反公序良俗應為無效

本案稟文中指稱「當時議定，不取傭值，操作三年，妻以侍婢」，縱然屬實，依現行《民法》之規定，亦可能被評價為違反公共秩序善良風俗之契約，而應歸於無效。因為依《民法》第九七二條之規定，婚約應由男女當事人自行訂定。本案稟文所虛構之以工易妻之契約，係由曹小二與張大戶所議定，而非由曹小二與婢女阿翠所自行訂定，顯與現行《民法》關於婚約規定之意旨有違，而可評價為違反「公共秩序善良風俗」之契約。因此，依《民法》第七條：「法律行為，有背於公共秩序或善良風俗者，無效」之規定，即使稟文所指稱「當時議定，不取傭值，操作三年，妻以侍婢」之情屬實，依現行《民法》之規定，仍應認為該契約無效。

強奸幼女（筆者按：本篇與下篇屬同一案件，為兩造訟師所寫，當合觀之）

訟師　王汝望

原文

稟文

〈為強奸幼女，罪惡彌天事〉

氏生命不辰，青年夫故，遺有一女，視若掌珍。方期教養長成，擇一東床快婿，贅入家內，倚靠終身。豈意橫遭鄰惡，逞勢強奸，欺壓孀孤，暗無天日。氏女綠珠，年方十二，夙[1]與鄰惡胡友如之妻楊氏契好，朝夕往來，倘遇風雨黃昏，輒後停眠整宿。詎友如窺女頗有姿色，屢次謔語調奸，綠珠年幼，不解風情，每聞戲言，付之一笑。友如謂女有意，乃敢色膽包身，既起淫心，遂生毒計。

楊氏不念女幼，與夫通謀，前日偽稱夫出，留女伴宿數宵。友如候女睡熟，潛入

1 夙即早。

衾[2]中，摟抱強奸，血盈衣褲，昏絕數次，疼痛難言。待到天明，逃回家內，泣訴情事，痛不欲生。氏聞女言，傷心欲絕，痛女以童稚之年，遭此禽獸之行。此生已矣，夫復何言？生命縱得保全，名節已經掃地，將來婚嫁，亦已為難。伏望立提色棍，律以重刑。庶[3]端風化而肅倫常，懲奸惡而伸法紀。銜冤上告，所有血衣血褲當行呈案，以作證憑。

案情大要

原告委託訟師就幼女遭鄰人強奸一事提起訴訟。訟師就幼女因至鄰家學習女工講起，再提鄰家利用幼女的信任，予以留宿，加以奸淫。強調幼女因奸失貞，人生全毀，祈求邑令嚴懲淫徒。

現代法律人說……

一、胡友如夫婦共同強奸綠珠均構成加重強制性交罪

原告獨生女綠珠在鄰人胡友如家向胡妻楊氏學女工。一日，原告見綠珠帶傷返家，直覺有異，懷疑其遭胡友如染指，遂求訟師上一稾文狀告鄰人強奸幼女。

2 衾即衾被。
3 庶指但願、或許。

由於綠珠係帶傷返家，若與胡友如發生性行為，應非出於自願；而綠珠不經人事，也應非雙方合意之性交易。依今日臺灣《刑法》二二一條強制性交罪規定：「對於男女以強暴、脅迫、恐嚇、催眠術或其他違反其意願之方法而為性交者，處三年以上十年以下有期徒刑。前項之未遂犯罰之。」而綠珠時年十二歲，查同法第二二二條第一項又規定：「犯前條之罪而有下列情形之一者，處七年以上有期徒刑：一、二人以上共同犯之者。二、對未滿十四歲之男女犯之者。」故胡友如如果真對年僅十二歲之綠珠為強奸之行為，則可能構成《刑法》第二二二條第一項第二款之加重強制性交罪。

再者，《刑法》第二二七條第一項也規定：「對於未滿十四歲之男女為性交者，處三年以上十年以下有期徒刑。」如胡友如與十二歲之綠珠為和奸行為，即使已經綠珠同意，仍構成本罪。但如有違返綠珠之意願而使用強制的方法，則不論本罪，而應以上述第二二二條第一項第二款之加重強制性交罪論罪科刑。

此外，若如稟文所云，楊氏不念女幼，與夫通謀，偽稱夫出，留女伴宿，使其夫胡友如強奸幼女綠珠得逞，則可能因其與夫通謀，共同決意由其夫強奸綠珠，而有犯意之連絡，並由其偽稱夫出，留綠珠伴宿，而由其夫候綠珠睡熟，潛入衾中，摟抱強奸，而有行為之分擔，因此，依《刑法》第二八條：「二人以上共同實行犯罪之行為者，皆為正犯」之規定，可能與其夫共同成立上述加重強制性交罪之正犯。

原本強制性交罪之正犯，在本質上理應為親自實施之親手犯，而不能假手他人，但依現行

《刑法》之規定及刑事司法解釋[4]，已有使其成為不必親自實施的非親手犯的傾向，例如本案楊氏本身並未為性交或強制之行為，依現行《刑法》之規定及刑事司法解釋的結果，卻仍可能成立強制性交罪的正犯，是否合理，值得思考。

二、能證明強制性交罪的證據

從原文的敘述中，無法看出原告除了獨生女的傷勢以血衣血褲外，還提出何種證據證明胡友如染指其女。按一般強制性交案件中所調查的證據主要有以下幾種[5]：

第一、被害人陳述。被害人所作的陳述，是證明強奸行為存在的直接證據。開啟犯罪偵查需要有犯罪事實，被害人的陳述是證明犯罪事實存在的證據。

第二、犯罪嫌疑人供述、辯解。開啟犯罪偵查也需要有犯罪嫌疑人，犯罪嫌疑人為犯罪主體，其證據較為直觀。

第三、現場遺留的物證：如或可證明有性行為發生的現場物品類證據，如遺留有嫌疑人、受害人精斑、血跡、毛髮或者體液混合物的保險套、床單、被套、枕巾、枕套、衛生紙、濕紙巾等物品，這類物證一般需要結合鑑定結論予以印證。

4 〈最高法院九九年台上字第一九九七號判決〉：「《刑法》第二二二條第一項第一款所稱之二人以上共同犯前條之罪者，係指在場共同實行或在場參與分擔實行強制性交犯罪之人，有二人以上而言。上訴人係由王○○、沈○○抓住A女雙腳，而由上訴人將高粱酒瓶插入A女生殖器內，王○○、沈○○自係參與強制性交犯行之施強暴之行為，原判決論上訴人以刑法第二二二條第一項第一款之罪責，於法並無不合。」

5 〈強奸罪的立案證據有哪些怎麼證明強奸事實〉，「壹讀」，https://read01.com/Nk4gGR.html。

第四、受害人可能遭受暴力的物品類證據，如被撕扯破的衣物、衣扣等；遺留的刀具、棍棒等兇器等。

第五、受害人可能遭受性侵害且遺留有加害人體液的內褲、衣服、衛生紙等物品。

第六、現場遺留的飲料、水杯、針管、針劑或者酒瓶、酒杯等其他物證。如在麻醉類強姦案件中，存在加害人在飲料中添加春藥、麻醉劑的可能，此類物證也需要結合鑑定結論等其他證據予以印證。

三、幼女綠珠被強制性交得請求損害賠償

現行《民法》第一八條規定：「人格權受侵害時，得請求法院除去其侵害；有受侵害之虞時，得請求防止之。前項情形，以法律有特別規定者為限，得請求損害賠償或慰撫金。」第一八四條第一項規定：「因故意或過失，不法侵害他人之權利者，負損害賠償責任。故意以背於善良風俗之方法，加損害於他人者亦同。」第一八五條規定：「數人共同不法侵害他人之權利者，連帶負損害賠償責任。不能知其中孰為加害人者亦同。造意人及幫助人，視為共同行為人。」第一九五第一項條規定：「不法侵害他人之身體、健康、名譽、自由、信用、隱私、貞操，或不法侵害其他人格法益而情節重大者，被害人雖非財產上之損害，亦得請求賠償相當之金額。其名譽被侵害者，並得請求回復名譽之適當處分。」本案綠珠如被胡友如夫婦共同強制性交，應可肯認其身體自由、性自主、貞操等人格權遭受胡友如夫婦故意共同不法侵害，依上述規定，得請求侵權行為之連帶損害賠償。

此外，《民法》第一九五條第三項規定：「前二項規定，於不法侵害他人基於父、母、子、女或配偶關係之身分法益而情節重大者，準用之。」換言之，《民法》第一九五條第一項所規定之人格權被不法侵害的被害人父、母、子、女或配偶，基於此等親屬關係之身分法益遭受不法侵害而情節重大時，得準用同條第一、二項之規定請求侵權行為之損害賠償。據此，綠珠之母親基於與綠珠之母女身分法益如有遭受不法侵害而情節重大，亦有可能依上述規定向加害人胡友如夫婦請求連帶損害賠償。

並未強奸

訟師　卜林望

原文

稟文〈為六月飛霜[1]，乞救無辜事〉

禍生不測，豈能預防？變出非常，安可逆料？身以教讀為業，娶妻楊氏，夙擅女工，鄰家女子，爭來納贄求學。徐某之女綠珠，亦在學徒之中。前月身因事外出，妻留綠珠伴寢，身於黃昏歸家，即就傍榻歇宿。次早回歸家內，並無一言及奸。徐張氏愛女情切，見其衣褲染有血跡，不問來歷，來家吵鬧。身以其言出無狀，報以惡聲。徐張氏銜此微嫌，遽行捏詞控告。謂身強奸幼女，實係海市蜃樓[2]。乞恩明鑑，察其冤誣。身妻尚在青年，姿容亦頗豔麗，身即貪淫，何所羨於童稚幼女？此其真偽，

1 夏六月飛霜，表示天有異象，人間應有冤屈。典出（元）關漢卿《感天動地竇娥冤》。
2 海市蜃樓指浮華不實之事物。

不辯可明。且綠珠是否曾遭奸污，猶可核驗其是否原身。懇予徹究，以豁沉冤，急迫上訴。

案情大要

被告遭鄰人指控強奸其女，自認飛來橫禍。故委託訟師辯護。訟師指出鄰女偶然受傷流血，並非初夜被奪，鄰家卻據小傷尋事；況且被告之妻美艷異常，豈有不慕美女而奸幼女的可能？最後還要求對幼女驗傷，以還被告清白。

現代法律人說……

一、本案是否已對綠珠進行身體檢驗？

本案如要成案，必先有綠珠遭受性侵的事實，所以被告表示應該要對綠珠驗身才行。如真像原告所言，綠珠本不經人事，應是處子之身無虞。查古代有關檢驗處子的方法有：召隱（產）婆驗私處、驗初夜落紅、觀體態、觀魚尾紋顏色、觀五官、觀膚色、觀守宮砂是否存在、驗血等等。但細細究之，全無科學根據。[3]

3 鐘剛〈處女崇拜的鬧劇〉，《大家科技》二〇〇七年七月，頁三四—三七。

遭性侵而受傷，與合意性交過於激烈受傷，傷勢並不相同。又今日驗性侵傷勢，有SOP可循，落實以下幾個工作重點，檢驗結果更具有公信力[4]：

其一、蒐集被害人衣物及其上之微物跡證。

其二、蒐集被害人之外陰部梳取物。

其三、採取被害人陰道檢體。

其四、懷疑有肛交時，採取被害人肛門棉棒檢體。

其五、懷疑有口交時，採取被害人口腔棉棒檢體。

其六、採取被害人陳述其他部位疑似遺留加害人唾液之棉棒檢體。

其七、蒐集被害人之指甲縫遺留物（被害人皮膚屑、組織、血液）。

其八、蒐集被害人對照組檢體。

其九、蒐集其他跡證，記載於疑似性侵害案件證物採集單。採集單內應記載被害人的出生的期、案發時間、採證時間、最後一次性行為時間等。

採集單內填寫被害人之出生日期，係為了解被害人年齡，因為被害者年齡與性侵害案件適用法條有關；記錄案發時間與採證時間，係為考量採證之黃金時間為案發後六小時，若採證時間與案發時間間隔超過三日以上，則採證未採得精液等生物跡證即屬合理，自不宜因此反推被害人無被害事實。記錄最後一次性行為時間係為排除干擾鑑定結果之可能因素，使得結果研判更正確。

---

4 黃女恩〈性侵害案件之DNA採證與鑑定〉，《全國律師》，一九九八年七月號，頁一六—一九。郭慧珊〈現行我國性侵害犯罪案件之法與實態〉，《月旦法學雜誌》五九期，二〇〇〇年四月號。

二、必須考慮被告有無戀童傾向

被告胡友如除了要求對被害人驗身，同時強調，自己妻子楊氏年輕貌美，怎會貪戀幼女綠珠。但妻子貌美，是否等同於可以排除胡某涉案，本就不可相提併論。除此之外，會對孩童有性侵行為，就有必要考慮其是否有戀童傾向。

戀童行為是一種精神障礙。[5]其定義為對青春期前的兒童擁有強烈且反復的性衝動和幻想，且已就這種性衝動採取行動或受其困擾。儘管性侵兒童者有可能患上這種疾病，但性侵兒童者並不等同戀童者，除非其認為青春期前的兒童具有主要的性吸引力，或只有兒童才有性吸引力。自二〇世紀八〇年代以來，研究者針對戀童進行了大量的研究。雖然大量有關戀童的記錄都聚焦於男性，但也有女性擁有戀童的傾向。戀童癖的確切成因不明，但一些關於性侵兒童的戀童罪犯研究則顯示其與各種神經系統異常和精神病理有關。[6]

如果胡某有戀童傾向，則其妻嬌艷與否，與其是否真有對綠珠為強制性交行為未必有高度相關，反而與其戀童傾向更有關係。不過，即使能證明被告胡友如有戀童傾向，甚至有戀童僻，也不能以此認定其有對綠珠為強制性交，仍需證明其實際上究竟有無對綠珠強制性交，自不在話下。

---

5 江建勳〈戀童症患者的大腦有問題？〉，《科學月刊》三九卷六期，二〇〇八年六月，頁四六七—四六八。

6 戲渡〈認識戀童症〉，《諮商與輔導》二二八期，二〇〇四年二月，頁四一—四四。〈戀童〉，「維基百科」，https://zh.wikipedia.org/wiki/%E6%81%8B%E7%AB%A5#%E5%8F%83%E8%80%83%E6%96%87%E7%8D%BB

三、現行法的無罪推定

審判並未在案發現場，實際上胡友如有沒有強制性交，恐怕只有當事人及在現場的人才會知道，包括審判官在內的其他沒有在現場的人，只能透過人證、物證等各種證據來探知被告究竟有沒有強制性交的事實。因為案件是由審判官來進行判決的，所以原告或被告必須透過證據來證明，讓審判官瞭解、相信究竟是有還是沒有強制性交的事實。問題是由誰來證明？是由審判官自己找證據，還是當事人要負證明責任？

如果依照現行《刑事訴訟法》，第一五四條規定：「被告未經審判證明有罪確定前，推定其為無罪。犯罪事實應依證據認定之，無證據不得認定犯罪事實」的規定可知，要定被告的罪，必須依證據來認定被告的犯罪事實，沒有證據，不能憑空想像、認定被告有何犯罪事實。在沒有能夠以證據來證明被告有何犯罪事實而認定被告有罪之前，必須推定被告無罪，此時被告不需要證明自己無罪，審判官就必須判斷被告無罪，這就是所謂的「無罪推定原則」。

從這個無罪推定原則可以知道，國家如果要判被告有罪，給予法律制裁，國家就必須自己證明或由原告證明被告有罪，而不是由被告證明自己無罪。如果由國家自己證明，那麼要由誰來證明？審判官還是其他的公務員？為了讓審判官可以不要球員兼裁判，而是一個不偏不倚的公正第三人，現行《刑事刑事訟法》規定由檢察官而非審判法官來證明。法官只要由負有證明被告有罪義務的檢察官和原告[7]所提出的證據來認知、認定被告究竟有沒有犯罪。負有證明義務的人還必須證明到讓審判的法官確信被告有犯罪行為，也就是要證明到沒有可以合理懷疑被告無犯罪的心證程度，審判官才能判斷被告有犯罪。

本案如果依現今《刑事訴訟法》，綠珠及其母徐張氏就必須提出證據，證明到讓審判官確信胡友如有強制性交綠珠情事，而無可以合理懷疑胡友如並無強制性交綠珠的心證程度，審判官才能認定被告胡友如有強制性交綠珠的犯罪事實，也才能依《刑法》加重強制性交罪的規定論罪科刑。

[7] 代表國家出面的檢察官也是原告，只是現行法另外還有自訴人。

告夫寵妾

（筆者按：本案為妻控夫與妾家暴訴離，下一案為妾控妻妒生暴訴離。雖不同案，合觀之亦有所得）

訟師 卜林望

原文

稟文 〈為寵妾欺妻，乞求救命事〉

夫婦之恩情量重，嫡庶之名分須嚴。竊氏奉父母之命，由媒妁之言，歸金顯庭為室。金氏家本寒素，衣食不周，賴氏十指辛勤，七載佐夫生活，夙興夜寐[1]，不厭辛勤；縮食減衣，不辭勞苦，頻年勤儉積蓄，家道得以小康。豈意男子寡恩，生成薄幸，既得飽暖，便縱淫欲，托詞嗣續之虛名，娶長舌之惡婦。初猶嫡庶攸分，不加淩

1 本句指很早起床、很晚就寢，比喻極為勤勞。

虐，迨夫日久，慚肆譸張[2]。漫聞之譖，無間晨昏，膚受之愬[3]，日以漸積。氏夫惑其饞言，遂致得新忘故。

不情之言語，觸耳紛來；瑣屑之米鹽，亦遭詰責[4]。氏猶望其一朝醒悟，憶及夫妻結髮恩情，忍氣吞聲，不與理論。而乃人欲既肆，天理無存，叱罵習為恒事，近復加以鞭箠，面目悉覺可憎，待遇絕無人道。氏忍無可忍，稍報以惡聲，氏夫嗔怒，扭髮痛毆，惡妾金花，幫同揪打。幸婢媪憐氏無辜，插身竭力勸解，免傷性命。殘喘苟延，切念些微家業，半由氏之十指而來，氏夫不念曩情[5]，輒復欺妻寵妾，以淚洗面，觸目傷心。為此呈告臺端，乞為作主，斷分家產，俾俾得蒲團佛火[6]，了此殘年。雖死之日，猶生之年。銜冤上告，萬望成全。

案情大要

原告主張與夫結合之時，家道不殷，是因為原告勤勞從事女工，才使家境好轉。誰知家道殷實後，其夫托言繼嗣，娶了小妾。小妾入門，得寵即常對原告斥呼，後來變本加厲，與其夫起手動腳。原告自認無愧於夫，但與小妾難容於一室，所以委請訟師訴離，並要求分產。

2 譸張指用言語欺瞞人。
3 愬指恐懼。
4 詰責即詰問究責。
5 曩情指往日情份。
6 蒲團靜坐，佛前點燈，此喻遁入佛門。

現代法律人說……

一、原夫金顯庭與小妾金花涉犯傷害罪、公然污辱罪

稟文提及被告對原告「叱罵習為恒事，近復加以鞭箠」，如果原告所言屬實，原夫金顯庭及其小妾對其拳打腳踢還加以辱罵，依現行《刑法》可能涉犯傷害罪與公然污辱罪。鞭箠的結果，造成被害人身體健康受到損傷，構成《刑法》第二七七條傷害罪：「傷害人之身體或健康者，處三年以下有期徒刑、拘役或一千元以下罰金。」

如果叱罵是在多數人或不特定人可以共見共聞的公然情況下所為，則有可能構成《刑法》第三〇九條公然污辱罪：「公然侮辱人者，處拘役或三百元以下罰金。以強暴犯前項之罪者，處一年以下有期徒刑、拘役或五百元以下罰金。」此所謂「侮辱」，指對他人為輕蔑之表示，其實質內涵需具有足使他人在精神上、心理上感受到難堪或不快之虞者。本案原告遭到欺壓而不得不訴請離婚，心理感到難堪或不快，在所難免，因此有可能是一種侮辱的行為。此種侮辱行為如果是在公然的情況下所為，則對被害人之名譽即有損傷之虞，如此，即有可能成立第一項的公然侮辱罪。再者而夫與妾動手加以鞭箠，如果造成被害人身體健康受到損傷，除另外構成傷害罪之外，因係使用強暴手段，所以也可能構成本條第二項的加重公然侮辱罪。

如果傷害罪與加重公然侮辱罪都成立，則因為這二罪是在同一行為完成的，所以依《刑法》

第五五條：「一行為而觸犯數罪名者，從一重處斷。但不得科以較輕罪名所定最輕本刑以下之刑」之想像競合的規定，雖然因同一行為而同時成立二罪，但在刑罰上只以較重之傷害罪的刑罰即「三年以下有期徒刑、拘役或一千元以下罰金」來處罰。

再者，禀文中也提到「扭髮痛毆時，惡妾金花，幫同揪打」，亦即原夫金顯庭與小妾金花共同參與了毆打原告的行為，而二人均可能為正犯，成立加重公然侮辱罪或傷害罪的共同正犯。

二、原夫金顯庭與小妾金花打罵原告可能違反《家庭暴力防治法》

禀文所提「叱罵習為恒事，近復加以鞭箠」，除了可能構成公然侮辱罪與傷害罪外，現今《家庭暴力防治法》中對於家庭暴力亦有相關規範。《家庭暴力防治法》第一四條第一項規定，法院認有家庭暴力之事實且有必要者，應依聲請或依職權核發通常保護令。

所謂「家庭暴力」，依《家庭暴力防治法》第二條第一款的規定是指家庭成員間實施身體、精神或經濟上之騷擾、控制、脅迫或其他不法侵害之行為。通常保護令的處分，依同法第一四條第一項的規定，包括禁止加害人對被害人實施家庭暴力、騷擾、接觸、跟蹤、通話、通信或其他非必要之聯絡行為、查閱被害人之戶籍、所得來源相關資訊、命相對人遷出被害人之住居所、遠離被害人之住居所、學校、工作場所或其他經常出入之特定場所一定距離、完成處遇計畫、給付被害人住居所之租金、交付被害人醫療、輔導、庇護所或財物損害等費用、負擔相當之律師費用、定汽車、機車及其他個人生活上、職業上或教育上必需品之使用權等等。

加害人如有違反法院依上述規定所為之下列裁定：第一、禁止實施家庭暴力。第二、禁止騷擾、接觸、跟蹤、通話、通信或其他非必要之聯絡行為。第三、遷出住居所。第四、遠離住居所、工作場所、學校或其他特定場所。第五、完成加害人處遇計畫。依同法第六一條規定，處三年以下有期徒刑、拘役或科或併科新臺幣十萬元以下罰金。

三、金顯庭與金花打罵原告應負侵權行為之損害賠償責任

原夫金顯庭與小妾金花對原告拳打腳踢還加以辱罵，除了可能構成《刑法》的傷害罪、公然侮辱罪及違反《家庭暴力防治法》之規定外，在《民法》上也構成侵權行為。依《民法》第一八四條規定：「因故意或過失，不法侵害他人之權利者，負損害賠償責任。故意以背於善良風俗之方法，加損害於他人者亦同。違反保護他人之法律，致生損害於他人者，負賠償責任。但能證明其行為無過失者，不在此限。」第一八五條規定：「數人共同不法侵害他人之權利者，連帶負損害賠償責任。不能知其中孰為加害人者亦同。造意人及幫助人，視為共同行為人。」本案如金顯庭對原告加以鞭箠、叱罵，扭髮痛毆，金花亦幫同揪打，應屬故意共同不法侵害他人之權利無疑，原告自得請求二人連帶負損害賠償責任。

四、原告訴請離婚是否可以成功？

古代男子在一定之條件下得合法的納妾，但依現行《民法》之規定則不允許重婚。其有重婚者除雙方分別構成《刑法》的重婚罪與相婚罪之外，在民國七十四年六月四日《民法》親屬篇修正施行前之《民法》第九八五條規定：「有配偶者，不得重婚。」第九九二條規定：「結婚違反

第九百八十五條之規定者，利害關係人得向法院請求撤銷之。但在前婚姻關係消滅後，不得請求撤銷。」故於民國二〇年五月五日《民法》親屬編施行起至七十四年六月四日以前有重婚之情形，其重婚部分仍有婚姻之效力，但利害關係人得向法院請求撤銷之。民國七十四年六月五日《民法》修正施行後，有重婚之情形，依修正後之《民法》第九八八條規定，該重婚為無效。如重婚為無效，因不具婚姻之效力，自無請求離婚之問題，如重婚為得撤銷，因仍有婚姻之效力，故仍須經撤銷婚姻或離婚，始能解除婚姻關係，先予敘明。

關於離婚之請求，在古代，女子雖然也有訴請離婚的權利，但要在丈夫失蹤滿一定年限或因案被押、通緝逃亡，或有重大有辱門楣行跡才能訴離，以此看來，在古代，原告要訴離成功，困難度不小。

不過今日訴請離婚之規定則較古時寬鬆，查臺灣《民法》第一〇五二條定有裁判離婚之法定要件，即夫妻之一方，有下列情形之一者，他方得向法院請求離婚：

一、重婚。
二、與配偶以外之人合意性交。
三、夫妻之一方對他方為不堪同居之虐待。
四、夫妻之一方對他方之直系親屬為虐待，或夫妻一方之直系親屬對他方為虐待，致不堪為共同生活。
五、夫妻之一方以惡意遺棄他方在繼續狀態中。

六、夫妻之一方意圖殺害他方。

七、有不治之惡疾。

八、有重大不治之精神病。

九、生死不明已逾三年。

十、因故意犯罪，經判處有期徒刑逾六個月確定。[7]

如果原告於稟文中所述屬實，則依現今《民法》的上述規定，其夫金顯庭納妾，如已經結婚，則符合重婚之條件。此重婚如發生在民國七十四年六月五日以後，因重婚為無效，而無請求離婚之問題，如發生在民國七十四年六月四日以前，則除得請求撤銷該重婚之婚姻外，尚得依上述規定第一款向法院請求判決離婚。如沒有結婚，則可能符合「與配偶以外之人合意性交」之條件，亦得請求離婚。此外，原告提到其夫與妾金花對其惡言相向，拳打腳踢，亦有可能符合「夫妻之一方對他方為不堪同居之虐待」之條件。

---

7 要注意的是，必須是夫妻之一方有上開情形，而由他方向法院請求離婚，並不能自己是有過錯的一方，還來訴請離婚。又同條第二項另明訂有前項以外之重大事由，難以維持婚姻者，夫妻之一方得請求離婚。但其事由應由夫妻之一方負責者，僅他方得請求離婚。若雙方當事人都有過錯，須為此負責時，應比較衡量雙方之有責程度，僅責任較輕之一方得向責任較重之他方請求離婚，如雙方之有責程度相同，則雙方均得請求離婚。

五、離婚後的財產分配

本案原告請求斷分家產，如依現行《民法》之規定，涉及離婚與夫妻財產制的問題。《民法》第一〇五八條規定：「夫妻離婚時，除採用分別財產制者外，各自取回其結婚或變更夫妻財產制時之財產。如有剩餘，各依其夫妻財產制之規定分配之。」同法第一〇〇四條規定：「夫妻得於結婚前或結婚後，以契約就本法所定之約定財產制中，選擇其一，為其夫妻財產制。」第一〇〇五條規定：「未以契約訂立夫妻財產制者，除本法另有規定外，以法定財產制，為其夫妻財產制。」所謂「約定財產制」，指《民法》第一〇三一至一〇四六條所規定的共同財產制與分別財產制而言。

至於法定財產制，依《民法》第一〇一七條第一項規定：「夫或妻之財產分為婚前財產與婚後財產，由夫妻各自所有。不能證明為婚前或婚後財產者，推定為婚後財產；不能證明為夫或妻所有之財產，推定為夫妻共有。」第一〇一八條：「夫或妻各自管理、使用、收益及處分其財產。」換言之，在現行的法定財產制中，夫妻基本上是各自管理、使用、收益及處分其婚前及婚後的財產。只是夫妻因離婚或其他原因致法定財產制關係消滅時，則依《民法》第一〇三〇條之一規定，就夫或妻現存之婚後財產，扣除婚姻關係存續所負債務後，如有剩餘，其雙方剩餘財產之差額，應平均分配。但下列財產不在此限：第一、因繼承或其他無償取得之財產。第二、慰撫金。依上述規定，平均分配顯失公平時，法院得調整或免除其分配額。

本案如要斷分家產，依現行《民法》規定，應視夫妻有無約定共同財產或分別財產，如無約定，則依上述法定財產制之規定分配財產。

順便一提，婚姻關係如非因離婚而係因撤銷婚姻而解除時，依《民法》第九九八條之規定，其撤銷之效力不溯及既往。有關其撤銷後之財產分配，依《民法》第九九九之一條第二項之規定，準用《民法》第一〇五八條有關離婚後財產分配之規定。故本案如依現行《民法》之規定以撤銷婚姻來解除婚姻關係，則有關其財產分配即得準用上述離婚之財產分配規定為之。

妾訴妻誣

訟師　張惠民

原文

稟文〈為缺望事〉

嫡庶自有名分，悍妒實所難堪，乞恩斷離，以全性命。

身父在母亡，既無姊妹，又乏弟昆[1]，父女二人，相依為命。家本亦貧，又遭凶歉[2]，身之聘夫，不幸身死，子立無依。里中富豪，爭欲納身為妾，當以父親年老無靠，欲娶身為妾者，不問聘禮多寡，苟能養身父親終老及喪葬諸費者，從之。

1 弟昆即昆弟、昆仲、兄弟。
2 凶歉指災年導致穀物歉收。

當有王志青者，以中年乏嗣，情願為約，由媒說合，即日過門，父亦隨身就養。過門之後，夫主相待，頗有恩情，正室俞氏，初亦青眼[3]相看，情如姊妹。方慶所事得人，終身有靠，身亦自知謹慎，待人接物，務盡謙和，謹事正室，不敢亢禮[4]。

惟夫主以年逾三十，未有子嗣，三世單傳，急於得子，正室有病不育，是以納取小星[5]，故恒在妾房歇宿，月餘未入正房。身窺知主母之性，頗有嫉妒之心，苦口勸夫，願均雨露。夫子以嗣續為念，不肯俯納妾言。歷時既已稍久，主母妒意慚萌，初尚藉端托諷，指桑罵槐，繼而直言叱責，任意譏評，謂身狐媚蠱惑丈夫。身本良家女子，豈肯受此穢言。淚濕枕函[6]，傷心無地。衾裯[7]在抱，怨實命之不猶；獅吼驚心，歎遇人之不淑。猶念人非木石，誠可格天，我苟盡心奉侍，彼當悔悟可期。

日復一日，非惟不改故態，且復兇焰愈增，叱罵之後，繼之以鞭箠，忿恨之餘，遷怒於夫主。前日盛怒之下，以木棒擊身頭部，頭破血流。夫主從旁勸阻，即以木棒加夫，用力剛強，幾傷筋骨。夫主恕其潑悍，另尋房屋，使身父女同居，避此悍婦。正室怒無所泄，遂以寵妾淩妻、得新忘故等情，早控憲天，欲求析分家產。

3 青眼與白眼相對，青眼指正眼、正視；白眼指斜目輕視。
4 此指與元配相庭抗禮。
5 小星原指衆多無名之星，亦指周王諸妾，典出《詩經・召南》。
6 枕函即中空可藏物之枕頭。
7 衾裯指厚被、薄被，泛稱被子。

伏念夫之娶妾，原為生育子嗣，妾之賣身，原為養活老父，今既不容於嫡，使夫不安於室，生趣全無，即允其所願，將家產均分，以後借事興波，終必尋仇洩恨。夫之子嗣，不可必得，妾之生命，必為所傷。妾死之後，父亦終難存活。為此泣求矜惜，恩准斷離，使妾夫給妾日用之資，妾仍與老父相依度日，閉門守節，終老餘生。生為王氏之人，死為王氏之鬼。邀天之幸[8]，正室或可悔悟之時，仍可闔家完聚。銜冤上訴，不盡苦情。

案情大要

（原告以被告小妾身分卻恃寵對元配施暴。）小妾欲自清，請來訟師答辯，重點在：第一，被告並非甘心入嫁，只因貧父無依；第二，因夫無子嗣，常來宿居，引起元配妒心興訟；第三、被告已不斷忍讓元配，也對夫家財產毫無意圖，只求老父得養晚年，若元配執意離婚分產，請邑令速速判下。

8 邀天之幸指僥幸獲得上天降下好運。

現代法律人說……

一、有關元配涉犯的傷害罪、公然侮辱罪及違反《家庭暴力防治法》

小妾指控元配妒海生波，「叱罵之後，繼之以鞭箠」，甚至「以木棒擊頭部，致頭破血流」。若控訴屬實，元配可能涉犯傷害罪與加重公然侮辱罪，另也可能違反《家庭暴力防治法》，而有被核發通常保護令之可能。詳參前稟之分析，茲不贅述。

二、元配叱罵鞭箠小妾、棒擊夫妾應負侵權行為之損害賠償責任

元配對小妾叱罵鞭箠，甚至以木棒擊首，除了可能構成《刑法》的傷害罪、公然侮辱罪及違反家庭暴力防治法之規定外，依《民法》第一八四條規定：「因故意或過失，不法侵害他人之權利者，負損害賠償責任。故意以背於善良風俗之方法，加損害於他人者亦同。違反保護他人之法律，致生損害於他人者，負賠償責任。但能證明其行為無過失者，不在此限。」元配應負侵權行為之損害賠償責任。又，元配以木棒毆擊丈夫部分，亦同。

三、小妾得否訴離？其能否請求贍養費？

辯文提到「嫡庶自有名分」，前一稟也提到「嫡庶之名分須嚴」，這是因為我國古代採一

夫一妻多妾制，妾地位低於妻。《尚書傳》說：「役人賤者，男曰臣女曰妾。」《周禮注》：「臣妾，男女貧賤之稱。」《說文解字》：「妾，有罪女子。」妾的本義就是女奴，後來用來指男子在妻子以外另娶的女子。從夫與妻的立場來看，妾甚至只比奴婢地位高一點，其待遇，其地位待遇好壞全看夫與妻的態度，故與一夫多妻是所有的妻子在法律地位上平等，可以繼承分割家產，是不同的身分。[9]

其次，如前稟所述，雖然古代男子在一定之條件下得合法的納妾，但依現行《民法》之規定則不允許重婚。其有重婚者，於民國二〇年五月五日《民法》親屬編施行起至七十四年六月四日以前所發生者，重婚部分仍有婚姻之效力，但利害關係人得向法院請求撤銷之。民國七十四年六月五日《民法》修正施行後始為重婚者，則依修正後之《民法》第九八條規定，該重婚為無效。如重婚為無效，則因不具婚姻之效力，自無請求離婚之問題，如重婚為得撤銷，因仍有婚姻之效力，故仍須經撤銷婚姻或離婚，始能解除婚姻關係。

有關古今之訴請離婚條件詳前。小妾指控大房因無子嗣，見夫常留宿己屋，醋勁大發，動輒打罵，亦波及丈夫。在古代可能仍難以訴離。若在今日，因加害之人非為本夫，而係大房，所以亦不符合現行《民法》第一〇五二條第一項所列十種可得訴離之條件。至於得否依同條第二項所謂之「其他難以維持婚姻之重大事由」請求離婚，因此等重大事由係指婚姻已生破綻而無回復希

9 瞿同祖《中國法律與中國社會》，北京：商務印書館，一九四七年。

望。亦即必須在客觀上已悖於人倫秩序，且已達到一般人處於相同情況也將喪失維持婚姻意欲的程度始可。本案小妾必須有此等情形，才有可能依此規定請求離婚。

如果無法訴離，就只能與本夫協調合意離婚。另小妾所要求之婚後奉養其父的贍養費，是否可以順利爭取得到，除非合意給予贍養費，否則依臺灣《民法》第一〇五七條規定：「夫妻無過失之一方，因判決離婚而陷於生活困難者，他方縱無過失，亦應給與相當之贍養費。」就要件上來說，僅限於因判決離婚者、須為無過失且必須因離婚而陷於生活困難的一方，才可依該條規定請求對方支付贍養費。所謂「無過失」，指對於離婚原因事實的發生，不能因其所致。故也不問請求贍養費的人，是否請求離婚的一方，抑被請求離婚的一方。但小妾原夫並未造成小妾想要爭取離婚的原因，原夫並無過失。小妾只能主張生活陷於困難，不管其原因是健康情況，或是年齡老小、工作技能不足等原因，只要因離婚後不能自給生活，即可請求贍養費。但若為離婚後，始有情事發生而致無法生活自給，則無法請求贍養費。

逆子控父

訟師　金鶴年

原文

起因　汚者喬靜夫，江寧如皋人。本陸氏贅婿，家資頗巨，而靜夫日作狹邪遊。會與訟師金鶴年小有仇怨。金候隙有年，無辭以中傷之。見靜夫子，年十五、六歲，嬉不知愁，遂偽與結好，唆其訟父，為作一狀，命抱之上訴云：

稟文　〈為蕩產傾家，殃及無辜，懇求究辦事〉
竊不父靜夫，贅入崇門[1]，脫襤褸[2]而被絺繡，卻藜藿[3]而啖珍饈，蒼璧黃琮，

1 崇門指高門大戶人家。
2 襤褸指破敗衣服。
3 藜藿於此泛指粗糙食物。

奇珍羅列，雕牆峻宇，居處輝煌。人生到此，欣幸奚如？豈容做敗家之子，辱及先人？理應為守財之奴，惠吾浚嗣[4]。而乃青樓夢裡，旦旦溫柔；紅粉隊中，時時落魄。因以歲耗巨萬，家遂中衰。其始焉質物典皿，家徒四壁；其繼焉鬻田市宅，貧無立錐。惟彼作雙飛之好鳥，今吾為啼飢之哀鴻，叫喚娘娘太太，討得幾錢，感盡雨雨風風，苦了半世！此情此境，將何以堪？推原其故，寧非不父行為無狀，階之厲乎[5]？竊念祖宗產業，子孫有應享之權，今不父以累萬家私，徒供一己之揮霍，而絕不為子孫稍留餘地。種種行為，殊堪髮指[6]。為特語敘情由，繕呈察核。伏乞恩准提不父喬靜夫到案，治以敗家之罪，以警奢淫而杜效尤。不勝迫切待命之至，上告。

案情大要

訟師與被告喬靜夫有仇，苦無下手機會。適知被告生性侈靡，其子亦已長成。於是唆使被告之子，就被告喜愛涉足聲色場所，早晚敗盡家產一事興訟，要求保全屬於原告之家產。

4 浚嗣指後代子孫。
5 本句指家道如走臺階向下那般嚴重沉淪。
6 形容憤怒到頭髮都直豎起來。

現代法律人說……

一、古代中國的家族共有產財觀念

古代中國：

建立在自給自足小農自然經濟基礎上的金字塔式家國同構國家，只能以「民以土生，君以民存」的方式，從鄉村一家一戶的「毛細血管」中，聚集起各級統治群體所需的一切管理與消費的人力、物力和財力，以農養政。這就從根本上將勞心者與勞力者牢牢地拴在一起。一方面，從帝王到百姓的各級父家長，所具有的只是建立在血緣與擬血緣群體共有制基礎上的土地與人口的宗主權，以及相應的經濟利益——土地、賦稅與勞役的支配權，而非西方式的個體或家族所擁有的那種可以自由支配其財產的所有權。[7]

累世聚居的農耕生產生活方式，還形成了與祖先崇拜意識相輔相成的「群體利益至上」觀念。

汪兵、汪丹的研究指出，在戰爭中獲得權勢的家族或擬血緣族群，所獲得的不是建立在個體

[7] 汪兵〈論血緣與擬血緣群體共有制〉，《社會科學戰線》二〇〇三年二期，頁二六四。

私有制上的土地所有權，而是建立在群體共有制基礎上的土地、賦稅與勞役的支配權，即是號稱「普天之下，莫非王土」（《詩經・小雅・谷風之什・北山》）的皇帝，作為血緣與擬血緣群體的男性家長首領，管理偌大江山，他必須遵循血緣與擬血緣群體共有制的原則：像是將政治特權以及相應的經濟利益，按照血緣親疏、軍功大小及其在國家管理中所負的責任輕重，有等差地分配給皇親國戚和擬血緣官吏集團分治與共用。又或者為保證國家的稅收和勞役供給，必須保障百姓們得到最起碼的生存和人口繁衍的條件。等而下之，從王公貴胄直至編戶齊民的各級父家長們，所擁有的同樣也只能是按等差分得的土地使用權而不是所有權。而社會最底層的農民，為了保住養活一大家子的土地，還必須集中所有家庭或家族成員分工協作，集中全部物力財力統一使用。統籌調配的權力也就集中到父家長手上，相應地，子女媳婦們也就必須「無私貨，無私畜，無私器，不敢私假，不敢私與」（《禮記・內則》）。另一方面，集財力與權力於一身的父家長，則必須以血緣群體整體、長遠的利益為重，對所有家庭或家族成員一視同仁，保證他們的生存需求，讓他們各盡所能，各得其所，子孫自立門戶時，都能分到大體均等的家產——由此形成約定俗成的諸子均分制。在這種制度下，甚至連債務也是血緣群體共有的，父債子還，窮人家的子孫分家時分得的，往往是債務或承佃權，同時，世代為僕，又必然使他們與地主之間，結成擬血緣的主佃關係。[8]

所以，站在喬子的角度，喬靜夫放蕩不羈的行為既辱沒祖先，又有可能將家族共有的財產揮

8 以上見汪兵、汪丹〈土地、血緣、共有觀——兼論中國人的公私觀念〉，《歷史教學》二〇〇三年四期，頁一五—一六。

霍殆盡，影響子嗣的生存權（犧生大我，供享小我），所以訟師金鶴年為其所上稟文，是很有可能促使官府出面限縮喬靜夫敗光家產的權力的。

二、親父未死，其子對於家族財產有權、有機會要求保全嗎？

正所謂君子報仇，三年不晚。訟師金鶴年與喬靜夫早有嫌隙，卻能耐住性子，待喬子長大成人，再予以慫恿狀告生性浮華侈靡之親父，要求官府保全家產，以免親父揮霍殆盡。於古時，可能得逞，但要在今日，因家產仍為喬靜夫所有，喬要如何處分，只怕其子管不著。

我國現行《民法》是繼受自歐陸的《民法》，並非我國固有的法律制度。歐陸各國於推翻封建制度，建立自由民主國家之後，其法律制度即採行個人主義，有關財產權也是採行個人主義，即以個人為中心，有關財產權均建立在個人的基礎上，而非建立在家族共有的基礎上。只有個人（包括自然人和法人）才能享受權利負擔義務。個人對於其所擁有的財物享有所有權，可以自由使用、收益、處分，他人不得干涉。早期有所謂「所有權絕對」之原則，晚近雖然對於所有權課予社會義務，但基本上仍得自由使用、收益、處分，他人不得任意干涉。個人死亡之後，則發生財產權的繼承，由其配偶及最近之親屬繼承。在繼承之前，其可得繼承之人對於其財產並無置喙之餘地。換言之，財產所有人對其所有之財產要如何運用、處分，其可得繼承之人，例如其子女，無權干涉。就本例而言，喬靜夫如對其家產擁有所有權，則依現行《民法》之規定就只能聽任其自由使用、處分，其子並無干涉、保全之權。

請兵防匪

訟師　王方誠

原文

起因

某歲邑中水患，田禾無望[1]，民不聊生，遂聚眾搶掠。縣令莫之禁[2]，屢次詳憲[3]請兵皆不准。饑民見大兵不至，更狓猖[4]無忌。令惄[5]焉憂之。幕中有以惡訟師王方誠薦，令然其言，命招方誠至。時方誠年已六十，鬚髮皆白，正在曝陽捫風[6]，及至邑署，代令作一詳文，隨筆揮灑，悉成好語。文成，示令曰：「平淡文章，不足

1 本句指收穫無望。
2 莫之禁即無法禁止。
3 詳憲指詳細跟上司報告。
4 狓猖指猖狂跋扈。
5 惄指擔憂心痛。
6 本句指搧風曬太陽。

云妙，惟其中有四要語，上峰[7]見之，重兵非晨即晚必至矣。」令閱狀大悅。詳上，重兵即下。其詳文云：

禀文

〈為詳請派兵彈壓事〉

竊餓民嘯聚之地，密邇教堂，萬一有變，誰尸其咎[8]？事出非常，急於星火，蘇、常相距非遙，朝發夕至，不勝屏營[9]待命，上詳。

案情大要

某縣災荒，民成盜賊，禁不勝禁。上層又不派兵彈壓。縣宰找上訟師幫忙。訟師為撰上呈公文，強調民亂離洋人教堂不遠，一日小事成大，原屬國內事務，可能演變成國際糾紛。很快的上司馬上就派出重兵弭亂。

7 上峰即上層、上司。
8 尸，尸處其位。本句指誰承擔這個過錯。
9 屏營即惶恐的樣子。

現代法律人說……

外國人在國內因刑事案件受傷或死亡所衍伸出來的法律與外交問題

一九〇六年二月廿五日，大陸南昌群眾毀教堂、殺教士，史稱「南昌教案」。起因在於一九〇六年二月廿二日，法國天主教南昌主教王安之強求南昌知縣江召棠擴大傳教特權。江堅拒不允，遂被刺死。全城頓時鼎沸，工人罷工，商人罷市，學生罷課。本日，各縣民眾數萬人集會，連毀法、英教堂、學堂四處，打死王安之等傳教士九人。後來清政府懾於英法勢力，對內鎮壓，對外賠償銀兩了結此案：計賠償法教士恤銀五萬兩、教堂銀廿五萬兩、醫院銀十萬兩。[10]

清末國勢積弱不振，西方列強在中國境內橫行脅制，清廷無力對抗。因而對與外國人有關之事務，處理上要特別敏感與謹慎。訟師王方誠即是利用此一心理，強調地方民亂可能會對在教堂附近活動的洋人不利，因而成功刺激高層派兵彈壓。

今日在臺灣，關於《刑法》的適用，原則上是採屬地主義。亦即凡是犯罪發生地在我國領域內，即得依我國之《刑法》予以處罰。因此在我國發生的刑事案件，不論犯罪者是哪個國籍的人，原則上均符合適用我國《刑法》，均得由我國法院審判。此與清末因被迫與西方列強簽訂不

---

10 馬自毅〈一九〇六年「南昌教案」研究〉，《中華文史論叢》二〇〇八年二期。「中文百科在線・歷史上的今天，一九〇六年二月二五日，『南昌教案』發生」，http://history.zwbk.org/zh-tw/show/一一九六.html。

平等條約，外國人在本國享有治外法權，若有犯罪之行為，得不適用我國的法律，且其駐華之外交領事享有刑事裁判權，得審理其本國人在我國領域內犯罪之案件的情形，已不可同日而語。

窩賭強奸（筆者按：與下案為兩造訟師控狀與辯狀，當合觀之）[1]

訟師　趙元卿

原文

稟文　〈為窩賭強奸事〉

賭博近於竊盜，昏夜易出奸情。名譽有關，叩求究雪。竊民與蘇寶成本為親戚，合屋同居。近忽異想天開，聚眾賭博，抽取頭錢，以謀衣食。棄正業而不務，犯明禁而不畏，肆無忌憚，眾惡昭然。

寶成住房，在第四進，民之私室，在第三進，凡來蘇氏賭博者，必經過民之房闈[2]。

1 同一性侵疑案中，加害人皆稱尹大，但女性被害人——嚴金範之妻於本稟文稱周氏，於下一辯文中稱范氏，其中原故難以稽考。

2 房闈指宮闈、寢室、閨房。

一至黃昏，狗黨狐群，摩肩接踵，雜遝[3]而來，自昏達旦，出入喧嘩，迄無安謐，民煩擾不堪，正言告誡，實成怙惡，曾不稍悛[4]。民無可如何，暫且隱忍，一面尋覓房屋，預備搬移。

豈意賭徒中有淫棍尹大者，綽號飛天夜叉，無惡不作，所犯奸案，罄竹難書。前因調戲良家室女，被人告發，曾蒙枷責，限滿依然釋放，尚無幾時[5]。尹大稍有人心，自當悔過知改，而乃習與性成，復萌故態，窺民妻周氏姿容豔美，又起淫心。前日來蘇氏賭博，經過堂中，止步兜搭[6]，語言調謔。妻子惡其輕薄，迅即避入房中。棍徒未遭斥辱，認為有意通情，臨去之時，以其約指[7]二事，托蘇氏小婢轉送民妻。妻知其蓄意不良，斥責小婢，囑其速將金戒送還棍徒，即告知日中之事，使民速即覓屋移居，免處此荊棘之中，或釀意外之事，變生肘腋[8]，後悔難追。民深是其言，以移居為要。惟一時未得相當房屋，只可暫緩須臾[9]。

昨日，天將向夕，民因赴戚家喜宴，尚未回家。民妻獨坐房中，挑燈坐守。家中

3 雜遝即眾多之貌。
4 此二句即指怙惡不悛，知錯卻不加悔改。
5 本句指還沒多久。
6 兜搭原指迂迴，此指徘徊不去。
7 約指即戒指。
8 本句指事變發生在如肘腋般之近處。
9 須臾指極短暫時間。

奴僕無多，只有一媼二婢，皆在廚房，預備晚膳。淫棍尹大，色膽包身，又來蘇氏聚賭，窺見四面無人，時在黃昏，未至蘇室，小婢金戒，未及付還，尹大竟進房中，聲言愛慕：「今夕幸遇，可為天緣，蘇氏婢子荷花，曾否將子之金約指，呈送妝台？若蒙不棄，許締鴛盟，今後衣飾金珠等物，情願代為置備。」民妻見其闖入房中，已經驚慌無措，聞其無恥之語，尤復氣忿交加，正言厲色，令其速出，若再逗留，當呼婢媼。

淫棍見事不諧[10]，輒使強梁[11]手段，直前擁抱，意欲強奸。民妻魂魄驚飛，欲喚婢媼，苦難出口，慌迫之際，即取桌上小剪，力刺淫棍頸中。此時性命關頭，別無他種顧慮。剪入頸內，一寸有餘。尹大受此巨創，頓時暈絕，仆地無聲，血流如注。民妻得保身命，始行叫喚眾人。婢媼入視，靡不驚駭。適[12]民回家，睹狀駭絕，急喚寶成，告以始末。寶成無所為計，托人舁[13]之歸家。民妻驚魂甫定，痛哭無休，謂身本清白之躬，雖未受惡棍奸淫，已為其貼身擁抱，西江之水，不能滌此羞慚，頓地呼天，但欲覓死。

民多方勸慰，徹夜無眠。伏念禍根，盡是寶成窩賭而起，若不呈請究辦，再有他種變故，受害何堪？叩求立提蘇寶成暨淫棍尹大，按律懲辦，以儆不法棍徒。庶民夫

10 不諧指不順己意。
11 強梁原形容強武有力，此指強迫手段。
12 適即剛好、湊巧。
13 舁即舉、抬。

婦得以夜寐夙興[14]，安居度日。迫切陳詞，務希准予究懲，靖[15]閭閻而伸法紀。生死銜結，瀝情上告。

案情大要

原告與族親合賃同屋而居，誰知族親出賣居所做為聚賭之處，因而原告屋內常穿梭許多賭徒。不料其中有一人名尹大，覬覦原告妻子美貌，妄想偷情不成，遭原告之妻持利剪傷頸。為此原告委託訟師具狀控告族親與性侵不成反受刀傷的尹大，希望邑令予以重懲。

現代法律人說……

一、原告檢舉族親蘇寶成的聚眾賭博罪

原告與族親蘇寶成同賃一處，但原告認為族親利用自己所租之處聚眾賭博抽取頭錢，已經涉犯明文禁止之律法。如依現行《刑法》之規定，聚眾賭博抽取頭錢仍然為《刑法》所禁止之行為，《刑法》第二六八條規定：「意圖營利，供給賭博場所或聚眾賭博者，處三年以下有期徒刑，得併科三千元以下罰金。」另外，依《社會秩序維護法》第八四條規定：「於非公共場所或

14 夜寐夙興指晚睡早起。
15 靖即平定、平靜。

非公眾得出入之職業賭博場所，賭博財物者，處新台幣九千元以下罰鍰。」若蘇寶成有聚眾賭博抽取頭錢之行為，則應構成《刑法》第二六八條之聚眾賭博罪，賭客們則違犯上述社會秩序維護法第八四條相關規定。

今日有關《刑法》賭博罪之構成要件如下[16]：

第一、須有賭博之行為。

所謂「賭博」，乃以未知之不確定事實，以決勝負，爭取財物輸贏之行為。此未知之事，包括過去、未來及現在之事實，只須為賭博當事人所未知悉者。且必須為二人以上之行為，是為必要共犯。

第二、賭博者須為「財物」。

所謂「財物」，凡金錢、動產、不動產、有價證券、及其他有經濟價值之物均屬之。以此視被告蘇寶成之行為，如有聚眾賭博行為，且有抽取頭錢，應該當本罪。

賭博行為在人類社會存在許久，不論各別社會是貧是富，都存在賭博行為。只是或視為娛樂，或視為謀生工具的依重程度不同罷了。譬如中國流行很久的麻將遊戲，雖然是一種益智遊戲，但在參與者相互約定勝敗的代價後，也能成為賭博工具。美國犯罪學家史考尼克指出，由於

16 「內政部警政署刑事警察局・犯罪預防寶典」，https://www.cib.gov.tw/Crime/Detail/974

人類社會充滿了這一種「賭一賭運氣」的冒險活動，如滑雪、賽馬、拳擊、飆車等，都能使從事者暫時忘掉自我，放縱自己。也因此，使得賭博這種行為歷經人類千百年來，始終屹立不墜。[17]

臺灣常見的賭博形式主要分為二種[18]：

其一、傳統性賭博，又可區分為「文賭」和「武賭」，「私場」與「公場」。

所謂「文賭」，係指財物賭博輸贏較少，賭博之方式與規則較繁複的，例如麻將、四色牌（什胡仔）等；所謂「武賭」，則是指賭博之方式與規則比較簡單，金錢輸贏比較大且時間較快決勝負的，亦是所謂之「一翻兩瞪眼」之方式，例如天九、骰子、撲克牌、羅宋、梭哈等。所謂「公場」即設有保鏢、把風、典當財物與借貸處，同時提供很多種賭博方式，屬於職業性賭場。所謂「私場」，即一般供賭博之場所、場地與賭客人數較少，大都需要有認識朋友介紹才能參與。

其二、利用電子產品、通訊轉體或網站，進行博賭者。

如開設網站，針對國外六合彩開彩結果對賭；針對國內外職業運動比分對賭；針對證券交易

17 Skolnick, JeromeH.,《HouseofCards:LegalizationandContralofCasinoGambling》, Boston, LittleBrown, 1978

18 吳學燕〈當前臺灣地區賭博問題之探討〉，《警學叢刊》一八卷三期，一九八七年，頁八二—九六。許春金《犯罪學》，桃園：中央警察大學，一九九六年。孫義雄《臺灣地區賭博犯罪現況研究》，桃園：中央警察大學，一九九六年。張平吾〈賭博犯罪與賭博性電玩現況之檢討——以桃園市中正路為例〉，《警政學報》一九期，一九九一年六月，頁三二九—三七六。張宏亮〈論職業棒球與觀眾之賭博行為〉，《國民體育季刊》一九卷四期，一九九〇年，頁三八—四五。

之指數對賭；遊藝場提供的賭博性電玩等等。

二、淫棍尹大涉犯侵入住宅之加重強制性交未遂罪

依臺灣《刑法》第二二一條：「對於男女以強暴、脅迫、恐嚇、催眠術或其他違反其意願之方法而為性交者，處三年以上十年以下有期徒刑。前項之未遂犯罰之。」所以強制性交是處罰未遂犯的。此外，同法第二二二條第二項對於加重強制性交罪也處罰未遂犯。

強制性交（包含加重強制性交）未遂之成立要件，依〈最高法院一〇四年度台上字第二八號刑事判決要旨〉：

已著手於犯罪行為之實行而不遂者，為未遂犯，為《刑法》第二五條第一項所明定。其所謂已著手於犯罪行為之實行，係指對於構成犯罪要件之行為，已開始實行者而言。其在開始實行前所為之預備行為，不得謂為著手，自無成立未遂犯之餘地。又《刑法》第二二一條第一項、第二項之強制性交未遂罪，須基於對男女強制性交之犯意，著手實行強暴、脅迫、恐嚇、催眠術或其他違反其意願之非法方法，而未發生強制性交之結果，始能成立。行為人尚未開始對被害人為性交行為前所施用之強暴、脅迫等非法方法，得否認為已著手實行強制性交之構成要件行為，應視其強制性交之犯意是否已表徵於外，並就犯罪實行之全部過程予以觀察。必以由其所施用之強暴、脅迫等非法方法，足以表徵其係基於強制性交之犯意而為，且與性交行為之進行，在時間、地點及手段上有直接、密切之關聯，始可

認為已著手實行強制性交之構成要件行為。

原告提出之稟文謂：「輒使強梁手段，直前擁抱，意欲強奸」，如果尹大真有此等行為則已著手實行強制性交行為，雖最後並未達成性交的目的，仍應構成強制性交未遂罪。因其意欲並非僅止於猥褻而已，所以，並非只是涉犯《刑法》第二二四條：「對於男女以強暴、脅迫、恐嚇、催眠術或其他違反其意願之方法，而為猥褻之行為者，處六月以上五年以下有期徒刑」的強制猥褻罪。

此外，尹大未經周氏同意闖入周氏房中，一方面成立《刑法》第三〇六條：「無故侵入他人住宅、建築物或附連圍繞之土地或船艦者，處一年以下有期徒刑、拘役或三百元以下罰金」之侵入住宅罪，另一方面也構成《刑法》第二二二條第一項第七款：「侵入住宅或有人居住之建築物、船艦或隱匿其內犯強制性交罪者，處七年以上有期徒刑」之加重強制性交罪。因以《刑法》第二二二條第一項第七款侵入住宅之加重強制性交罪來判斷尹大未經周氏同意闖入周氏房中意欲強奸而使用強梁手段之行為，已足以包括《刑法》第二二一條之強制性交罪與同法第三〇六條之侵入住宅罪所可以涵蓋的行為，故只要以《刑法》第二二二條第一項第七款侵入住宅之加重強制性交罪來處罰尹大未經周氏同意闖入周氏房中強制性交之行為即已足夠，而不必再另外以《刑法》第二二一條之普通強制性交罪與同法第三〇六條之侵入住宅罪來加以處罰。

綜上所述，尹大未經周氏同意闖入周氏房中，意欲強奸而使用強制手段，直前擁抱周氏，在今日，應構成侵入住宅之加重強制性交未遂罪無疑。

三、原告之妻刺傷尹大是正當防衛或防衛過當？

原告之妻周氏以小剪刀刺傷尹大頸部，埋應構成《刑法》第二七七條：「傷害人之身體或健康者，處三年以下有期徒刑、拘役或一千元以下罰金。」之傷害罪。但周氏之所以會以小剪刀刺傷尹大頸部，是因為尹大未經周氏同意闖入周氏房中意欲強奸而使用強梁手段，周氏為防衛自己之權利，在無法請求公力救援的情況下，才憑藉一己之力出此下策。周氏以小剪刀刺傷尹大頸部之行為，一方面滿足了傷害罪的構成要件，另一方面也可能符合正當防衛的成立要件，而可以合法化其傷害行為。

本人或第三人由於他人當前的不法侵害或攻擊，處在無法立即得到公權力的保護的情況下，而基於人類的本能，使用私人武力，而為必要的防衛，以避免受到現在正在進行的違法侵害或攻擊，即為正當防衛行為，見現行《刑法》第二三條規定：「對於現在不法之侵害，而出於防衛自己或他人權利之行為，不罰。但防衛行為過當者，得減輕或免除其刑。」

成立正當防衛的客觀要件，必須存在「防衛情狀」與「防衛行為」。主觀要件，則是行為人須有「防衛意思」。「防衛情狀」指的就是現在正受到不法侵害。「侵害」包括對於自己或他人的侵害。但只限於是人為的侵害，不包括單純來自動物或是自然界的侵害，因為單純來自動物或自然界的侵害，並無「不法」可言，只能主張緊急避難。

「現在」指已經開始而尚未結束的法益侵害。如果對方還沒實際動手侵害，但現實上威脅已經非常明顯緊迫，等到對方動手將造成不可彌補的危害時，就可以認為侵害已經開始。至於已經結束的侵害，就不能主張正當防衛。

「防衛行為」指能對不法侵害的加害人進行反擊。防衛行為的手段，必須能夠有效排除現在不法侵害。如果是故意激怒別人，導致對方動手，或者是基於「利用正當防衛以侵害他人」的心態而做出防衛行為（侵害對方的行為）的話，就可能是權利的濫用，其防衛權應被限縮，甚至完全不可以主張正當防衛。

「防衛意思」，指的是防衛者認知到防衛情狀，進而做防衛行為。如果客觀事實並不存在著「現在不法之侵害」，但是行為人誤以為存在著正當防衛情狀，例如，某人從後面想要打招呼，誤以為是搶匪要搶東西，因而向後用力一踢，導致該人受傷，這種情況被稱作「誤想防衛」，一般認為會成立過失傷害或可以減輕罪責。

在符合正當防衛的情形下，防衛者的防衛行為，應可以阻卻違法而不構成犯罪。需注意的是，除了前述故意挑撥引發他人的違法侵害，不適用正當防衛之外，在互毆的情形下，通常也沒有正當防衛的適用。[19]

又大陸《刑法》有所謂的「無限防衛權」的規定，其《刑法》第二〇條第三款：

> 對正在進行行兇、殺人、搶劫、強奸、綁架以及其他嚴重危及人身安全的暴力犯罪，採取防衛行為，造成不法侵害人傷亡的，不屬於防衛過當，不負刑事責任。

19 以上關於法條的分析參見〈正當防衛怎樣才正當？〉，「法操」，https://www.follaw.tw/f06/9804/

面臨危機關頭，採取較為激烈的手段，外國法例亦有「不罰」之規定者，例如德國《刑法》第三三條即規定：「防衛人因慌亂、害怕或驚嚇致逾越防衛界限者，行為不罰。」這兩種立法例給我們的啟示是，在面臨緊急情況下的防衛行為，其認定標準與一般理性人標準應有所分別，畢竟檢察官或法官沒有在現場，很難體會當事人的恐懼，或者是當時的情境究竟有多險惡。所有的事情在事後冷靜下來以後，都可能覺得當時不必要這麼做或許也可以達到目的，但是行為人當時可能毫無選擇的機會。[20]綜上，在家人婢媼未在身邊，尹大又環抱欲強奸的情況下，原告之妻當下無從選擇，只能隨手取得利剪還擊，應符合正當防衛。[21]

20　呂啓元〈論正當防衛必要性認定之標準〉，「國家政策研究基金會」，http://www.npf.org.tw/2/15261，二〇一五年七月廿八日。

21　臺灣曾發生一防衛過當之案件，引起社會熱議：二〇一四年一〇月，一名張姓慣竊闖空門行竊。何姓屋主及其孕妻正好返家，發現竊犯躲在廁所並出手攻擊自己。海軍陸戰隊退伍、學過柔道的屋主反擊扣住他的頸部、將他制伏在地。警方一〇分鐘後趕到，張姓慣竊疑似遭勒頸部過久，送醫不治身亡。有人認為屋主為了保護身懷六甲的妻子，失手殺害竊賊，並無不妥。也有人認為，無論如何，都不應該取人性命。本案發生後，法界人士多認為應成立防衛過當。理由在於從雙方的身高、體重、有沒有學習武術的背景、竊賊有沒有帶刀、能不能用椅子先擋住門口，屋主有沒有其他手段的選擇等進行判斷，屋主所採取之手段已經逾越了正當防衛的界限，可以減刑但不能無罪。在正當防衛誤致竊賊死亡的案件中，雖然竊賊送醫後不治死亡，生命權被侵犯，但行為人當時所採取的手段，如果足以制止對方的不法行為，即具有必要性及相當性。重點在於，若竊賊只是行竊，防衛手段達到避免其逃離現場即可，但當竊賊為避免逮捕而當時施用強脅手段時，其行為可能升級到準強盜，此時防衛人加強其防衛的強度至「避免其傷害家人」，手段上即應認為符合必要性。生命權誠為可貴，但不能專以侵害結果論定防衛是否過當。行為人因不法行為侵害他人，他人防衛的結果，行為人因而喪失生命權時，不應該認定必然是行使防衛權之人防衛過當。相反的，從《刑法》預防功能來看，如果對於某些防衛行為，合理放寬對於防衛過當的認定標準，反而有助於犯罪之預防。當被害人在反擊時還要考慮加害人的感受，自我綁手綁腳時，這部《刑法》恐怕就已經失去其值得信賴的價值了。以上分析見呂啓元〈論正當防衛必要性認定之標準〉，「國家政策研究基金會」，http://www.npf.org.tw/2/15261，二〇一五年七月廿八日。

帷薄不修[1]

訟師 孫大尹

原文

稟文

〈為帷薄不修，捏詞誣控事〉

妻子宣淫而不禁，甘為曳尾之龜[2]；奸夫爭風而行兇，幾釀流血之慘。竊民與嚴金範合宅同居，各安生理。其妻范氏，淫蕩性成，不知羞恥，人盡可夫。

曩因黃昏時候，與奸夫在門側行奸，為身撞破，范氏恐身多口，先發制人，候金範回家，哭泣陳詞，謂民無賴，逞力逼奸。金範夙畏妻如虎，聞言暴怒，不問真偽，扭身痛毆。身本意欲為包荒[3]，豈意其橫加暴行，當邀鄰眾，備訴真情。涇渭[4]既

1 帷薄為古時家室區分內外的帳幔與簾子；帷薄不修指內外不分，男女關係混亂。
2 本句暗諷原告甘戴綠帽。
3 包荒指包容荒穢、寬宏大量。
4 涇河水清，渭河水濁，涇渭比喻是非分明。

分，金範羞愧難掩，當眾服罪。范氏醜聲，遂以四播，鄰里盡曉，婦孺皆知。因此事發生，夫婦二人乃銜民刺骨[5]，屢次報復，未有機緣。

昨夕黃昏已過，忽聞范氏驚呼之聲，民與僕人，驚往審視，則淫棍尹大，浴血仆地，利剪尚在頸中。金範呆立房中，面無人色。民止其喧嘩，俯視尹大，傷非致命，迅即救援，拔去剪刀，敷以藥物，雇人舁送還家，方能太平無事。事後悄詢小婢，方知起釁[6]由來。蓋范氏先與尹大有私，衣飾金銀，予收予求，尹大從無吝嗇，前後所得，已有千金。近復與朱紫陽有染，情好甚殷，拋撇尹大，視同陌路。尹大察知其情，不勝忿怒，聲言尋釁[7]，欲得甘心。今夕冤家路狹，覿面[8]相逢，口角相爭，繼以用武。范氏心愛紫陽，恐其不敵，舉剪猛刺，陷入頸中。尹大昏倒地上，紫陽即刻奔逃。

原其事之所由，乃為爭風之故。民夫婦既聞婢言，不勝太息，謂范氏如此荒淫，舉動全非人類，而金範不加禁止，可謂全無心肝。豈意金範夫婦，蓄心欲報宿仇，借此事端，橫加誣衊，捏詞誣控，蒙混憲天。謂民窩賭，招引匪類，尹大為民賭友，路經嚴氏房外，覬覦范氏姿色，先行調戲，覓空強奸，范氏竭力拒奸，因以剪傷尹大，

5　以某為刺骨之痛、眼中釘。
6　起釁即發生事端。
7　尋釁即尋仇生事。
8　覿面即覿面、見面。

一夕幾傷兩命，禍根盡起民人。如此射影含沙，盡是蜃樓海市。兩家婢僕，可作證人，尹大受傷未死，尤有活口可憑，一經訪查，涇渭立判。

乞恩立提嚴氏夫婦，兩家婢僕傭人，以及尹大、紫陽、地方鄰里，當庭詰問，顯分偽真。縱奸之罪難逃，誣告之刑不逭[9]。以懲無賴而安良懦，上訴。

案情大要

被告為原告族親，因屋內發生傷人案件，原告控訴自己為始作俑者，因而委託訟師辯護。訟師答辯重點有三：第一、原告妻子本水性楊花，通奸多人，曾遭被告撞見，亦有鄰人做證；第二、原告妻子本不守節，淫夫其一名朱紫陽，通奸之時適為尹大所見，故淫婦想持剪滅口。第三、尹大未亡，可錄口供；淫婦奸夫之亂，鄰人家婢亦可對質做證。

現代法律人說……

有關被告指控原告誣告，誣告罪責詳前，茲不贅述，另外本案有幾個值得討論的重點：

9 逭指逃避。

一、原告之妻本來通奸數人，原告並不追究，是否影響對尹大的追訴？

稟文中說范氏先前曾在門側與奸夫行奸，此事如果屬實，依現行《刑法》之規定，范氏與奸夫應分別成立第二三九條：「有配偶而與人通奸者，處一年以下有期徒刑。其相奸者亦同」之通奸罪與相奸罪。「通奸」指有婚姻關係的男人或女人與配偶以外之人，出於合意而有性交之行為而言。范氏為嚴金範之妻，如確實曾與奸大在門側行奸，自屬通奸之行為，應成立上述通奸罪，而該奸夫則成立同條後段「其相奸者亦同」之相奸罪。

現行《刑法》第二四五條第二項雖也明文規定：「第二三九條之罪，配偶縱容或宥恕者，不得告訴。」但所謂「縱容」，乃放縱容許配偶與他人通奸或他人與配偶相奸之意，「宥恕」係指於通、相奸事實發生後，予以寬諒不追究之意。「縱容」或「宥恕」，均非僅須內心有縱容或宥恕之真意，且須於外部有縱容或宥恕之明示或默示之表示行為，不得以被害之配偶暫時緘默隱而未發，未向偵查機關中告犯罪事實，表示追訴之意思，即指為「縱容」或「宥恕」。本案嚴金範除非有上述縱容或宥恕之行為，否則並不符合第二四五條第二項之規定，仍得為告訴。又縱使嚴金範先前對范氏與某奸夫之通奸行為加以縱容或宥恕而不得告訴，但此縱容或宥恕僅係針對范氏與某奸夫之通奸行為，並不及於范氏與尹大之通奸行為。換言之，除非嚴金範對范氏與尹大之通奸行為也加以縱容或宥恕，否則，嚴金範仍得為告訴。

二、嚴金範毆人、范氏刺傷人均應成立傷害罪

辯文中提及嚴金範毆人，如果屬實且造成身體受傷害之結果，則嚴金範依現行《刑法》應構成第二七七條第一項：「傷害人之身體或健康者，處三年以下有期徒刑、拘役或一千元以下罰金」之傷害罪。又辯文謂：「今夕冤家路狹，覿面相逢，口角相爭，繼以用武。范氏心愛紫陽，恐其不敵，舉剪猛刺，陷入頸中。尹大昏倒地上，紫陽即刻奔逃。」尹大與紫陽爭風吃醋而互毆，原告之妻范氏為護新人，抄利剪刺向尹大，如果屬實，則亦應成立上述《刑法》第二七七條第一項之傷害罪。

不過，依《刑法》第二八七條之規定，傷害罪為告訴乃論之罪，必須被害人等有告訴權之人合法提起告訴，法院才能加以審判處罰。否則將因訴訟的條件不具備，檢察官只能依《刑事訴訟法》第二五二條第五款「告訴乃論之罪，其告訴已經撤回或已逾告訴期間者，應為不起訴之處分」規定為不起訴處分。即使檢察官誤為提起公訴，法院也只能依《刑事訴訟法》第三〇三條第三款「告訴乃論之罪，未經告訴或其告訴經撤回或已逾告訴期間者，應諭知不受理之判決」規定為不受理判決，駁回公訴。

【附錄】

《訟師惡禀精華·趣禀》

索債不償

訟師　顧佳貽

原文

起因

顧訟師者，虞山人，與謝方樽同時。其人滑稽之雄，每為人作訴狀，妙想入微，措詞奇特，一言一行，往往令人捧腹不止。顧一日遇其友徐某於途，詢徐行止，徐言討債還來，因告其欠戶張臘塌避債不還之事。顧曰：「曷[1]不控之於官？」因代為作一滑稽狀詞云：

稟文

〈為負債賴債、索債避債事〉

刁徒張臘塌，於某月某日借銀十兩，約定某日如數清償，乃屢次延期，摒不見

1 曷即何。

面。竊思昔日借銀，釋迦口吻[2]；今朝索債，悟空腳跟[3]。無賴之尤，殊堪痛恨。伏乞憲台刻限追償，不勝銜結，上告。

2 本句言口氣如釋迦般溫和。
3 本句言跑得比孫悟空還快。

滑稽討鼠

訟師 馮步雲

原文

稟文

蠹爾么麼，藐茲小丑，忝當要道，寂處幽宮。絳幘曾冠，論公庭之生殺；紫衣儼著，命內室之職司。理宜安士庇民，無或害人損物。庶幾桅垣疆圍，賴爾教寧；門闕階除，憑伊鎮靜。不意雄心竊發，狡詐陰行。結社以居，每權熏之難置；穿墉為惡，競牙爪之多傷。

始則私蓄圖謀，繼則大施虜劫。哀哉二尺，猛或食乎郊牛；痛矣一升，毒更殘於出黍。此所以景公聞之而色變，晏子對此而討窮者也。爾其貪饕成性，暴殄居心。李林甫蒼犬驚奇，張牙怒目；盧樞密白衣致怪，執盞稱觴。大則銜燭成災，小則吐腸詫異。循墻而走，潛傾中饋珍羞；拱穴而來，漸汙文旆錦繡。以至食蛇竊肉，與種種之災殃；爇火負水，釀重重之怪誕。

又或入夜而呼號頓起，通宵而搶掠頻仍。乘輿馬以翼行，何其幻也；具衣冠而晉謁，不亦妄乎！力欲翻盆，每肆庭前之咄啐；巧為藏葉，長來宮裡以猖披。文士案頭，吮去生花之筆；佳人帳底，驚翻行雨之魂。共蝙蝠以憑陵，雜狐狸以助虐。蚊雷起處，窺人而跳脫偏多；蛙鼓鳴時，齧物而縱橫屢作。凡此略無顧忌，俱為法所難容。

磋乎！爾形甚小，爾志何狂？爾身可輕，何不食盜而化？爾腹可果[1]，何不飲河而甘？爾號偏奇，何不共安乎卦象？爾年可壽，何不永守其肝腸？胡為乎住葉於穴中？胡為乎揚威於窟外？小矣蟛蜞胎化，遂敢摸亂於宮闈；拙哉螃蟹變成，競欲憑依乎土宇。用是聲其罪惡，大討誅鋤。命蠻觸以興師，率鸛鵝以成陣。

刀劍鳴，則雷霆疾作；旌旗動，則龍虎紛馳。凡爾同人，並宜僇力。韓盧、宋鵲，挺牙刀而百步飛來；奴女、仙歌，轉目火而一群擁出。絕其族類，似子卿之掘於匈奴；灶彼門庭，如長史之鋤於京口。或擅奇謀於四宇，或攻要害於神丘。射王肅之金矢，流星乍落；奮東坡之寶劍，血雨交流。莫謂五技可憑，試問魚麗軍前，果誰勝而誰負？莫謂千斤可保，請看鯨鯢隊裡，究孰逐而孰奔？庶幾餘孽可清，用安寧於永夜；群雄盡走，長鎮靖於遙區。播告一修，中外莫逆。

1 本句指你肚子可以餵飽。

Do科學14 PF0218

冤枉啊！大人！
——從現代法學看《訟師惡稟大全》與《訟師惡稟精華》

作　　者／李錫棟、鄒濬智
責任編輯／徐佑驊
圖文排版／楊家齊
封面設計／蔡瑋筠

發 行 人／宋政坤
出　　版／獨立作家
地址：114 台北市內湖區瑞光路76巷65號1樓
電話：+886-2-2796-3638　傳真：+886-2-2796-1377
服務信箱：service@showwe.com.tw
印　　製／秀威資訊科技股份有限公司
http://www.showwe.com.tw
展售門市／國家書店【松江門市】
地址：104 台北市中山區松江路209號1樓
電話：+886-2-2518-0207　傳真：+886-2-2518-0778
網路訂購／秀威網路書店：https://store.showwe.tw
國家網路書店：https://www.govbooks.com.tw
法律顧問／毛國樑　律師
總 經 銷／時報文化出版企業股份有限公司
地址：333桃園縣龜山鄉萬壽路2段351號
電話：+886-2-2306-6842

出版日期／2018年9月　BOD一版　**定價**／430元

獨立作家
Independent Author
寫自己的故事，唱自己的歌

冤枉啊!大人!：從現代法學看《訟師惡稟大全》
與《訟師惡稟精華》 / 李錫棟, 鄒濬智著. --
一版. -- 臺北市：獨立作家, 2018.09
面；　公分. -- (Do科學；14)
BOD版
ISBN 978-986-95918-4-3(平裝)

1. 訴訟法 2. 歷史 3. 中國

586.092　　107012269

國家圖書館出版品預行編目

讀者回函卡

感謝您購買本書，為提升服務品質，請填妥以下資料，將讀者回函卡直接寄回或傳真本公司，收到您的寶貴意見後，我們會收藏記錄及檢討，謝謝！如您需要了解本公司最新出版書目、購書優惠或企劃活動，歡迎您上網查詢或下載相關資料：http:// www.showwe.com.tw

您購買的書名：________________________________

出生日期：________年________月________日

學歷：□高中（含）以下　□大專　□研究所（含）以上

職業：□製造業　□金融業　□資訊業　□軍警　□傳播業　□自由業
　□服務業　□公務員　□教職　□學生　□家管　□其它_____

購書地點：□網路書店　□實體書店　□書展　□郵購　□贈閱　□其他

您從何得知本書的消息？

□網路書店　□實體書店　□網路搜尋　□電子報　□書訊　□雜誌
□傳播媒體　□親友推薦　□網站推薦　□部落格　□其他__________

您對本書的評價：（請填代號　1.非常滿意　2.滿意　3.尚可　4.再改進）

封面設計____　版面編排____　內容____　文／譯筆____　價格____

讀完書後您覺得：

□很有收穫　□有收穫　□收穫不多　□沒收穫

對我們的建議：________________________________

____

____

____

請貼
郵票

11466
台北市內湖區瑞光路 76 巷 65 號 1 樓

獨立作家讀者服務部　　　收

（請沿線對折寄回，謝謝！）

姓　　名：____________________ 年齡：________ 性別：□女　□男

郵遞區號：□□□□□

地　　址：____

聯絡電話：(日) ____________________ (夜) ____________________

E-mail：____